21世纪经济管理精品教材·工商管理系列

企业伦理学

BUSINESS ETHICS

田　虹◎主编

▼

▼

▼

清华大学出版社

北 京

图书在版编目（CIP）数据

企业伦理学 / 田虹主编. — 北京：清华大学出版社，2018（2021.12重印）
（21世纪经济管理精品教材．工商管理系列）
ISBN 978-7-302-50292-0

Ⅰ.①企… Ⅱ.①田… Ⅲ.①企业伦理－高等学校－教材 Ⅳ.①F270-05

中国版本图书馆 CIP 数据核字（2018）第 111992 号

责任编辑：吴　雷
封面设计：汉风唐韵
版式设计：方加青
责任校对：王荣静
责任印制：杨　艳

出版发行：清华大学出版社
　　　　　网　　　址：http://www.tup.com.cn，http://www.wqbook.com
　　　　　地　　　址：北京清华大学学研大厦 A 座　　　　　邮　　编：100084
　　　　　社 总 机：010-62770175　　　　　邮　　购：010-62786544
　　　　　投稿与读者服务：010-62776969，c-service@tup.tsinghua.edu.cn
　　　　　质 量 反 馈：010-62772015，zhiliang@tup.tsinghua.edu.cn
印 装 者：三河市君旺印务有限公司
经　　销：全国新华书店
开　　本：185mm×260mm　　　印　张：15　　　插　页：1　　　字　数：319 千字
版　　次：2018 年 6 月第 1 版　　　印　次：2021 年 12 月第 2 次印刷
定　　价：40.00 元

产品编号：078458-01

前　言

　　企业伦理在企业生存、发展以及企业活动中发挥着越来越重要的作用。经济的发展和公众社会意识的提高，特别是近年来气候变暖、温室效应、环境污染、食品安全等问题的日益严重，再次引发了人们对企业伦理问题的普遍关注。企业伦理已成为现阶段企业培育和保持竞争优势的新手段，是企业实现可持续发展的重要途径。因此，现阶段企业伦理学的理论研究与实践应用，对于企业在竞争激烈的市场环境中生存和发展有着至关重要的作用。

　　作为应用性很强的学科，企业伦理学的发展已经引起众多学者和业界的关注。本书作为工商管理学科教材，从企业的视角把握企业伦理行为，为企业伦理行为分析提供了整体思路。遵循此种思路，本书在国内外有关企业伦理研究成果和企业伦理学教材框架的基础上，沿着"理论—决策—实践—伦理建设"的研究脉络，系统阐述了企业伦理学的基本理论与实践问题。

　　全书共九章，内容包括企业伦理总论、企业社会责任基础、企业社会责任的实践、企业伦理决策、企业市场营销中的伦理、企业人力资源管理中的伦理、企业会计工作中的伦理、可持续发展的伦理观和企业伦理建设。

　　本书内容具有以下特点：

　　第一，学科的前沿性。作者试图将国内外有关企业伦理研究的最新观点体现在本书中。

　　第二，结构的系统性。本书沿着"理论—决策—实践—伦理建设"的研究脉络，论述了企业伦理从理论到实践的过程，在体例上设有学习目标、本章小结、思考题，便于读者对本书的脉络和架构更加清晰地掌握。

　　第三，案例的典型性。为方便读者学习企业伦理学课程，本书每章均设有导入案例，章中也设有各种小案例，最后还设有章末案例，以培养学生综合运用每一章知识解决实际伦理问题的能力。

　　本书由吉林大学商学院田虹教授结合自身多年的企业伦理学教学与实践经验，以及丰硕的科研工作成果编写而成。2015 年，田虹教授曾主持吉林大学高水平研究生课程体系和研究生核心课程建设项目"企业社会责任与商业伦理核心课程建设研究"。本书是在吉林大学教务处和研究生院的大力支持下完成的，不仅获得了吉林大学"十三五"规划教材项目的立项和资助，而且获得了吉林大学"优秀研究生教材出版资助计划"项目的立项和资助。

吉林大学商学院十分重视企业伦理学课程的教学工作，为本科生开设了"企业伦理学"课程，为专业硕士生开设了"企业社会责任与商业伦理"课程，这也为编者的教学和科研工作创造了条件。编者多年来在其他一些院校也开设了"企业伦理学"课程，并在一些企事业单位进行了相关课程的培训和讲座，这些都为本书的编写提供了第一手丰富的教学实践素材。

本书第一、四、五、八、九章由田虹编写，第二、三、六章由刘光明编写，第七章由王汉瑛编写。全书由田虹负责制定编写框架并最终统稿。所丹妮、申荟杨、王宇菲、王琰、田佳卉、崔悦、黄浩然参与了部分资料和案例的收集、整理工作，在此一并表示感谢！

企业伦理学作为一门较新的学科，其理论和实践还在不断完善中。本书在编写过程中，参考和引用了国内外多位专家、学者的相关教材、著作、期刊论文等文献的研究成果，在此表示衷心的感谢！书中若存在不当之处，恳请同行和读者批评指正。

田　虹

2018 年 1 月

目 录

第一章　企业伦理总论

第二章　企业社会责任基础

第三章　企业社会责任的实践

第六章　企业人力资源管理中的伦理

第七章　企业会计工作中的伦理

第八章　可持续发展的伦理观

第九章　企业伦理建设

第一章　企业伦理总论

学习目标
- 掌握企业伦理的概念
- 了解企业伦理思想的发展过程
- 掌握企业伦理的基本理论
- 理解企业伦理与企业经营的关系

企业伦理讨论的最佳方式是案例法，即通过观察现实中的企业如何将企业伦理学引入其日常经营管理中的行为进行深度学习。"魏则西事件"是 2016 年互联网领域引发全国关注的重大医疗事件，也是企业伦理研究和实践中关注的热点话题之一。

导入案例　百度与魏则西事件

青年魏则西的因病离世，把百度再一次"捧"上了头条。

国家网信办回应：根据网民举报，国家网信办会同国家工商总局、国家卫生计生委成立联合调查组进驻百度公司，对此事件及互联网企业依法经营事项进行调查并依法处理。

财新网报道：百度董事长兼首席执行官李彦宏已被国家网信办约谈。约谈不是聊天，而是监管机关的一种行政行为。一直擅长"危机公关"的百度，这回如何成功"摆渡"，公众拭目以待。

魏则西是西安一位 21 岁的大学生，因患滑膜肉瘤于 2016 年 4 月 12 日去世。他在生前求医过程中，通过百度搜索，看到排名前列的北京某医院，受其"生物免疫疗法"高效率、"斯坦福技术"等宣传所惑，花费二十多万元治疗，却未收到任何效果，病情迅速恶化，也耽误了其他合理治疗的时机。

"魏则西事件"的核心是暴露了医疗虚假宣传的一系列乱象：莆田系民营医院虚假宣传、百度搜索竞价排名逐利、某些医院把治疗效果吹上天。这里面的关键是，百度搜索、百度推广，究竟该负哪些责任？

令人意外的是，"百度推广"居然不被算作广告服务，而是"信息检索"服务，因此，无论其推广的内容如何，"一搜独大"的百度，居然是不用负责任的！

早年间，莆田系民营医院遍地开花之时，就是靠铺天盖地狂打广告招徕顾客的，报纸广告、电视广告，随时随处可见。后来这些广告在传统媒体上突然销声匿迹了，因为其被制度性地禁止发布了。"道高一尺，魔高一丈"，这些广告随后大量涌入网络中。莆田市的"一把手"曾称："百度 2013 年广告总量 260 亿元，莆田民营医院就占了 120 亿元。"而来自摩根大通的分析报告估计，医疗广告在百度 2014 年总营收中占比 15% ～ 25%。

那些早年贴在电线杆上、专治"疑难杂症"的游医广告，经过一轮轮"换装"，最后在网络中大量涌现。魏则西就是沿着这样的路径，加速奔向了生命终点。

这次进驻百度公司的联合调查组，包括国家工商总局。是时候认认真真审视一下百度推广与广告的问题了。一个杭州炒货店小老板方林富，仅仅是因为在店面招牌和炒货的包装袋上印了"最"字，就被处以20万元的罚款。然而，《广告法》却管不了"百度推广"这样的虚假宣传？若不从根本上解决这个问题，那么在魏则西之后，必然还会有"魏则东""魏则南""魏则北"。

资料来源：徐迅雷.百度与魏则西事件[N].杭州日报，2016-05-03（003）.

问题：
1. 百度与魏则西事件涉及的伦理问题有哪些？
2. 互联网时代，搜索引擎企业如何兼顾企业经营与企业伦理的关系？

企业的发展不仅会受到外部环境的影响，而且也会受到企业自身经营管理理念的引导。百度与魏则西事件为我们很好地诠释了企业经营管理理念的重要性，揭示了企业经营管理理念的核心问题，即企业伦理和企业社会责任。

第一节　企业伦理的概念和发展

企业伦理学是一门交叉学科，它是随着社会的进步和经济的发展应运而生的，企业伦理学的理论基础源于伦理学。伦理学有着极为悠久的历史，它可以追溯至古希腊哲学时期，伦理学主要是对个体行为伦理标准和道德规范的相关分析。企业伦理学则研究的是企业的伦理行为。虽然个体行为和企业行为有着众多不同之处，但是企业的决策最终还是由个体确定的，因此伦理学的基本理论和相关概念也适用于企业伦理学。这里需要注意的一个问题是，虽然伦理学和企业伦理学有着诸多关联，但是伦理学强调的是对于个体行为的分析，而企业伦理学强调的不仅是对个体行为的分析，还包括对企业主体行为的分析，两者也有诸多的区别。因为我们无法对企业进行类似个体的道德情感分析，所以企业伦理学和伦理学之间仍旧存在一定的差异。如何将伦理学的基本理论和概念引入企业伦理学的研究之中，受到了国内外学者共同的关注。

国外关于企业伦理学的研究较早，特别是美国的学者，其将重点首先集中于企业伦理学基本概念的研究，分析在企业环境中这些概念使用的可行性，并在此基础上，对这些概念进行改进。常见的伦理学概念，诸如伦理评价、道德价值等被引入企业伦理研究之中。除此之外，伦理学历史发展中的经典理论也被引入企业伦理学的研究之中。常见的基本伦理学理论，诸如亚里士多德的德性伦、康德的义务论、功利主义伦理学，以及当代的罗尔斯的正义论都作为伦理学的基本理论被引入企业伦理的研究之中，成为企业伦理理论的主要基础。此外，国外商学院对企业伦理学这门课程的开设也比国内早很多，究其原因主要是，国外的企业发展较国内成熟，并已形成对伦理重视的氛围。因此，它们对此类问题的关注也早于我国。中国企业的真正发展是在改革开放之后，我们所熟知的一些著名企业（如联想、娃哈哈、万科等）都是在1984年前后成立的，很多学者将1984年称为中国企业的"元年"。这也导致了中国企业伦理的构建和发展远远滞后于国外发达国家。

中国在经济转型和发展的过程中也存在着大量的劳工权益问题、环境保护问题、生产劣质产品、贪污受贿等问题，而这些问题产生的根源在于企业追求利润最大化目标却忽视了自身本应承担的社会责任，在这样的背景下，企业的经营管理行为面临着诸多的伦理挑战。

中国企业违反伦理的事件，比较典型的案例是"三鹿奶粉事件"。此事件不仅是三鹿企业的个别行为，而是存在于整个乳制品行业中的普遍现象。这也表明违反法律、法规和伦理准则的行为已经不再是个别企业的问题，而是群发性的，在整个行业中都存在的乱象。针对此类大规模的非伦理行为，我们不得不深刻地思考：产生此类事件的原因是什么？如何规避企业存在的违反伦理标准的行为？中国企业的伦理准则存在吗？它们的内容是什么？如何从企业自身和政府以及公众多方面规范企业的行为？在弄清上述这些问题之前，我们需要对企业伦理有一个清晰的界定。

一、企业伦理的概念和特征

（一）道德与伦理

实践中，人们常常对"道德"与"伦理"这两个概念缺乏严格的区分，"道德"与"伦理"常常被一起使用，诸如伦理道德水平、企业伦理道德标准等。但是，二者也存在着差异。

波音公司作为全球著名的飞机制造企业，其成功一直受到了人们的关注，并成为企业管理学科研究的重点对象之一。该公司的价值观始终考虑道德维度，并强调公平、公正。这些基本价值观能够在企业内部实施并不是件容易的事，但是这些价值观也反映了一个企业的基本运作方式和伦理态度。因为良好的道德准则不仅能够规范个体的行为，而且能有效地规范企业的行为，这为企业获得良好口碑奠定了基础，也是波音公司成功的基础之一。

通过上述对道德准则的描述，我们可以思考"道德"和"伦理"之间的关系。在伦理学研究中，伦理是侧重原则和标准的界定，特别强调对个体行为的指导。根据伦理的概念，我们可以确定某个行为是否违反伦理。正如中国传统儒家文化所强调的"五伦说"，即五种人伦关系①，每一个"伦"实际上指的是一种标准。根据这种标准，我们可以实施某种行为。

---

① 封建宗法社会以君臣、父子、夫妇、兄弟、朋友为"五伦"。

道德与个体的生活关联更为紧密，它更多地关注个体的生活、幸福等相关主题，强调个体的生活价值，以及如何获得好的生活，什么是其获取的方式等相关主题。因此，可以看到伦理和道德实际上都是与企业研究有所关联。道德更关注的是企业相关主体的生活状态，特别是企业员工的生活质量、尊严、精神层面的需求等关联问题，伦理则更侧重于企业的行为是否符合规范。

（二）企业伦理的概念

随着经济的发展和社会的进步，人们对于企业伦理讨论的焦点，已不仅仅局限于企业伦理对于企业的意义，而是对于企业伦理概念的界定问题，不同的学者对此有着不同的观点。比较权威的、具有代表性的概念如下：

1985 年美国学者 P.V. 刘易斯（P.V.Lewis）研究发现，企业伦理这一术语有 308 种之多的定义，他对企业伦理诸多定义进行归纳后得出："企业伦理是为企业及其员工在具体环境中的行为道德提供指南的各种规则、标准、规范或原则之和。"[①]

美国学者 T. 索瑞尔（T.Soreu）认为："企业伦理有广义和狭义之分。凡涉及企业与消费者、雇员、股东、决策者、竞争者等之间的伦理关系和伦理规范，属于狭义的企业伦理问题；凡涉及企业与国家、政府、社会、环境、政策、制度的伦理关系和伦理规范，属于广义的企业伦理问题。"

中国学者周祖城认为："企业伦理是企业及其成员行为的规范，是企业经营活动的善与恶、应该与不应该的规范，是关于怎样正确处理企业及其成员与利益相关者关系的规范。"[②]

结合国内外学界和业界对企业伦理的界定，本书认为企业伦理是调节企业及其成员与利益相关者关系所应遵循的道德规范和伦理准则。

（三）企业伦理的特征

企业伦理具有以下特征：

1. 企业伦理行为主体的非单一性

因为在对个体进行伦理分析时，可以确定个体是行为的实施者。然而当我们论述企业的伦理行为时，不能简单地将企业主体作为行为的实施者，也不能简单地将企业的管理人员作为行为的实施者。因此，企业主体在伦理分析中的性质是复杂的。

2. 伦理分析视角的整体性

伦理标准可以判断行为的对错，但是企业所涉及的因素过于复杂，并且企业会关联到不同的主体，特别是企业是由员工构成的，它不是内部员工行为的简单加总，因此，企业

---

① Lewis P V. Defining business ethics: Like nailing jello to a wall[J]. Journal of Business Ethics, 1985.
② 周祖城 . 企业伦理学 [M]. 北京 : 清华大学出版社 , 2005.

标准以及行为的好坏需要从整体视角进行分析。

3. 伦理分析影响因素的复杂性

伦理标准的确定并非易事，它需要考虑文化维度的影响，以及习俗、惯例等因素的影响。伦理和文化总是相互关联的，然而二者的影响机制仍然处于争议之中。特别是对跨国企业的伦理行为分析，鉴于跨国企业所面对的环境更为复杂多样化，它不仅要考虑公司本身的情况，还需要考虑其所处国家的文化和习俗。因此，当跨国企业面对伦理困境时，对其进行伦理分析就变得更为复杂。

企业伦理学的目标之一是寻找道德规范，道德规范是衡量伦理行为的一种具体工具。通过道德规范在企业内部和外部的实施，使得企业能够在个人层面和企业整体层面构建良好的伦理氛围，这不仅能够激发个人伦理行为的正常实施，也使得整个企业在运行过程中不会出现违反伦理标准的行为。

由此可知，企业伦理是企业成功经营和管理的基础，企业伦理的研究对象是企业。通过研究企业内部伦理关系和企业外部伦理关系，最终可实现企业和利益相关者之间的多赢。

因此，必须清晰地掌握企业伦理关系的概念，以及企业在诸多伦理关系中应当承担的伦理责任。

（四）企业伦理关系

以上已经论述过企业伦理所关注的主题。然而，企业所处的环境非常复杂，它不仅要处理内部的运营和产品的生产，以及与员工的各种关系，还需要考虑与外部的关系，特别是与消费者、其他企业以及组织的关系。这些不同的关系实际上表明了企业不同主体所处的不同位置，即对企业不同主体性质的界定，这有助于确定其行为的伦理性质。因此，伦理关系的确定对企业的伦理分析是有必要的。企业伦理关系主要就是强调企业在正常的运行过程中，客观存在的各种关系的总和，它不同于物质关系以及其他的有形的交换关系，它是通过对伦理行为和伦理价值的考量作为前提的。它对涉及的双方都会施加影响，所以伦理行为的研究具有社会学的特征。伦理关系是每个主体为维护其自身利益，而采取的态度和行为，也就是道德规范。

企业伦理关系是个体的伦理关系在企业情境中的应用，因此它所涉及的含义和包含的范围更为广泛。企业伦理关系所涉及的主体包括个人、企业中所存在的各种组织，并且其也存在于企业与企业之间的利益往来之中。那么，对企业的具体职能进行分类，便可以发现企业的伦理行为存在于常见的企业职能之中，包括市场营销、人力资源、会计工作等。企业伦理关系包括内部伦理关系和外部伦理关系。

1. 企业内部伦理关系

企业内部伦理关系包括上下属之间的关系与员工之间的关系。

上下属之间的关系是一种管理和被管理的关系。基于角色的不同，在企业中上下属关注的问题存在异同，分析和处理同一问题的角度也存在差异。作为管理者，他们更多地站在企业发展的视角，关注企业的战略目标和规划。而被管理者更多的关心与自身利益相关的问题。正是由于二者角色的差异，必然存在着利益冲突。

随着世界经济一体化、中国经济的快速发展，组织内部的关系处理问题也亟须解决，特别是在企业改革过程和企业运营过程中的相关问题，如员工工作积极性的动机分析、企业经济利益的提升等，这些都需要从企业伦理学的角度进行更为详尽的分析。

在企业的生产经营中员工之间的关系非常重要，其直接影响着企业的经济效益。一个健康有序、轻松的企业工作氛围，会使员工产生积极主动的工作热情。良好的企业文化则会增加员工的凝聚力和忠诚度，最终体现在员工的经济效益中。

2. 企业外部伦理关系

（1）企业与政府。企业作为社会系统中的一分子，应当兼顾与其利益相关方的关系。政府作为企业重要的利益相关者，其对企业的作用机制是通过倡导和施压来实现的，一般通过宏观调控来调整企业的经营和管理，保障市场秩序的稳定。而企业在政府的监管下，依法经营、诚实守信才能得到政府的支持。

（2）企业与消费者。消费者是企业最重要的利益相关者之一，消费者每天都在购买和使用企业的产品和服务，使企业的产出获得回报，从而保障企业的正常运作和发展。同样，企业需要提供给消费者安全的产品和放心的服务。企业应该保护消费者的合法权益，遵循公平竞争原则并遵守政府制定的法律、法规。

（3）企业与企业。企业和其他企业（竞争对手、供应商、合作伙伴等）之间存在着密切的利益关系，在经济全球化的今天，企业的经营决策会影响到其供应链上的上下游合作者。供应链上企业之间的共同合作、共同发展，是实现双赢的最佳决策。在一定条件下，企业的竞争对手会成为合作伙伴。战略联盟就是竞争对手之间也可以共同发展的很好例证。在企业经营发展中，必须注重企业与企业之间的伦理关系。企业必须和同行竞争者和合作者共同遵守诚实道德、互利互惠、公平竞争的原则。

（4）企业与社区。企业在社会系统中生存就存在与社区相互关联的关系。和谐的企业与社区伦理关系，对于企业的生存发展和社区的稳定繁荣有着重要的作用。哈罗德·孔茨和海因茨·韦里克在《管理学》一书中揭示了企业与社区的关系："企业存在于一定的社区内，社区内的人员素质、生活习惯对企业的员工素质和价值观均有一定的影响，良好的社区环境和高素质的人群是企业发展的优势条件，而企业积极地参与社区建设活动，也会提高企业的声誉，从而带来更多的效益。"

二、企业伦理学的产生和发展

纵观企业伦理在全球的发展进程，我们会发现企业伦理的发展也需要经历一个从产生到发展、成熟的过程。企业伦理思想可以追溯到古代人们对商业道德问题的关注。随着市场经济的发展，企业在社会生活中越来越重要，并影响着人们的生活，而同时企业经营中出现大量的产品质量、贪污受贿、环境污染、窃取商业机密等新问题，也引起了全社会的广泛关注。因此，人们对企业提出了迫切的要求，要求企业在生产经营过程中，必须按照伦理准则来规范自己的行为，承担社会责任。20世纪70年代以来，相当多的企业开始重视伦理问题，制定伦理守则。

我们对企业伦理学的发展问题，通常从西方和中国两个视角展开研究。西方对企业伦理的研究，来源于企业经营管理活动中产生的一系列道德问题和社会问题。而中国对企业伦理的研究，来源于中国企业借鉴西方企业管理经验，以及在中国改革开放中所遇到的实际伦理问题。

（一）企业伦理学在西方的发展

西方国家对企业伦理学的发展，有多种研究视角。

1. 企业伦理学形成阶段

伴随着20世纪60年代欧美经济的高速发展，企业经营中也出现了诸多违反伦理道德准则的社会和经济问题。由此也产生了诸多的消费者运动、环境保护运动和社会责任运动等。20世纪六七十年代，是企业伦理学的形成时期。20世纪70年代，美国经济进入衰退期，企业经营中出现了大量丑闻。1974年11月，堪萨斯大学的哲学和商学院主办了第一次企业伦理研讨会，本次会议中的论文和会议记录被编辑成了一本书，这标志着企业伦理学作为一门学科的产生。学者们对社会责任也开启了讨论，并形成了几种不同的流派。以弗里德曼为代表的利润学派认为："企业社会责任旨在增加利润，企业为股东获取最大利润就是对社会最大的贡献。"以弗兰奇为代表的伦理学派，提倡道德先于利润，认为企业在具有法人资格的同时，也有道德人格。具有道德人格的企业社会责任除了包括经济责任之外，还包含其他的责任，如对环境的责任、对政府和公众的责任、对客户和员工的责任等。以S.P.塞西为代表的调和派，试图将以上两种对立的学派进行中和，主张企业目标包含利润目标和社会目标，即伦理目标。他们认为企业社会责任是企业应该继续坚持的一项活动，不是片面的经济或非经济责任。"二战"结束后的几十年内，日本经济快速发展，一方面得益于美国的现代企业制度模式；另一方面，日本的企业伦理模式也功不可没。日本企业在经营中，融入了日本民族文化的企业伦理，这种模式被视为日本经济的成功之道，受到了全球其他国家的借鉴。

2. 企业伦理学发展阶段

20世纪80年代是企业伦理学全面发展的阶段，企业伦理学从美国逐渐扩展到全世界，尤其引起发达国家相关学者的广泛关注，高校也建立了大量的研究机构，开设了企业伦理学课程。同时，这个阶段的一个新特点是企业伦理理论研究的进一步深化，大量专著、有影响力的教材不断产生,例如,阿奇·B.卡罗尔的《企业与社会:伦理与利益相关者管理》、R.爱德华·弗里曼的《公司战略与企业伦理》和普托尼·霍斯曼的《管理伦理》。学者们对企业的道德地位、社会责任、道德伦理与企业经营活动能否相融等展开讨论,形成了以下三种观点:一是霍姆斯·R.L.认为,将企业主体和决策归于个体,因为只有个体具有决策和道德判断的能力,并在此基础之上承担相应的道德责任;二是 Bowie N. 等学者提出公司是具有独立的法人资格的,那么它同时就具有道德人格,此种从公司法人的视角所进行的道德决策决定了公司主体是具有承担道德决策能力的,实际上这两种观点涉及的是公司主体的界定问题;另外一部分学者认为,公司建立在个体的道德决策之上,是通过个体的道德决策来实现的,个体的决策可以视为公司的主体行为。这个时期对企业伦理理论基础的探讨,深化了企业伦理学的理论体系。各大公司纷纷采取措施,将伦理理念融入公司的经营与管理中,融入公司文化。据赵斌《企业伦理与社会责任》一书的数据显示:"到 20 世纪 90 年代中期,《财富》杂志 500 强企业中 95% 以上的企业有明确规定的公司伦理守则和道德规范。美国有 3/5,欧洲有一半的大企业设置了专门的企业伦理机构,负责有关的伦理工作。"企业伦理的制度化,成为 20 世纪 90 年代企业伦理发展的特点之一。

3. 企业伦理学深化阶段

企业伦理学的发展从 20 世纪 90 年代至今进一步走向成熟,企业伦理发展进入深化阶段。企业伦理的研究进入两方面的比较研究阶段,一是对欧洲不同区域的比较,特别是对东欧国家在经济转型过程中所遇到的问题进行的研究,已上升至国家层面的企业伦理行为的比较研究;二是随着日本经济的发展,日本企业的员工忠诚以及工作轮换等实践风格引起了学者们的关注。特别是面对伦理困境,日本企业独特的应对方式,涉及伦理方面的考量。比如,面对危机,日本的企业高管会在第一时间出面道歉,这是在其他国家较少出现的,这其中就包括对日本企业伦理实践的文化背景研究。近年来,金融危机、经济衰退、欺诈、贪污受贿等现象使得政府和社会更多地关注企业的伦理行为,对新兴技术及科技发展所引出的伦理问题等也进行了研究。信息化时代,未来的伦理问题将会围绕信息的获取和出售展开。例如,"企业用你社交平台上的个人信息,你是否能接受?""你会介意购物时,商家(通过手机塔的三角定位)利用 Q 码和微晶片获取你的位置和你所浏览的商品等信息吗?"

在研究过程中,比较成熟的一种研究结果是 2016 年由著名学者 O.C. 费雷尔(O.C.Ferrel)、约翰·弗雷德里克(John Fraedrich)和琳达·费雷尔(Linda Ferrel)出版的《企业伦理学》,该研究将企业伦理的发展过程划分为 5 个阶段,即 20 世纪 60 年代之前、60 年代、70 年代、80 年代和 90 年代。2000 年以后,该研究又有了新的发展,如表 1-1 所示。

1960 年之前,资本主义在经济与政策的多变环境下屡遭质疑。从保障公民权益到稳定市场价格,企业暴露出的伦理问题逐步进入人们的视线内。直到 1960 年,"薪酬、劳工与资本主义伦理"问题的提出,为企业社会伦理思想的研究开启了新方向。从 1960 年开始,环境问题的日益恶化,推动了消费者逐步形成维权意识。10 年间通过的各大保护消费者权益的法案给企业伦理问题设定了法律底线。20 世纪 70 年代初，政治丑闻的揭露使得人们的视线开始聚焦于企业与政府的伦理道德问题，而逐渐曝光的企业贿赂政府官员问题、欺诈问题、食品安全等问题，界定了企业伦理问题的范围。1980 年开始，市场规则和环境的变化、政府监管的解除，为企业在世界范围内的活动打开了新渠道。同时，既有的企业伦理思想观念已经不再适用于新的市场环境，企业在跨国发展的过程中，显现出的新伦理道德问题，亟须通过企业伦理思想的新整合来解决。面对市场自由贸易带来的企业伦理的新问题，美国政府开始将企业伦理思想建设制度化，通过激励与惩罚并存的方式鼓励企业积极培养企业伦理行为。20 世纪 90 年代后，在企业伦理制度化的同时，公众和政府加强了对企业伦理的需求。

表 1-1 伦理和社会责任问题的时间轴

20 世纪 60 年代	20 世纪 70 年代	20 世纪 80 年代	20 世纪 90 年代	21 世纪
环境问题	员工的战斗性	贿赂与非法承包	第三世界国家中的"血汗工厂"与不安全的工作条件	网络犯罪
公民权利问题	人权问题	以权谋私	提高企业对个人的赔偿责任（如烟草企业）	财务不当行为
日益紧张的劳资关系	掩盖而非纠正问题	欺骗性广告	财务管理不善与欺诈	全球性问题；产品安全
演化中的职业伦理	处于弱势的消费者	财务欺诈行为（如储蓄贷款丑闻）	组织有悖伦理的行为	可持续性
毒品泛滥	透明度问题			窃取知识产权

引自：O.C. 费雷尔（O.C.Ferrel），约翰·弗雷德里克（John Fraedrich），琳达·费雷尔（Linda Ferrel）. 企业伦理学 [M]. 北京：中国人民大学出版社，2016:10.

（二）企业伦理学在中国的发展

中国对企业伦理学发展的研究从时间点来看，包括 20 世纪 90 年代初到 90 年代中期和 20 世纪 90 年代中期至今两个阶段。

1. 萌芽阶段

中国企业伦理学发展的起始时期是 20 世纪 80 年代到 90 年代初期。中国的改革开放使得经济迅速发展，经济发展的实施主体是企业。在中国企业对西方管理风格的借鉴过程中必然会遇到各种伦理问题。这些伦理问题是在中国背景下产生的，如何在西方的管理风格基础之上解决伦理问题是中国企业必须面对的，即道德的决策和道德的分析过程必须结合中国的实际情况，不能简单地将伦理学或者西方的管理风格植入中国的实际情境之中，必须结合中国的传统文化，以及经济制度进行具体分析，从而成为之后的中国企业伦理学的理论基础。20 世纪 90 年代初期至中期，是当代中国企业伦理学学科的萌芽时期。东方朔 1987 年在《经济伦理思想初探》中写道："经济学和伦理学包括价值标准的问题，即建立某种符合文化标准的行为是适当的。"王小锡1993年明确提出"企业伦理学"的内涵，追溯了学科的主体和对象、研究方法和研究框架，他认为："企业伦理学研究人们在社会经济活动中协调各种利益关系的善恶取向及应不应该的经济行为规范。"同时王小锡指出："应该从实践的角度，把握经济运行过程中，伦理、道德之间的关系和经济伦理的内涵、功能、规则；劳动伦理、经营伦理、分配伦理、消费伦理都是企业伦理研究的主要内容。"这对企业伦理学的学科构建具有一定的启示。20世纪90年代中期，著名经济学家厉以宁从规范经济学的角度研究经济学的伦理问题，对效率和公平、产权交易、宏观经济政策目标、个人消费行为、个人投资行为、经济增长的成本、合理的经济增长率等进行了伦理分析。著名经济学家茅于轼在他的《中国人的道德前景》中，也对中国经济改革以来的社会和企业进行了深刻的分析和道德评价。

2. 形成阶段

中国企业伦理学进入形成阶段是在20世纪90年代中期至今。20世纪90年代中期以后，学术研究中面临的突出问题是确立企业伦理学的学科框架。全国企业伦理学的研究开始全面学习西方商业道德，引进西方企业伦理的"三层次"观点，根据宏观层面、中观层面、微观个体层面构建企业伦理学科体系。企业伦理"三层次"结构的观点，被学者们广泛接受。

目前，国内的企业伦理学仍然处于发展之中，它同样需要自身的理论基础构建。然而需要注意的是，准确把握中国企业伦理所处的制度背景和文化背景，才能把握中国企业的伦理实践。因为中国所处的经济制度和政治制度，与国外有众多不同之处。同样，文化背景也与国外有诸多的不同。现阶段的中国企业伦理研究，学者们已经就各种差异展开了讨论。文化维度对中国企业伦理的构建同样起到至关重要的作用，在这方面，儒家文化、道家文化等中国传统文化对中国企业伦理的影响，也引起了学者们的关注。

（三）企业伦理议题的新变化

对很多企业和企业家来讲，遵守法律、遵守道德意味着可以避免不必要的诉讼、调解，从而每年可以节省很多成本。但在实践中，有很多企业由于行为的道德缺失，而承受了相应的经济制裁。来自管理学科和其他学科的众多学者为企业伦理学科的构建提供了很多有益的启示，这也为后来的企业伦理学发展提供了基础。从整个企业伦理学的发展脉络来讲，西方国家的研究是早于中国的。因为自20世纪中叶开始，西方国家就开始关注企业伦理一系列基本思想和概念的厘清。中国的管理学科发展历史很短，而作为跨学科的企业伦理学则具有更为短暂的历史。随着企业和社会的发展，西方企业伦理思想的传入，更多的学者和企业家们开始关注企业伦理行为和企业伦理基本理论的构建。因此，20世纪八九十年代是中国企业伦理学的重要起始点，在此之前，企业伦理学是作为萌芽状态出现的。国内外的企业伦理学集中研究企业伦理行为对企业绩效的影响、企业伦理与企业社会责任之间的关系、企业伦理原则的具体内容、企业文化与企业伦理之间的关系、企业伦理行为与企业行为之间的关系。企业研究的发展中引入了伦理维度，对于企业的发展具有重要的意义，这也使企业研究变得更为复杂，因为企业的行为不仅以利润为导向，也需要关注是否违反伦理标准。企业所处的环境非常复杂，体现在企业内部环境的复杂，以及企业所处行业和宏观环境的复杂等方面，因此寻找确定的伦理规则并非易事。如何寻找有效的切入点，以及构建企业伦理的理论基础，在未来的研究中都是亟须完善的方向。

随着全球经济一体化的发展，国际合作呈现越来越多的趋势，随之而来的全球企业社会责任标准、伦理规范的约束，促使中国企业必须深入了解国际领域的企业伦理问题。同时，随着信息技术的发展，特别是互联网、大数据、人工智能等新技术产业的迅速发展，将会产生新的伦理问题。

第二节 企业伦理的基本理论

在伦理学的发展史中，具有重大意义的四种伦理学理论，被引入企业伦理行为的分析中，主要包括功利主义伦理学、康德的道义论、罗尔斯的正义论和亚里士多德的德性论。其中，功利主义伦理学是结果论的代表性理论，是以行动产生的结果作为评判标准；康德的道义论以义务作为道德评判的依据，罗尔斯的正义论即公平正义原则；亚里士多德的德性论属于哲学伦理，以个人的人格和品德作为道德判断的起始点。

一、功利主义

功利主义的历史久远，它对西方的立法和制度建立有着至关重要的影响。因此，功利主义是政治哲学和伦理学研究的重点。伦理学基本上可以分为动机论和结果论。前者从个体的行为动机出发，分析个体的行为是否符合伦理规范。但是它并不考量行为的后果会产生何种影响，即它不考虑行为对他人或者个体自身的积极影响或消极影响。结果论则不同，它更多的从行为后果出发，探讨某一个行为是否符合标准。[①]

功利主义的特点如下：

第一，对个体的假设过于孤立。在现实情境中，个体之间是有联系的，无论是亲情的联系、家族的联系还是其他的社会关系。因此，原子式的个体与现实情况并不相符。除此之外，个体之间并不是没有区别的，简单地将个体之间的幸福量对等也是不合适的。

第二，功利主义理论基础是痛苦和快乐，这是推动所有行为的起始点。那么，依据痛苦和快乐的划分，幸福在此基础上得以形成。幸福与快乐有关，不幸福与痛苦相关，最终形成了功利主义的主要信条，即最大多数人的最大幸福，"功利主义的行为标准并不是行

---

① J. S. Mill.Chapters on Socialism[M]. Collected Works.Vol.v.Toronto:University of Toronto Press, 1967.

为者本人的最大幸福，而是全体相关人员的最大幸福"。但是在第一个特点中，我们已经看到，快乐和幸福只是构建在每个独立个体之上，并未考虑个体之间的联系和区别。

第三，功利主义的衡量原则受到很多学者的批评，不仅是对上述原子式个体的批评，也包括对衡量方法的批评，即这种衡量方法不可能对社会的幸福量有精确的结果。

功利主义的一个主要信条是"最大多数人的最大幸福"，从这个基本信条可以看到，它以最大多数人的幸福作为行为的考量标准，所以功利主义伦理学是一种典型的结果论的伦理学。正是这种基于"最大多数人的考虑"，使得功利主义被应用在政府的政策制定上。将功利主义对"最大多数人"的关注引入企业分析中，可研究企业行为的伦理问题。

功利主义伦理学的分析过程主要是：首先，一个社会会面对很多种的选择方案，选择方案的确定依照的是能否给社会中的最大多数人带来最大福利，如果能够带来福利，那么这种选择方案就可以被确定；其次，按照上一个步骤的分析思路，在被确定的方案中，所实施的行为就可以将之作为合乎伦理的行为。

根据上述对功利主义的介绍可以发现，它对企业伦理的研究有很多有益的启示，特别是功利主义基于"最大多数人的最大幸福"这一信条进行决策。我们同样可以将企业视作一个微观的社会，管理者可以被视为这个微观社会的决策制定者，需要考虑的不是某个人的幸福量，而是整个企业所带来的收益。那么放到企业的伦理分析中就转变为：首先，企业伦理行为的决策不是基于某个人的视角，而是企业的整体视角；其次，功利主义试图对幸福量化，对于企业伦理的研究也有启示意义。功利主义试图从更为精确的数量指标出发，实现最大化的结果，这一点与企业的收益成本理论非常相像。然而需要注意的是，这只是相像，并不意味着功利主义理论就是企业的收益成本理论，因为二者的概念基础完全不同，进行评价的思路也是大相径庭的。

上面谈到了功利主义在企业伦理学中的应用价值，但将功利主义引入企业伦理分析中也存在着问题。首先，功利主义的最大多数人的最大幸福，这个标准本身就存在很多的问题，特别是幸福如何界定，如何衡量幸福量本身就存在很多的争议。幸福是一个主观的概念，不同的个体对幸福的定义是不同的，追求的幸福也是不同的，因此功利主义的衡量标准存在问题。其次，作为结果论的功利主义，单纯以行为后果作为切入点，而没有考虑行为动机，很可能会受到批评，尤其在出于坏的动机最终导致好的结果现象中。最后，就是功利主义对于权利的忽视。功利主义试图衡量最大多数人的幸福量，已经意味着它对个体进行原子式的假定，而个体之间并不是完全没有任何的联系。仅仅考虑最大多数人的幸福，而忽略少数人的幸福，最终的行为侵犯少数群体的利益，这也使功利主义处于争议之中。

拓展案例 1-1

利用功利主义原则对葛兰素史克公司的行贿行为分析

扫描此码　深度学习

二、道义论

道义论^①关注个体行为的动机，主张应该评判行为的目的而不是结果。康德是道义论的主要代表者，是西方哲学史的重要人物，其道义论理论对众多伦理领域学者的研究产生了重大影响。康德的道德义务（绝对命令）与功利主义理论不同。康德伦理学^②是与康德整个哲学体系一脉相承，即建立在"理性"概念的基础之上的，它是从每个理性个体的角度出发，因此康德的道义论是针对每个个体的，即它具有绝对的普遍性，只要当个体具有理性时，这种绝对命令就对个体产生作用，此时个体可以选择采取行动。

围绕着理性个体所构建的道义论，与功利主义有诸多不同。个体只要具有理性能力，也就意味着个体会遵循康德所描述的绝对命令^③行事。康德伦理学对于所有的个体都是适用的，因此，康德伦理学是一种普遍主义的伦理学。相较前文所论述的功利主义，其考虑的对象是最大多数人，这可以看出康德伦理学与功利主义伦理学之间的区别。功利主义伦理学可能会牺牲小部分个体的利益，而康德伦理学则是基于理性个体之间的尊重，因此不存在功利主义中的权利侵犯问题。

康德的绝对命令不仅仅是指向自我的，它是对所有个体都适用的。所以个体只要具有理性能力，所有人都会以同样的方式对待他人，这对企业中个体之间的交流具有重要的意义，即员工和领导者作为理性个体，都应该将对方作为理性个体来尊重。

康德伦理理论过于抽象，它集中于对所有的理性个体提供指导，所以很多学者对康德伦理学的这种形式主义特征提出批评，在企业的伦理行为分析中也是如此，毕竟企业伦理行为的分析属于现实世界中对具体行为的分析，康德伦理学虽然提出绝对命令，但是针对具体的情况并未提出具体的指导意见。而且，康德伦理学所论述的理性能力，与企业中的各种情境也是相去甚远。在企业研究中，所指向的理性个体更多的是一种合理性的个体，即个体具有工具理性的能力，这种理性并非康德意义上的理性。特别是管理学和经济学所提出的经济人的概念，它同样是具有工具理性^④的个体，这种个体有明确的目标导向。因此，康德伦理学与企业伦理学之间是有区别的，如何将康德伦理学中的概念引入企业伦理学研究中，需要更为详细的考察。

前文已经谈到，康德伦理学过于抽象，但是并不意味着对企业的伦理分析没有任何意义，我们也可以用康德的绝对命令分析利益相关者，并利用康德伦理学思考下述关于企业

---

① 道义论的英文是"deontology"，也译作"务本论""义务论"或"非结果论"等。

② 引自：康德 . 道德形而上学原理 [M]. 苗力田，译 . 上海：上海人民出版社，2002.

③ 绝对命令的英文是"Catagorical Imperative"。绝对命令是德国哲学家康德用以表达普遍道德规律和最高行为原则的术语，又译作"定言命令"。

④ 所谓"工具理性"，就是通过实践的途径确认工具（手段）的有用性，从而追求事物的最大功效，为人的某种功利的实现服务。

决策的一系列原则：

（1）任何企业的决策都涉及很多因素，不仅需要考虑企业的整体目标，同样需要考虑对个体的影响。

（2）商业决策需要一定的信息，这种信息不仅仅是关于业务的，也要将关于个体的需求考虑在内。

（3）任何的商业决策都要遵循最基本的原则，即不能对他人带来伤害。

（4）一定不要只将个体作为工具性的存在，同样要将之视为理性个体，即以康德伦理学的思想作为指导，来尊重员工。

康德伦理学也有其自身的问题。虽然其基于理性能力构建道义论理论，指导个体如何尊重他人，即将他人作为目的而非手段。但这是一种非常抽象的指导原则。他并未告诉个体什么可以做，什么不可以做。康德的道义论理论仅仅是一种形式主义原则。因此，如何将康德伦理学与企业伦理研究进行有效结合是一个重要的问题，也是自 20 世纪以来众多国外学者所力图完成的任务。

三、正义论

正义理论（principle of justice）主要集中于制度层面的研究，然而企业同样也涉及制度的问题。公平和公正是正义理论关注的重点，它强调资源应得到合理的分配。约翰·罗尔斯（John Rawls）在 1971 年出版了《正义论》这部政治哲学著作，罗尔斯在其中所使用的严谨论证方法和全新思路，使得《正义论》被广泛地讨论。自该著作出版以来，引起了各学科学者们的普遍关注。来自经济学界的诺贝尔奖获得者阿玛蒂亚·森在关于自然禀赋和个体能力，以及资源分配方面，与罗尔斯有诸多学术争议。《正义论》不是单纯的一部政治哲学著作，它希望解决的根本问题是找到一个原则，使得社会中的每个个体都能够接受，此原则即为正义原则。在推导正义原则的过程中，罗尔斯列举了正义原则的主要"竞争对手"，诸如功利主义原则、直觉主义等，其认为正义原则优于这些"竞争对手"，社会中的每个个体会一致接受此原则。

《正义论》也被引入管理学的研究中，特别是被引入企业伦理学的研究中。因为罗尔斯的正义论始终将焦点集中在"最不利群体"，所有的制度构建和原则的确定都必须以对"最不利群体"的关注作为前提，这对组织研究具有重要的启示。组织同样需要考虑"最不利人群"的境况。

除此之外，罗尔斯的正义原则有着牢固的道德心理学基础，他详细论述了个体正义感的发展阶段，在罗尔斯构建正义理论的过程中，他引入科尔伯格的道德发展理论，其目的是阐述个体道德感的发展。因此，罗尔斯在道德心理学中关于正义感的培养[1]，对于企业

---

[1] 资料来源：罗尔斯. 道德哲学讲义 [M]. 张国清，译. 上海：上海三联书店，2003.

伦理学中个体道德感的发展具有重要的启示。

鉴于上述所提出的种种启示，正义论最终成为了企业伦理学构建的基本理论。罗尔斯主要提出了两个正义原则：

第一，只要不侵犯其他人的自由，任何人对大多数宽泛的基本自由享有同等权利。

第二，人为地对社会和经济不平等进行设定，对每个人的优先权进行理性的预期并附属到对公众开放的职位上。

第一个原则是关于权利的保证，这是作为自由主义者的罗尔斯所必然坚持的观点，即个体的权利始终处于优先位置，任何人都不能侵犯个体的权利；第二个原则则是关注资源的分配，他将焦点放于"最不利者"这一群体。

比较具有代表性的对正义的划分来自理查德·德乔治的观点，他确立了四种正义，这对理解企业伦理行为具有重要的意义。

（1）补偿正义（compensatory justice），将焦点集中在受伤害的群体，对于已经造成的伤害，如何对他们进行相应的补偿是此种类型的正义所关注的。

（2）惩罚正义（retributive justice），与前一种类型的正义紧密关联，它同样侧重伤害，然而不是对伤害者进行补偿，而是对伤害行为实施者进行惩罚。

（3）分配正义（distributive justice），主要涉及资源的分配，特别是关于政策对个体的福利是否有合理的分配。

（4）程序正义（procedural Justice），关注正义的执行程序状况，特别是决策过程的考察，以及协议公正性的研究。

上述几种类型的正义在企业研究中被广泛关注，因为企业的各种行为很可能会对个体造成伤害，无论是企业的内部人员，还是企业的外部人员，利用这些类型的正义对行为进行分析，是一种重要的分析工具。

从正义论理论视角对企业进行分析，特别是对特定的利益群体进行分析，会发现很多有价值的问题：第一，某个特定行为所带来的成本和收益的公平问题，以及对不同个体所带来的各种影响；第二，行为的信息透明度的问题，特别是涉及危机的行为对外部公众的信息披露情况；第三，某种行为对他人所带来的伤害，如何去补偿？补偿的标准如何确定？如何惩罚伤害的实施者？

四、德性论

德性伦理学 [①] 是由亚里士多德在古希腊时期提出的，虽然历史久远，但是对现代个体

---

① 德性伦理学（Virtue Ethics）是规范伦理学的其中一个理论。古希腊哲学家柏拉图和亚里士多德、中国的孔子都被视为德性伦理学代表。代表作有亚里士多德的《尼各马可伦理学》、孔子的《论语》、麦金泰尔的《追寻德性》。

的行为研究仍具有重要的意义。德性论主要关注个体的品格，并作为道德判断的起始点。此理论认为个体的品格对各种行为起到推动作用。因此，如果能够对个体的品格有着清晰的界定，那么个体的行为分析就有稳定的基础。[①] 德性论强调的品格是一个整体的概念，特别需要注意的是个体的品格不是指具体的行为，而是对个体的整体判断。亚里士多德的品格分析是以"善"进行论述的，它需要解决的问题是：哪些属于美德？美德的具体内容有哪些？为什么个体需要美德？亚里士多德认为在个体的生活中各种习惯会表现出品格的特征。例如，诚实可以是一种德性，此种德性是通过个体之间的交往体现的。

德性论对于企业伦理研究具有积极的意义。如果一个领导者具有良好的品格，对于企业的正常运行也有诸多的益处。诚实是一种美德，它对于企业之间合作的重要作用不言而喻。诚实能够帮助领导者在企业中构建良好的文化氛围，并且培养企业的凝聚力，使得企业的内部成员能够相互信任，而不会出现部门主义的短视现象，并且对员工的品格培养也具有积极的意义，最终有助于提升企业的生产效率，实现企业的目标。美德的培养与商业的竞争并没有本质的冲突，良好的美德是商业竞争的基础。因此，美德使得市场的交易成为可能。美德与利润的最大化也不存在冲突，利益最大化的前提是每个参与者需要具备美德，如果缺少美德，不择手段地追求利益，并不是商业竞争中可取的手段。美德除了对企业内部有积极的影响，对于企业外部也有正向的影响。有美德的领导者会积极地承担外部社会责任，从而为企业带来良好的口碑和形象。

五、企业伦理理论的整合和实践[②]

通过对上述几种道德理论的回顾，我们可以看到任何的伦理理论，都不是完美的。伦理学关注的本质是行为的标准，即个体应该遵守何种标准，才是符合伦理的，因此，所有的伦理理论都涉及一种适用范围的问题。康德伦理学基于所有个体都具有的理性能力，可以最大程度地达到此种普遍性的目标，但是这种形式主义的伦理学对于现实世界的指导太少。亚里士多德伦理学和功利主义虽然与经验世界关联紧密，但是在适用的范围上仍未达到伦理普遍性的要求。因此，如何将这些伦理理论应用到企业伦理分析中，特别是在企业的不同阶段如何将不同的理论有机结合起来仍需不断地努力。通过上文对功利主义和德性伦理学的介绍，可知两种理论的侧重点并不相同。德性伦理学重视个人品质培养以及榜样的力量，功利主义则更加重视企业的整体层面。

科勒和威亨（Colle and Werhane）的研究对亚里士多德伦理学、康德伦理学和功利主义伦理学的有效结合进行了有益的尝试，如表1-2所示。通过对这三种基本伦理理论的整合，

---

① 引自：亚里士多德. 尼各马可伦理学 [M]. 廖申白，译. 北京：商务印书馆，2006.
② 引自：刘光明. 葛兰素史克公司行贿行为 [J]. 当代经济，2016（6）. 作者有修改.

在企业内部构建道德愿景（moral imagination），对培养企业良好的企业文化以及规范企业的非伦理行为都具有积极的作用。科勒和威亨（2008）在提出框架之前，首先让我们进行如下思考：如果亚里士多德、康德以及功利主义者生活在当代，并且成为高层的管理人员，那么在管理企业时，他们会如何做呢？他们如何在企业内部构建伦理标准并实施这些标准？

在表 1-2 中，可以看到伦理计划的实施包括三个步骤。第一步是以德性论为理论基础，企业应该重视内部氛围的培养并将企业高层管理人员作为企业的榜样，所以优秀品行对于领导者是很重要的。首先要对公司员工进行基本的培训，事先明确好的榜样和坏的典型。对好的行为，作为公司的管理人员应该予以鼓励，而对于不好的行为，公司应该及时地制止，并且作为典型事件向公司员工进行通报。

第二步是构建在康德道义论基础上，企业应在内部形成良好的道德原则，特别是一种对行为的判断能力。例如，在葛兰素史克公司行贿案例中，如果行贿的企业人员有良好的判断力，能够清晰地认识到该行为对于企业的利弊影响，此类行为也不会发生，良好的道德判断力对合乎道德的行为决策是至关重要的。

第三步是基于功利主义伦理学，企业在实施伦理计划时，需要建立合理的衡量标准用以衡量每种行为地利弊。鉴于这种标准属于伦理行为的衡量标准，它不可能如企业成本分析那样完全地量化，也不可能如企业效益分析那样，完全的基于企业的视角，必须使标准的范围尽可能地广泛，以便所有的利益相关人员都能作为考量对象进入衡量体系中，这样才能满足企业伦理标准的客观性和全面性要求。

表 1-2 企业建立伦理计划的相关步骤

伦理学理论	公司伦理计划的特征				道德愿景在支持伦理计划的角色
	主要目标	方 法	关键的伦理领导力技巧	公司口号	
亚里士多德德性伦理学	培养经理人员优秀的品质	通过案例研究和领导榜样进行伦理训练	实践智慧、个人一致性、优秀品质	在家和在公司坚持同样的原则	道德愿景使得个体可以在不同的情境中拥有同样的德行
康德伦理学	培养经理人员从责任角度出发的道德判断能力	讨论案例分析以发展／挑战道德困境通过一系列连续的调整以实现反馈的均衡	道德论断的服从（依据企业的伦理）	言行一致（依据公司使命和价值观表达）	通过道德愿景发现个体的道德价值，并在此基础上推广"何种价值是有益的"观念。
穆勒的功利主义	培养经理人员适度的道德情感并发展人们在外部限制下的理解力	伦理培训被设计以用于发展员工的道德情感；企业社会责任管理项目被提出以明确和测量外部利益和伦理行为	道德情感成本／基于所有利益相关者的收益分析	实施最大化的利益相关者满意度的行为	用道德愿景以评估可行性和对于所有利益相关者新的可能性结果

（资料来源：Colle S D, Werhane P H. Moral Motivation Across Ethical Theories: What Can We Learn for Designing Corporate Ethics Programs?[J]. Journal of Business Ethics, 2008.）

第三节 企业伦理与企业经营

企业伦理的研究有了实践支持，才有现实意义，桑达克斯公司很好地诠释了企业的经营业绩与商业伦理的平衡关系。本节将从两个方面探讨企业伦理与企业经营的关系：一是企业伦理与企业文化、企业竞争力和企业经营绩效的关系；二是企业伦理与企业利益相结合的方法。

拓展案例 1-2

Centex：商业伦理与经营业绩同样重要

扫描此码　深度学习

一、企业伦理与企业经营相关问题的关系

（一）企业伦理与企业文化

伦理与文化总是交织在一起的，企业伦理与企业文化也是密切相连的。企业伦理学的一个主要任务是为企业寻找伦理标准，然而这种标准常常受到企业文化的影响。企业文化是企业在一定条件下，企业成员们认可和遵循的价值观，是企业管理的重要组成部分，其体现在企业日常管理活动中。而伦理研究同样也不例外，伦理不是针对某个特定的对象，它具有一定的普遍性。如果个体不能就伦理标准达成一致意见，那么企业伦理的研究也就变得没有必要。

在文化维度对企业伦理的分析可以从两个方面来进行。

第一，从广义视角的国家文化、民族文化、关系、习俗进行分析。从国家层面对企业的行为进行比较，会发现不同国家背景下的企业实践有众多区别。比如关于性别歧视的分析，就是揭示企业文化和企业伦理研究的很好例证。不同国家对待性别歧视的态度不同，并且此行为属于极为主观的行为，导致其很不容易被界定，故性别歧视这种在企业伦理分析中常见的案例，在不同的背景下就会得出不同的分析结果。因此，同一种行为在不同的文化背景下，伦理标准也是不同的。

第二，可以从企业伦理文化构建的角度，分析文化对企业伦理行为的影响。这是属于微观层面的分析。企业伦理学的根本目的是为企业服务的，它是为了企业更好地适应外部环境，并且解决在企业运行中所面临的问题。在企业文化的建设中，往往很少讨论伦理维度的文化建设。同样，在企业伦理学的伦理氛围构建中又没有有效考虑企业文化的问题。实际上，企业文化建设和企业伦理氛围的培养是紧密关联的。良好的企业文化会为企业伦理氛围提供支撑，并且有效地减少企业中非伦理行为的产生。

因此，无论是从宏观层面，还是从微观层面，企业文化对企业伦理分析都具有重要的

作用，即企业的伦理构建需要考虑企业文化。

企业文化在企业管理研究中具有重要意义，并且对企业经营有重要的影响。企业文化是指在一定的经济和文化背景下，企业成员认可并遵守的独特的价值理念、道德规则、风俗习惯、行为规范等的集合。企业伦理的建设不能离开企业文化的支持，企业伦理和企业文化是相互支撑的关系。伦理层面的制度构建很好地支撑了企业文化的构建。反之，良好的企业文化也有助于企业伦理氛围的构建，两者是相辅相成的关系。

伦理维度和文化维度虽然在企业中是一种隐性的表现，但是都应该引起企业管理人员的重视，正是它们不易发现，才会对企业的运营起到潜移默化的作用。虽然伦理维度的关切不会在短期内影响企业的绩效，但是一旦企业的非伦理行为被公众以及其他的利益相关者所熟知，它所产生的恶劣影响是不能估量的，不仅会影响顾客对企业产品的认知，并且会对企业的整体发展产生很大的负面影响。

（二）企业伦理与企业竞争力

美国哈佛大学商学院著名战略管理专家迈克尔·波特教授认为，"企业竞争力是指企业设计、生产和销售产品与服务的能力，以及企业的产品和服务的价格和非价格特质与性能在市场竞争中与竞争对手相比所具有的市场吸引力及其获得并保持企业最大收益的能力"。因此，企业适应外部环境变化整合自身资源的能力越强，企业竞争力也就越强，这些能力最终会体现在产品和服务上。企业竞争力的各个环节涉及众多竞争力要素，如产品创新、品牌培育、服务质量、资源关系、企业文化、企业经营理念都可以成为企业竞争力的一部分。近年来，随着企业伦理意识的增强和全球市场竞争环境的变化，企业伦理开始融入企业竞争力培育的框架中，成为企业获得竞争力必不可少的要素。越来越多的公司将伦理维度融入企业的日常经营中，美国《财富》杂志排名前一千的企业，有80%的企业在正常运营过程中考虑了伦理因素，并且将伦理方面的知识融入员工培训和相关制度中，企业伦理已成为企业在市场竞争中获得长远发展的竞争力之一。

企业伦理有利于技术进步、发展创新，便于明确产权和分配正义，易于形成一个良好的企业文化。企业伦理对企业竞争力也会产生很大的影响。企业伦理对内部竞争力的影响体现在：内部的企业伦理可使企业员工构成良好的伦理氛围，加强企业内部员工对自身行为的规范，特别是在面对各种伦理困境时，企业内部良好的伦理氛围可以有效地规避各种非伦理行为的发生。员工对于企业的态度和在企业中的行为受到自身伦理水平和企业伦理氛围的影响。在企业内部，需要考虑生产过程中对员工的伦理责任，这对企业的正常发展有重要的作用。企业伦理对外部的竞争力也有积极的影响。在企业与外部组织的关系中，同样需要考虑伦理问题，这些内外部因素的双向影响对于企业竞争能力的培养具有极为重要的作用。因此，企业竞争力的培育不能忽视伦理方面的培养。

（三）企业伦理与企业经济绩效

2016 年，O.C. 费雷尔（O.C.Ferrel）等在《企业伦理学》一书中研究表明，从全球最佳企业指数来看，合乎伦理标准的企业，往往具有良好的业绩。然而伦理实践最好的企业并不意味着业绩最好。在实践中，企业伦理与企业经济绩效之间存在几种关系：其一，企业伦理与企业经济绩效互相作用，互为补充，企业伦理促进企业绩效的增加；其二，企业伦理行为和企业利润目标有一定的冲突性，这是由于企业是一个具有强烈利润动机的经济组织，企业伦理目标不能替代利润目标；其三，必须在企业伦理和企业利润之间进行权衡，才能使企业伦理与企业经济绩效二者达到平衡。

上述三种关系中，都强调了企业伦理在企业经营中的重要性。无论企业伦理对企业经济绩效有何种影响结果，都不能忽视企业伦理的重要作用。

1. 企业伦理对企业内部的影响

随着企业经营活动的日益增多，企业更应该注重伦理氛围的培养，不仅要重视对高层管理人员的伦理培养，提升企业高层管理人员的领导力，而且要对基层员工进行伦理培养，提升员工对组织的忠诚度，提升员工绩效，增加企业自身的竞争能力。良好的企业伦理氛围实际上会对企业中的各种管理制度，企业领导管理理念的有效实施产生积极的影响，从而降低企业生产经营成本，实现企业绩效。

2. 企业伦理对企业外部的影响

一个负责任的企业会通过其合乎伦理的经营伦理理念获得利益相关者的关注，使企业能够树立良好的声誉，进而获得社会的支持。例如，奔驰公司对产品质量和汽车安全的重视，不仅是对品牌的重视的表现，也是对顾客负责的一种伦理表现。因此，企业重视伦理问题，并不是一个单向的付出过程，也会得到相应的回报，最终会大大降低企业的外部运作成本，实现企业经济绩效和社会绩效的双赢。

二、企业伦理与企业经营结合的方法

如何将企业伦理理论应用到企业经营过程中呢？特别是在企业经营过程中，企业是否存在有效承担伦理责任的途径呢？首先我们需要厘清企业利益与企业伦理的关系。如上文所述，企业利益与企业伦理并不冲突，企业伦理会对追求企业利益的过程给予相应的指导，如果在追求企业利益的过程中，采取不正当的手段，就会突破企业伦理的底线。因此，企业应当重视伦理问题，这不仅是从理论上对企业伦理概念进行界定，更需要在实践中关注伦理问题。下面是关于企业经营与企业伦理结合的方法。

（一）在企业制度建设中体现对伦理的重视

企业内部建设应着重于制度的建立和员工培养方面的完善。良好的制度是规避非伦理行为的有效手段，企业要以人为本，不断提高员工的待遇并改善工作环境，使员工对企业产生强烈的归属感和情感认同，强化企业的凝聚力和向心力。因此，在企业制度建立的过程中，要对伦理重视起来，企业应当弄清盈利的逻辑线索，即首先应该对社会有益，并且满足人的需求，最后才涉及企业的盈利问题。这种优先次序观念，有助于企业重视伦理制度的构建。

（二）企业领导者自身的伦理培养

企业领导者是企业伦理行为实施的关键，并且也是企业决策的重要制定者。企业领导者所采取的战略决定了企业未来的发展方向。除此之外，企业领导者的个人特质也会对周围的员工产生重要的影响。然而，在现实的企业环境中，若企业的运行出现了问题，领导者往往会将失误归于下属的员工，并对员工进行相应的惩罚。这样的举措其实是缺乏伦理意识的领导行为，这样会使员工认为，企业只追求利润的最大化，从而使自己在工作中的眼光更短浅，不顾一切地追求眼前利益。因此，要想使企业的经营管理具有伦理化的特性，企业的领导者必须具有高尚的道德和品质。

（三）企业绩效中引入伦理维度

针对企业的每一个商业决策，都需要进行反馈，如确定商业决策的最终结果，判断其是否达到应有的预期，评价与反馈过程对于每个企业都是重要的。企业应定期总结和分析自身的发展情况以确定下一步的决策，在分析这些企业情况时，应当将伦理分析和道德评价加入其中，作为评价企业发展的一个重要衡量指标。从伦理的角度来分析企业的发展方案，可帮助管理者作出合乎伦理的选择，从而使得企业更深入人心，有利于社会效益的实现。此外，企业还应根据自身制定的伦理准则，形成一套属于自己的指标体系，进行企业伦理的评价，以便实时监察企业是否在符合伦理的范围中经营，避免走上弯路。

本章小结

（1）道德与伦理的区别在于：道德关注的是企业相关主体的生活状态，特别是企业员工的生活质量、尊严、精神层面的需求等关联问题；而伦理则更侧重于企业的行为是否符合规范。

（2）企业伦理是调节企业及其成员与利益相关者关系所应遵循的道德规范和伦理准则。

（3）企业伦理的特征：企业伦理行为的主体界定非单一性；企业伦理需要从整体视角进行分析；企业伦理分析的影响因素具有复杂性。

（4）企业伦理关系涉及的主体包括个人、企业中所存在的各种组织。企业伦理关系也存在于企业与企业之间的利益往来之中。企业伦理关系可以分为内部伦理关系和外部伦理关系。企业内部伦理关系包括上下属之间的关系与员工之间的关系，而企业外部伦理关系包括企业与政府、企业与消费者、企业与企业以及企业与社区的关系。

（5）伦理学的四大理论分别是功利主义伦理学、康德的道义论、罗尔斯的正义论和亚里士多德的德性论。功利主义伦理学是结果论的代表性理论，以行动产生的结果作为评判标准。康德的道义论以义务作为道德评判的依据。罗尔斯的正义论，即公平正义原则。亚里士多德的德性论属于哲学伦理，以个人的人格和品德作为道德判断的起始点。

（6）功利主义将个体视为"原子式"的个体，即个体之间不存在联系，个体的幸福与他人没有关联，因而可以实现"幸福量"的"叠加计算"。功利主义的构建基于简单的生理基础："所谓幸福，是指快乐和免除痛苦；所谓不幸，是指痛苦和丧失快乐。"功利主义根据自身原则试图量化幸福。

（7）道义论建立在"理性"概念的基础之上，从每个理性个体的角度出发，具有绝对的普遍性，当个体具有理性时，这种绝对命令就会对个体产生作用，此时个体便可以选择采取行动。同时，道义论坚持人具有绝对的价值，个体是最终的存在目的，因此，不能够将人作为实现目标的手段，即在企业组织中，员工不仅仅是企业盈利的手段，也更需要被尊重。

（8）正义论的两大原则：只要不侵犯其他人的自由，任何人对大多数宽泛的基本自由享有同等权利；人为地对社会和经济不平等进行设定，对每个人的优先权进行理性的预期并附属到对公众开放的职位上。

思 考 题

1. 什么是企业伦理？
2. 什么是企业伦理关系？企业伦理关系的主体有哪些？
3. 企业伦理有哪些特征？
4. 四大伦理学理论的基本观点是什么？对企业伦理有哪些意义？
5. 如何理解企业伦理与企业经营的关系？

案例讨论 沃尔玛：应对伦理与合规的挑战

本案例探讨公司和其利益相关者的各种互动关系，包括竞争对手、供应商和员工。而关于这些利益相关者的伦理问题，主要涉及歧视、领导层的不端行为、贿赂与安全问题。我们将探讨沃尔玛如何去回应这些问题，以及近期其关于可持续发展与社会责任的一些举措。

1.历史：沃尔玛成长记

1962 年，创始人山姆·沃尔顿在阿肯色州建立了第一家沃尔玛折扣店。在接下来的数十年里，沃尔玛成为遍布全球、最大的百货连锁店。沃尔玛大部分的成功可归功于其创始人——一个精明的企业家沃尔顿，其提出"10 英寸规则"，即只要 10 英尺内有顾客，就应真诚地迎上去，看着对方的眼睛，给予温馨的问候，并询问他是否需要帮忙。沃尔顿还有个著名的管理哲学——"日落规则"，即"为什么要把今天能做的事情拖延到明天？"这种坚定的职业伦理与顾客至上的奉献精神，成为沃尔玛公司遵循的伦理规范。它连续多年被评为全球最受敬仰企业之一、《财富》500 强之首。

竞争对手

沃尔玛也常被指责压低工资和福利，一些企业已提起诉讼，称沃尔玛使用掠夺性定价，排挤竞争对手。沃尔玛回应，其目的是向普通消费者提供物美价廉的产品，但同时，其也击垮了许多竞争对手。为了与沃尔玛竞争，其他竞争者不得不减少工资开支。因此，一些有利益关联的人士抵制沃尔玛入驻其所在社区。更为严厉的抨击是，沃尔玛与其他大型零售商受到了政府的不公平待遇。面对诸多问题，形成一个有利于最多利益相关者、最负责任的决定，是颇为复杂且不易实现的。

供应商

通过流水线运行，沃尔玛实现了天天低价的目标。尽管沃尔玛具有卓越的运营能力来处理运输和跟踪货物，但它还是希望供应商不断去改善各自的供应系统。沃尔玛通常与供应商通力合作，降低包装和运输成本，最终给消费者减负。2009 年起，公司与可持续发展联盟合作，推出了一个名为可持续发展指数的测量与评估系统。沃尔玛希望通过可持续发展指数去提升其产品的可持续性并建立一种更为有效的可持续供应链。

2008 年，沃尔玛推出了全球负责任的采购计划，包括对新晋供应商的一揽子政策与要求。2012 年，首席执行官迈克·杜克扩充了这些计划的内涵，将其提升到公司整个供应链可持续发展的高度。

沃尔玛围绕采购产品的数量和型号的要求，掌握着发言权。事实上，许多企业的大部分业务都依赖沃尔玛而生存。此种关系可使沃尔玛对供应商施加影响，而成为沃尔玛的供应商的确也相应受益良多。供应商越来越多地被纳入沃尔玛的流水线上，其业务越发高效，这些其实也有利于顾客。同时，许多企业认为成为沃尔玛的供应商对它们业务的拓展也十分有利。

然而，许多人对沃尔玛所拥有的权力表示不安，因为作为沃尔玛动力来源的低价格策略会对供应商造成负面影响。迫于压力，许多厂家被迫把生产线从美国迁到劳动力更廉价的亚洲地区。像李维斯这样的沃尔玛供应商，也以牺牲美国就业为代价将生产移到了海外。

20 世纪 80 年代，在得知沃尔玛迫使其他美国公司停业时，沃尔顿发起了购买美国货运动。然而，为追求低价格，许多沃尔玛供应商都已经到海外进行布局。一些专家估计，目前有多达80%的沃尔玛供应商扎堆在中国。

2. 关于员工的伦理问题

员工福利

尽管员工福利低和拥有反对工会的强势姿态，沃尔玛在美国、墨西哥和加拿大依然是最大的非政府雇主。它提供了数百万个工作机会，从21世纪初就一直是《财富》杂志评选的"最受敬仰企业"之一。虽然沃尔玛是世界上最大的零售业雇主，但也因其工资低和福利少而饱受指责。沃尔玛被指控未能为其60%的员工提供健康保险，尤其是对许多兼职员工。面对蜂拥而至的负面新闻，沃尔玛采取了相应的行动以改善与员工的关系。比如，沃尔玛在约1/3的门店提高了与绩效挂钩的薪酬；提供了包含更低员工自付额的一揽子健康福利，并实施优化处方计划，预计这两项措施可为员工节省2 500万美元。

尽管有了上述改进，沃尔玛出台的一项新政策还是将矛头指向了那些一周工作少于30小时的员工，公司将其医疗保障进行削减，乃至完全砍掉。一些专家呼吁沃尔玛可能在试图将医疗保障的负担转嫁给联邦政府，一些员工赚得少得可怜，进而成为新医改法案下联邦医疗补助的受益者。值得注意的是，沃尔玛的此种做法并非个例。其他许多企业也将员工转为兼职身份，以避免医保负担。然而作为一个有着如此庞大员工数量的企业，沃尔玛的做法将对经济引发连锁反应。

另一个指向沃尔玛的抨击是，其在扩张的同时却削减了员工数量。在美国，沃尔玛在扩充13%门店的同时，减少了1.4%的员工。员工的不满往往转化为顾客的不满，较少的员工很难去提供高质量的顾客服务。这使一些顾客抱怨那么长的货架上，商品种类却很稀少。

对待工会的立场

自沃尔玛成立以来，工会就很不受其欢迎。创始人山姆·沃尔顿认为，工会可能会导致公司丧失竞争力。不过，沃尔玛坚称这不是反对工会，其认为在员工和经理之间再插一杠就显得没必要了。沃尔玛声称支持门户开放政策，即员工可以把问题汇报给经理，而无须诉诸第三方。沃尔玛员工也曾就是否成立工会投了反对票。

沃尔玛反对工会的姿态在国外并非一直奏效。在中国，沃尔玛曾面临一个类似的局面：公司要想在中国发展，似乎必须接纳工会。中国政府正尝试制定一套新的劳动法给予员工更大的保护，并授予中华全国总工会更多的权力。2004年，受此压力，沃尔玛名义上表示支持，批评者却指出，沃尔玛在工人加入工会的道路上设置了更多障碍。2006年，一个区工会宣布了第一个沃尔玛工会在中国成立，随后一周内，四个分支机构相继成立了各自的工会。沃尔玛对此最本能的反应则是公告不再续签已入会的工人。然而，迫于不断增强的压力，沃尔玛不得不做出妥协，允许工会存在。此外，沃尔玛也与巴西、智利、墨西哥、阿根廷、英国及南非的工会达成了相关协议。

工作场所和歧视

在美国、墨西哥和加拿大,沃尔玛是最大的非政府雇主,它提供了数百万个工作机会。然而,2005年12月,沃尔玛超过10万名加利福尼亚员工因公司经常占用自己的午餐休息时间而提出集体诉讼,沃尔玛被迫支付1.72亿美元赔偿金。类似的指控在美国各州层出不穷。沃尔玛也被指控存在歧视员工的行为。尽管员工中女性占比超过了2/3,但在管理层中占比却不到10%。沃尔玛坚称在培养和提拔方面,男女平等。但2001年的一项内部研究显示,相同职位,女性经理的薪酬显著低于男性。2010年,不满沃尔玛的员工成立了"我们的沃尔玛"组织。虽然不是一个劳工组织,但"我们的沃尔玛"得到了来自食品与企业工人联合会(UFCIW)的资金支持,并有5 000多位会员希望改进在沃尔玛的工作条件,他们在2012年感恩节组织了一场大型抗议活动。沃尔玛向美国国家劳工关系委员会提起申诉,指控食品与企业工人联合会的罢工行为,也向食品与企业工人联合会和在佛罗里达门店的一些抗议者提起了非法入侵与骚扰顾客的诉讼。

领导层伦理问题

除了山姆·沃尔顿,其他一些知名人士也与沃尔玛有着千丝万缕的联系。希拉里·克林顿曾为沃尔玛董事会效劳了6年。然而,公司高层也不能幸免于各种丑闻。2005年3月,董事会主席托马斯·科格林被迫辞职,因为他以虚假费用、报销和非法礼品卡的方式窃取了公司高达50万美元的资金。2006年1月,科格林被判处27个月的家庭监禁及1 500小时的社区义工,并处罚金44万美元。2012年,一些占重要比例的非沃尔玛家族股东对首席执行官迈克·杜克的董事会连任投了不信任票,他们也反对其他董事会成员,包括前首席执行官李·史考特、罗伯特·沃尔顿的连任。虽然最后没有阻止这些人连任,但给了管理层一个不满与不信任的信号。为了安抚投资者,沃尔玛的领导层有必要去宣布一项新的承诺,确保公司合乎伦理与合规的标准。

环保相关问题

沃尔玛面临的环保方面的最大问题,可能是其在城市中的无限制扩张。沃尔玛的建造会对一座城市的基础设施产生压力,道路交通、停车场等将受到严重干扰。同时,它将占据数英亩原本属于城市绿色空间的土地。另外,随着沃尔玛的膨胀,原先的店面可能不再适用,这造成了大量的废弃商店。沃尔玛还涉嫌蓄意阻止其他零售公司对这些废弃商店进行购买。

在试图扩展到一些城区时,沃尔玛的庞大体型成了软肋。在纽约,空间是个重要问题,没给沃尔玛留下多少余地。因此,沃尔玛计划在未来数年内,在城市和农村地区推出几百家约15 000平方英尺的小型商店。这个策略已显成效,然而,并不是所有大城市都渴望沃尔玛入驻。若想成功入驻城区,沃尔玛需要聆听各利益相关者的心声。在高收入的大都市开设小店,提供日常的低价商品,对沃尔玛来讲也是个难题。因此,公司对开设迷你沃尔玛谨小慎微。

贿赂丑闻

近年来，对沃尔玛声誉打击最大的是墨西哥分公司 Walmex 门店一起数额巨大的行贿。指控称 Walmex 的管理层为获得门店落户的许可而行贿数百万美元。在批准施工建设许可的流程上，在墨西哥往往比在美国的时间稍长。因此，行贿以加速流程是 Walmex 的一项优势，而那些未行贿的竞争性零售商就处于劣势了。

在过去数年间，对美国政府而言，贿赂成了一个热议话题。美国政府对那些被证实贿赂的企业，提起了最大规模的犯罪指控。对于业务横跨多国的大型企业，在某些方面遭到贿赂指控是颇为寻常的。另外，在墨西哥的这一贿赂丑闻，因两个原因得以恶化：一是沃尔玛的高层似乎对此视而不见；二是海外沃尔玛门店的贿赂可能比原先预计的更为泛滥。

沃尔玛在 2011 年 11 月开始就墨西哥门店疑似贿赂案进行内部调查，并向美国司法部提交报告。直至《纽约时报》披露了沃尔玛高层早在 2005 年就意识到了存在贿赂的可能，此报告才递交到了司法部。2005 年，沃尔玛收到一封邮件，详细列示了墨西哥贿赂的相关信息，沃尔玛派遣员工前往墨西哥城调查，发现约 2 400 万美元被用以行贿官员以获得建设施工许可。墨西哥分公司的管理层与一般咨委会牵连其中。

尽管大家认为墨西哥的一般咨委会同意了该贿赂，调查权还是转交给了一般咨委会。一般咨委会声称，是墨西哥分公司的管理层因做错事而引致贿赂一事，没有人被处罚，调查就此完结，直至《纽约时报》去探究此事，才重启调查。

若沃尔玛领导层事先知悉此事，这些指控就颇为严重。人们确信前首席执行官李·史考特与现任首席执行官迈克·杜克可能已知晓贿赂一事。根据《海外反腐败法案》，向外国官员行贿是违法的。沃尔玛可能面临数百万美元的罚款，其首席执行官也将丢掉饭碗或面临牢狱之灾。

贿赂丑闻公开之后，对沃尔玛造成了巨大的影响。公告发布不久，沃尔玛股票的市值就跌去了 10 亿美元，股东也开始向公司与管理层提起诉讼。此外，沃尔玛还要为内部调查支付 9 900 万美元的费用。内部调查显示，沃尔玛在中国、印度、巴西等国调查到了贿赂的证据，在其他国家的贿赂也泛滥成灾。这些流言蜚语不仅对沃尔玛产生了严重后果，还冲击了其他外资零售商。这也证明，一两家企业的不当行为可能危害整个行业。

许多投资者希望沃尔玛的领导层自律并削减薪水，以切除与贿赂丑闻的关联，并要求沃尔玛领导层建立更为透明、合规的准则。沃尔玛宣传将一些领导层人士的薪水同其合规方面的表现相挂钩，这是沃尔玛合规行动的一部分。

安全问题

海外供应商也使沃尔玛麻烦不断。沃尔玛的许多国内外供应商将一些产品分包，使得供应链更加复杂。沃尔玛通过加强监控，以确保各供应商均符合相关要求。仅仅点明对安全问题的关切或告知某供应商不得与一些分包商合作是远远不够的。直到孟加拉国一个工厂的火灾导致 112 位员工死亡之后，沃尔玛才明白此事的艰难。

该工厂（Tazreen 时装公司）拥有向沃尔玛供应服饰的数条生产线，至少一家以上的沃尔玛供应商将沃尔玛的订单分包给该工厂，但沃尔玛坚称该工厂并未获得授权。沃尔玛声明在事故发生前的数个月，就已将 Tazreen 时装公司移除了授权供应商的行列，沃尔玛也终止了将订单分包给 Tazreen 时装公司的合作。在 Tazreen 时装公司此前的检查中，就发现存在许多火灾隐患。2012 年 11 月，该工厂发生大火，焚毁了整座工厂，112 名员工死亡。

人们对沃尔玛没能更好地采取措施确保 Tazreen 时装公司员工的安全而义愤填膺。沃尔玛其实是没有审计监督与授权机制的，一般由第三方实施审计，供应商承担检查监督的费用，这限制了向沃尔玛传输的信息量。有批评指向沃尔玛因成本考虑反对在工厂中配置较好的灭火系统，而沃尔玛则严正声明其对火灾隐患与员工安全极为重视。

沃尔玛也面临美国诸多指责。为沃尔玛工作的货仓内工人抱怨艰苦的工作条件，并指责其违反了劳动法。由于这些员工是与中介公司或第三方合作商签约的，加大了沃尔玛评估工作条件的难度。沃尔玛辩称，第三方合作商应对工作场所的条件负责。然而，沃尔玛既然采用了这些合作商，那就得确保这些合作商与分包商遵守劳动法。

孟加拉国大火以及员工的怨声载道，督促沃尔玛去提升其监控与审计机制。此前，沃尔玛对供应商与分包商违反伦理标准的行为，采取的是"三次警告"政策。可是，在孟加拉国大火之后，沃尔玛改变其政策为零容忍。之前，违反了采购政策的供应商，可有三次机会去改正问题；而今，一旦供应商被发现违规，沃尔玛便终止与之合作。沃尔玛亦要求所有供应商聘请独立机构去检测所在工厂的电路与建筑的安全事宜。沃尔玛对美国国内供应商也施行了同样的监控系统。沃尔玛宣布将聘请第三方审计去美国的第三方货仓，检查其是否遵守了公司的伦理准则。沃尔玛希望通过这些更为严格的标准提升供应商的合规水平，并重申公司对合乎伦理的采购政策的承诺。但是，沃尔玛仍然被认为不可能真正负起责任，除非将工厂的审计监控结果公之于众。

3. 可持续发展

有研究显示，2011—2012 年对大学及以上学历人员的调查中，在消费者兴趣、顾客忠诚度及其他一些衡量品牌价值的重要指标上，沃尔玛下降了 50%。作为一家大型跨国企业，公司面临着诸如贿赂、供应链等全球性风险。首席执行官迈克·杜克向公众保证，公司将在毕马威会计师事务所与格林博格律师行的协助下，重估其全球合规计划。

2012 年 5 月的一次动员大会上，迈克·杜克强调了经营与各级员工行为正直的重要性，他重申了公司的伦理行为与开放政策。他向员工及其他相关方保证，公司已与美国司法部合作，对贿赂追究到底。迈克·杜克承认有些门店仍存在伦理问题，他表示将减缓扩张计划，从而使公司有精力处理这些问题，提升伦理水准。

为了挽回损失，沃尔玛发起了一波广告攻势，将公司塑造为"一个美国梦的成功典范"，希望消费者能信服公司的价值观与品牌形象。沃尔玛的广告与其对企业责任的新诺言在提升其品牌形象方面是否卓有成效，还有待时间的检验。

沃尔玛的可持续发展目标，是100%使用新能源，无废料且所销售的产品对人类和环境都是可持续的。为实现这些雄伟的目标，沃尔玛建立了可持续价值网络，以整合并评估可再生能源及其相关做法。截至2012年，沃尔玛在7个国家已有115个屋顶太阳能装置，每天供给7 100瓦千瓦时的电量；完成了在美国26个燃料电池装置的建设，每年供电6 500万千瓦时，并在各地测试微型风力发电与太阳能热水系统。沃尔玛的企业价值观由天天低价转向开发可再生能源（通过与可再生能源供应方长期的合作协议）。这些协议为新能源的可行计划提供融资，使这些计划低成本运行（不仅造福沃尔玛，也造福其他能源客户）。

沃尔玛也为自身可再生能源项目提供资金支持。除了屋顶的太阳能与燃料电池装置，公司还有超过180个正在执行的项目，包括停车场的微型风力装置与生物柴油发电。加起来，这些项目可为沃尔玛提供22%的电力需求。约350家墨西哥门店使用风电，每年减少了13 700吨的二氧化碳排放；美国环境保护署的绿色能源伙伴项目将沃尔玛列为美国零售商中第二大绿色能源购买者与《财富》500强中第三大购买方。沃尔玛拥有美国第二大绿色能源发电装置。为减少能源消耗，沃尔玛主要采取了两大措施：第一，大多数新商店都采用了日光照明，商店可以关掉灯源或采用低光照明，从而减少高峰时段的电力需求；第二，沃尔玛对美国门店的热力和冷却系统进行集中管理，以控制能耗。所有这些，目的是实现到2015年减少2 000万吨温室气体排放的目标。公司也开始销售更多由可持续或可再生材料制成的产品，并致力于减少包装的使用。

为测量其产品与供应商的可持续发展能力，沃尔玛推出了可持续发展指数。该指数包含了三个部分，每个部分都有其自身的目标：一是创建一个更透明的供应链；二是形成一个涵盖大学、供应商、非政府组织、政府官员以及零售商在内的联合体；三是将这些信息传递给消费者。

4.改善伦理和社会责任

沃尔玛致力于提升其伦理声誉，以及可持续发展与企业治理。2004年，沃尔玛成立了全球伦理办公室，并公布了一份改进版的《伦理规范全球声明》，为在其全球利益相关者中传播企业伦理文化提供伦理指导。该办公室还增设了一条伦理热线，员工可通过此热线以匿名与保密的方式反映伦理问题。此外，沃尔玛还设有一个伦理标准团队，以监控其供应商是否遵循了名为"供应商标准"的规范与当地法律。沃尔玛宣称在数月内，公司访问了世界各地1 000位市场人士，向新的流程与程序投入3 500万美元，组织伦理训练班培训了超过19 000名员工。

沃尔玛也对一些灾害救助、女性经济独立以及供应商发展等项目倾囊相助。公司为桑迪飓风的受灾者捐赠超过150万美元的现金、食品与物品等；沃尔玛为房屋受毁的员工分发了 200 万美元，为需要帮助的员工提供免费电话；为增加女性的就业机会，沃尔玛向 150 个工厂及 60 000 名女性承诺帮助她们，并教会她们有价值的技能以帮助摆脱贫困。另外，沃尔玛还发展了供应商发展计划，与 100 家供应商合作，致力于每年均提升工厂生产力、改善生产条件。为应对美国日益严峻的肥胖问题，沃尔玛发起了健康行动。公司制订了一个五年规划，即在未来 5 年内减少所销售商品钠含量的 25% 和糖含量的 10%。通过此举，这个世界上最大的零售商或将扭转美国人的饮食习惯，让美国人的健康从此翻开新的一页。

沃尔玛之今日

2008—2009 年金融危机之后，沃尔玛在美国的销售额也开始下滑。沃尔玛为了迎合高收入消费人群的几项举措，如沃尔玛有机食品和时髦衣服的打折出售，并没有获得多大成效。同时，一些年收入低于 7 万美元的家庭开始投奔像 Dollar Tree 和 Family Dollar 这样的折扣商店。沃尔玛的错误在于其试图满足所有消费阶层的一切需求，并试图复制像塔吉特这样的更"时髦"的竞争对手。因为这些失误，沃尔玛在美国的销售额下滑，因此，沃尔玛正在回归山姆·沃尔顿最初构想的天天低价路线。

尽管在美国国内表现不尽如人意，但在国际市场上的成绩却较为喜人，因此沃尔玛的整体业绩不降反升。国际市场的继续扩大弥补了美国国内市场的下滑。这样，就对沃尔玛的市场提出了相应的要求，需要其更加适应不同的社会、文化、管理、经济与政治环境。即使这种大型零售商的适应能力强，也难免遇到棘手问题。例如，它在德国和韩国水土不服，门店被迫关闭。国际扩张越大，沃尔玛需要顾虑的就越多，就越需要权衡为了进入某个市场而愿意做出哪些让步。

尽管全球运营步履维艰，沃尔玛还是取得了骄人的成绩。例如，在日本市场的多年奋斗，沃尔玛 2008 年通过收购日本西友有限公司开始实现盈利；沃尔玛在加拿大投入巨资，还收购了南非最大的零售商 Massmart 控股集团。

沃尔玛的未来

我们可以从两个非常不同的视角来审视沃尔玛。一些人认为沃尔玛是美国众多问题的缩影，肮脏且复杂；而另一些人却对它无限眷恋。面对批评，为了给消费者一个满意的答复，沃尔玛力图不断改善与各利益相关者的关系，并努力证明这是一家合乎伦理的负责任企业。虽然在竞争、供应商、员工与全球贿赂等方面争议颇多，但其试图通过理性的可持续发展计划，在大家面前展现一个更加负责的形象。在节能减排方面，沃尔玛竭尽全力，将目标落实到了与公司相关的每个角落（包括供应商）。这些努力足以证明，沃尔玛希望成为一个更加可持续发展的企业。

此外，沃尔玛开始着手于创建伦理与合规项目，表现了其不改初心的意愿。然而，若无强健的监控系统与高层对落实伦理政策的承诺，所有与之相关的努力将荡然无存。海外贿赂、员工不满使沃尔玛的声誉蒙羞。因此，公司致力于提升内控机制，加强供应商审计。不论对沃尔玛是抨击还是赞扬，我们都期待这家大型零售商成为一家承担社会责任的企业。

　　资料来源：O.C. 费雷尔（O.C.Ferrel），约翰·弗雷德里克（John Fraedrich），琳达·费雷尔（Linda Ferrel）. 企业伦理学 [M]. 北京：中国人民大学出版社，2016：349-364. 作者有删减.

问题

　1. 你认为沃尔玛在可持续发展方面是否尽了全力？

　2. 沃尔玛曾面临哪些伦理问题？

　3. 沃尔玛是怎样回应其不当行为的？

第二章 企业社会责任基础

学习目标

- 掌握企业社会责任概念
- 理解企业社会责任的特征
- 理解企业社会责任概念的几个发展阶段
- 了解企业社会责任的内容
- 了解企业伦理与企业社会责任的关系

导入案例 英特尔：企业社会责任 3.0

在中国对企业社会责任这个名词还比较陌生时，英特尔就在中国开展了相关工作。1999 年英特尔在全球启动了"未来教育项目"，自 2001 年开始，英特尔领衔赞助中国青少年科技创新大赛，每年从中选拔 20~30 名优秀学生参加在美国举行的"英特尔国际科学工程大奖赛"；2004 年，公司与中国科学技术协会合作，在社区青少年中心和学校课外活动中进行"英特尔求知计划"培训，专为贫困社区的 8~25 岁青少年开展社区活动中心的课外活动。英特尔在教育上持续 10 年的投入，为它在中国获得了良好的声誉，并连续 8 年被教育部授予中国教育杰出贡献奖。

英特尔承担企业社会责任的三个主要领域是教育行业、社区和环境。在社区方面，英特尔推行以员工技能为核心的志愿者服务活动。2010 年，56% 的英特尔中国公司员工参与了志愿服务，服务时间达 4.6 万小时。在环保领域，英特尔中国执行董事戈峻告诉《财富》（中文版）杂志，公司从来都是以最高的标准来要求自己，一直关注在环保领域对于员工环保责任的评价，并将此与员工的绩效挂钩。对于没达到环保目标的员工，会在其奖酬上有所体现，从而促进了员工的环保意识和行动。

英特尔 2011 年制定了四大战略，其中之一就是"关心员工、关爱地球、激励下一代"。在中国，它有三大战略，分别是技术领先、与产业链结合和推动中国的 IT 产业发展、做有责任的企业公民。作为英特尔中国的执行董事，戈峻直接负责企业社会责任工作并向总部汇报。公司在中国还设立了"首席责任官"的岗位，并且在每一个运营物理地点都有从事企业社会责任活动的核心团队。将企业社会责任提到战略的高度，并调整公司的组织结构以保证这种战略得到落实，这大概是英特尔在企业社会责任领域有出色表现的原因之一。

英特尔中国首席责任官杨钟仁认为，英特尔企业社会责任已经从"1.0 时代"迈入"3.0 时代"。所谓"1.0 时代"，就是做公益、做慈善；"2.0 时代"，就是将企业社会责任与公司的业务相结合；而"3.0 时代"则是英特尔正在倡导的社会创新或企业责任的社会化。

《2009—2010 英特尔中国企业社会责任报告》的主题就是"以技术创新推动社会创新"。戈峻告诉《财富》(中文版)杂志,英特尔社会创新的核心理念就是搭建平台、资源共享。因为只靠政府、公益组织或者企业,是不可能解决社会面临的所有问题,必须构建一个平台以发挥政府、企业、社会多方的长效联动。英特尔希望政府、企业和社会组织共同合作,致力于通过创新技术来推进教育创新、公益创新、社区创新和中小企业创新等,最终实现企业、政府和社会的和谐发展。

英特尔以技术创新推动社会创新的一个典型案例,是2010年1月公司与民政部社会福利和慈善事业促进司联合推出的首届"芯世界"公益创新大赛。英特尔提供100万元奖金,奖励中国公益机构在组织发展、知识管理、财务管理、项目管理等方面创新应用信息技术的案例成果,并帮助公益组织通过信息化手段提高公信力和创新能力。北京惠泽人咨询服务中心的"志愿者E学习中心"项目在"芯世界"评选中获得了"应用奖"三等奖。通过参与英特尔"芯世界"公益创新大赛,该项目有力地推动了惠泽人的机制变革,提高了员工能力以及组织运作水平。

事实上,推动社会创新也是英特尔实现企业社会责任的主要目标之一。它在IT领域成功的原因之一是搭建了一个健康的技术生态环境。戈峻表示,英特尔将会有更多具体的创新项目推出,它在企业社会责任领域的愿景,就是搭建一个良好的社会生态环境。

资料来源:周展宏.财富中文网.http://www.fortunechina.com,2011-03-11.

问题:
1. 英特尔公司在企业社会责任领域有哪些出色的表现?
2. 英特尔公司怎样平衡与利益相关者之间的关系?

第一节 企业社会责任概念和特征

一、企业社会责任概念

随着经济的发展和社会的进步,学界和业界对企业社会责任的关注点已不仅局限于企业在实践中怎样履行社会责任,而是从更深层次研究企业社会责任的含义。国内外学者对于企业社会责任概念的研究有着不同的观点。

(一)国外学者的观点

1923年,由英国学者欧利文·谢尔顿首次提出了企业社会责任的概念,在其《管理的哲学》一书中，他认为企业应该为自身对其他实体、社会和环境可能造成的影响负责，并认为道德因素包含在企业社会责任里，将企业社会责任与公司经营者满足产业内外各种人类需要的责任联系了起来。[①] 之后诸多学者都分别从不同角度开始对企业社会责任进行深入的探讨，企业社会责任的概念经历了从个别研究、广泛关注到全球发展的阶段，概念和内容也在逐渐演进。

1953 年霍华德·R. 鲍恩的划时代著作《商人的社会责任》得以出版。他认为："商人具有按照社会期望的目标和价值观来制定政策、进行决策或采取行动，利用资源承担社会责任的义务。"社会责任原则是一种思想，商人们自愿解决社会问题是改善经济和更好地实现经济目标的可行方法。社会责任概念应该包括三个方面的内容：首先，企业是承担社会责任的主体；其次，企业的管理者是企业社会责任的实施者；最后，社会责任的原则是自愿，但是对于自愿这一原则，鲍恩后来又进行了新的解释。1967 年鲍恩在伊利诺伊大学召开的"公司与社会责任"研讨会上发表了《商人的社会责任——二十年后》一文，对早期提出的公司社会责任概念中的自愿原则进行了修正。他认为公司与工会组织联盟权利强大、影响广泛，以至于自愿性的原则已经不再能够有效地约束公司。对于企业承担社会责任，还是社会顺从企业，他认为这仍然是一个悬而未决的问题。很多迫切的社会问题，例如环境污染、种族问题等，不能仅靠公司自愿承担社会责任来解决，因此，最后鲍恩放弃了"自愿原则"转而提出公司社会责任的有效性应该建立在社会控制公司的基础上。

在 20 世纪的六七十年代，戴维斯对企业社会责任进行了深入研究，发展了公司社会责任概念。首先，他提出所谓的"责任铁律"，即"商人们的社会责任必须与他们的权利相对应。企业对社会的责任不仅仅局限在经济方面，还包括非经济方面"。其次，戴维斯提出了公司社会责任的五条定理[②]：定理一，社会责任来自社会权利；定理二，企业应该作为一个双向开发的系统来经营，一方面接受来自社会的投入，另一方面还要向社会公众公开其基本经营的结果；定理三，企业在进行有关活动、产品或者服务的决策时应该全面的考虑和计算其社会成本和社会收益；定理四，企业的社会成本应该计入活动、产品或者服务的价格中，使得消费者支付他对社会的消耗；定理五，企业作为公民，除了要考虑社会成本外，还有责任尽其所能的参与到社会需要的活动中去。戴维斯认为："有企业社会责任感的组织在保护和提高社会生活质量的同时，也要保护和提高自身的生存质量。从本质上看，生活质量是指人们在多大程度上生活在与自己的内心、与他人以及与自然环境的和谐中。企业对于这种和谐，尤其是后两种和谐具有重要的影响作用。如果一个企业能够从一个更大的系统中看问题，就可以促进人与人之间、人与环境之间的和谐。"早期人们

---

① Sheldon, Oliver. The Philosophy of Management[M]. Sir I. Pitman, 1923.

② Keith Davis, William C. Frederick. Business and Society: Management, Public Policy, Ethics[M].5th ed.New York:McGraw-Hill,1984.

对企业社会责任的界定并不清晰，没有被社会广泛接受的概念。

1979 年卡罗尔认为企业社会责任主要包括经济责任、法律责任、伦理责任和自愿责任，并于 1991 年再次修正了模型，将自愿责任改为慈善责任，并提出了企业社会责任的"金字塔"模型，该模型比较全面地概括了企业社会责任的基本内容。1997 年英国学者约翰·埃尔金顿（John Elkington）提出"三重底线理论"，认为在责任领域，企业社会责任可以分为经济责任、环境责任和社会责任。20 世纪 90 年代后，企业社会责任与利益相关者理论的结合为企业社会责任的发展提供了新的视角和手段。特别是到了 21 世纪，随着全球经济一体化的发展，企业社会责任问题更成为全球企业共同面临的责任、义务和挑战。此时，国际组织成为了推动企业社会责任发展的主要力量。

21 世纪，"公司公民"成为公司社会责任思想的主流。"公司公民"这一概念源于 20 世纪 70 年代的"公民社会"，在全球化经济的时代，这一概念将公司公民从本地推向了全球。阿黛尔（Adele Queiroz）认为全球"公司公民"是"看待跨越国界和文化界限的公司社会责任的一种方式"。①

世界银行认为企业社会责任是企业与关键利益相关者的关系、价值观、遵纪守法以及尊重人、社区和环境有关的政策和实践的集合。它是企业为改善利益相关者的生活质量而贡献于可持续发展的一种承诺。

国际标准化组织在社会责任标准 ISO26000 中提出："组织社会责任是组织通过透明的道德行为来确保对自身决策和活动的社会与环境负责，这些行为的特点包括有利于可持续发展、健康和社会福利，充分考虑利益相关方的期望，符合法律法规和国际行为规范。组织社会责任能够全面融入组织中，在组织与社会、组织与环境的关系中得到充分体现。"②

社会责任国际（SAI）、联合国"全球契约"、ISO26000 社会责任标准极大地推动了全球企业社会责任运动的发展。

（二）国内学者的观点

同西方发达国家相比，中国的企业社会责任研究起步相对较晚。从企业社会责任发展的实际状况来看，国内学者对企业社会责任的研究，也与国外学者有一定差距。

中国人民大学李占祥教授于 1993 年 2 月在《中国工业经济研究》中发表的"论企业社会责任"一文中提出，"企业社会责任是指企业对社会履行的职责，应做的奉献和应尽的义务"。也就是说，什么是企业社会责任，要由社会对企业的要求来回答。他从企业社会责任担当的视角，分析企业社会责任的内容，认为"企业必须为社会服务和健康发展承担责任"，"企业社会责任包括经济责任与非经济责任，法律上的责任与道义上的责任"。

周祖城认为企业社会责任是指企业应该承担的，以利益相关者为研究对象，包括经济

---

① 转引自沈洪涛，沈艺峰.公司社会责任思想起源与演变 [M].上海：世纪出版集团，上海人民出版社，2007.
② 匡海波.企业社会责任 [M].北京：清华大学出版社，2010.

责任、法律责任和道德责任在内的一种综合性质的责任。[①]

陈迅、韩亚琴于 2005 年在《中国工业经济》发表的"企业社会责任分级模型及其应用依据"一文中提出，按照社会责任与企业关系的紧密程度可把企业社会责任分为三个层次。"基本企业责任"是企业首先必须做到的，包括对股东负责、体恤员工等；"中级企业责任"是企业存在的保证，包括为消费者提供满意的产品和服务、遵守政府法规、搞好与社区的关系、保护环境、珍惜资源；"高级企业社会责任"是企业的自愿性选择，包括积极捐助、热心公益和慈善事业。

卢代富认为企业社会责任是源于企业经济责任之外的，并且独立于经济责任，是与经济责任相对应的另一类企业责任，是企业在谋求股东利润最大化之外所应该承担的能够维护和增进社会利益的义务。他认为企业社会责任必须具备四个特征：（1）企业社会责任是一种积极责任或关系责任；（2）企业社会责任为除企业股东外的利益相关者承担义务；（3）企业社会责任是企业的道德义务和法律义务的统一体；（4）企业社会责任是对传统意义上的股东利润最大化原则的修补。[②] 总之，企业社会责任主要包括六个方面：对企业员工的责任；对消费者的责任；对债权人的责任；对环境保护和资源合理利用的责任；对所在社区的责任；对社会和公益事业的责任。

本书认为企业社会责任是企业在特定条件下，为了实现可持续发展，而对员工、股东、政府、社区、消费者、供应商、环境等承担的社会责任。这个概念超越了以往企业只对股东负责，以获取经济利益为唯一目标的传统理念，强调对包括股东、员工、消费者、政府、社区等在内的所有利益相关者负责。

二、企业社会责任特征

（一）企业社会责任是企业经济利益和企业社会利益的结合

企业社会责任概念的发展主要体现为企业社会范围的变化，即由企业社会责任古典观演进到社会经济观。企业社会责任古典观的代表人物是美国新自由主义的经济学家密尔顿·弗里德曼，他认为企业社会责任旨在增加利润，企业只需要对股东负责，而不需要对其他利益相关者承担责任。如果企业管理者将企业的一部分资源转移用来承担社会责任，那么就是损害了股东的利益。随着经济和社会的发展，古典经济观逐渐暴露出一定的弊端，此时企业社会经济观应运而生。企业社会责任理论以社会本位为出发点，它认为企业的目标应该是二元的，除了最大限度地实现股东利益外，还应该尽可能地维护和增进社会利益。

[①] 转引自周祖城 . 企业伦理学 [M]. 北京：清华大学出版社 ,2016.
[②] 卢代富 . 企业社会责任的经济学与法学分析 [M]. 北京：法律出版社 ,1999.

图 2-1 显示了企业社会责任范围的演进过程，可以明晰企业社会责任理论的扩展，其中企业社会责任的范围从早期古典观到现代社会经济观，范围在逐渐扩展。因此，社会经济观是对古典经济观股东利润最大化观点的补充，而不是否定。实践证明，企业履行社会责任对经济效益有着积极的促进作用。

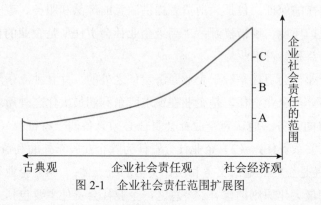

图 2-1　企业社会责任范围扩展图

图 2-1 中的 A 代表企业仅对所有者和投资者负责；B 代表企业对能改善经营绩效的利益相关者负责；C 代表企业对更广泛的社会负责。

（二）企业是企业社会责任的主体

鲍恩认为企业是企业社会责任的主体，管理者是社会责任的实施者。鲍恩认为在某种意义上，企业对社会责任的关注体现了公司在多大程度上能够被社会所接受，于是他明确了承担社会责任的主体是作为机构的公司。鲍恩的观点获得了普遍的认可，企业是企业社会责任的主体，而企业社会责任行为则是由企业管理人员来实施。

（三）利益相关者是企业社会责任的客体

利益相关者理论认为企业的生产经营活动必然要与利益相关者主体发生一定的关系，而企业的利益相关者主体是由企业的股东、员工、顾客、供应商、环境、政府、社区等构成。企业的活动或者行为会对利益相关者造成一定的危害和影响，企业社会责任的客体是企业的所有利益相关者，而不单单是指企业的股东。我们所说的企业利益相关者实质上是企业所涉及的社会结构中的责任关系者。随着社会和企业的发展，利益相关者不是固定不变的。例如，早期企业社会责任活动仅仅指企业的慈善活动，但是随着社会经济的发展，人们对生态、安全等社会问题的关注程度逐渐提高，相应的这些问题所涉及的对象也随之成为企业的利益相关者。

（四）企业社会责任的内容具有复杂性

企业社会责任的内容具有不同的表达形式和表现形式。对于企业社会责任内容这一问题，不同学者研究的内容有所区别，提出的企业社会责任内容也有所不同。在这一问题上，利益相关者理论和卡罗尔的"金字塔"模型获得广泛关注。企业社会责任的内容可参照本章后面第三节的详细介绍。

第二节 企业社会责任主题的拓展

企业社会责任概念在不同的发展时期有着不同的含义，包括 20 世纪 70 年代前狭义的企业社会责任概念；20 世纪 70 年代的企业社会责任回应；20 世纪 80 年代的企业社会责任表现；20 世纪 90 年代的利益相关者理论；21 世纪后的"企业公民"。

一、狭义的企业社会责任

狭义的企业社会责任是指 20 世纪 70 年代早期各种关于企业社会责任概念的研究。这一时期的理论主要包括前文论述的鲍恩的观点和戴维斯等学者的观点。这些概念的界定都是这一时期企业社会责任的研究成果。

从企业社会责任在这一时期的发展中我们不难发现，狭义的企业社会责任是一个对企业社会责任概念界定由模糊到明确的过程。

二、社会回应

20 世纪 70 年代企业宏观环境发生了重大变化，使得企业社会责任概念的研究开始向企业社会责任具体问题转化，企业社会回应概念产生。

企业社会回应是狭义的企业社会责任的补充和发展，它认为企业作为社会系统的一个部分，不仅应该满足社会期望，还应该针对社会期望进行回应。

企业社会回应概念最早的提出者是阿克曼（Ackerman）和鲍尔（Bauer）。阿克曼（Ackerman）认为企业对社会的回应主要包括三个阶段：认识阶段、专人负责阶段和组织参与阶段。阿克曼将社会回应视为一个管理过程，通过这个过程将回应的社会责任口号转化为实际行动。1976 年，阿克曼与鲍尔合作出版了《企业社会回应》一书，该书不仅系统化地提出了企业社会回应的思想，而且还对企业社会回应与公司社会责任做了清楚的划分。他们认为社会回应应该包括五个因素：企业社会回应是一种公司战略；企业社会回应是一个管理过程（如图 2-2 所示）；企业社会回应是一个创新性的业绩表现衡量方法，建议实行社会审计；企业社会回应是应对不同时间公众预期变化的新技术和新管理技能；企业社会回应是一种制度化的决策方案。[①] 该理论很好地反映了社会回应与管理过程之间的紧密联系。遗憾的是两位学者没有给出清晰、明确的定义。社会回应是区别于社会责任的又一概念，只是各有侧重，但却同等重要。这一学派的观点对社会回应在企业和社会研究领域的地位起到了最终决定作用。

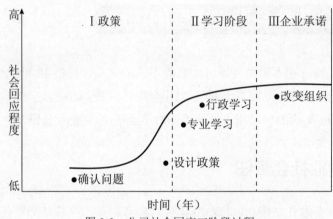

图 2-2　公司社会回应三阶段过程

三、企业社会表现

伴随着人们对社会回应争论的不断加强，企业社会表现概念被提出。

20 世纪 80 年代塞西（Sethi S. Prakash）认为企业社会责任需要一个新的"结构框架"。[②]在他看来，企业的社会责任行为主要包括三方面：社会义务、社会责任和社会回应。后来，卡罗尔成功地为企业社会表现构建了第一个框架模型。与塞西相同的是他也没有对企业社会表现给出一个明确的定义。之后，沃蒂克和科克伦提出了公司社会表现的经典定义，即"企业社会表现反映了企业社会责任准则、企业社会回应过程和用于解决社会问题的政策之间的相互作用"。之后，伍德在此基础上提出了企业社会表现的定义，"企业社会表现是指一个企业组织的社会责任原则、社会回应过程与政策和方案的构成，以及当它们与企业社会关系相联系时所产生的可以观察的结果"。[③]

以上分析可以看出，早期狭义的企业社会责任致力于研究企业社会责任原则，而企业社会回应概念则是狭义企业社会责任概念的补充，强调企业与社会的互动关系，企业社会

---

① Robert Ackerman, Raymond Bauer.Corporate Social Responsiveness: The Modern Dilemma.Reston[M].VA: Reston Publishing Company,1976.

② S. Prakash Sethi. Dimensions of Corporate Social Performance: An Analytical Framework[J]. California Management Review, 1975.

③ 沈洪涛，沈艺峰.公司社会责任思想起源与演变 [M].上海：世纪出版集团，上海人民出版社，2007.

表现包含了更加宽泛的道德和管理内容。

四、利益相关者理论

利益相关者理论和企业社会责任原本是两个相互独立的研究领域，前者主要侧重于与企业有利益关联的各种主体的研究，说明了公司与各利益相关者的关系。企业社会责任则更多的是将企业作为整体，探讨了企业对社会应该承担的责任。20世纪90年代后，随着利益相关者作为主要的切入视角被引入企业社会责任研究中，利益相关者理论也被认为是评估企业社会责任的"最为密切相关"的理论框架，自此企业社会责任与利益相关者两大理论出现了相结合的发展趋势，并且成为了20世纪90年代企业社会责任思想的主流。

在理论上第一个正式地将利益相关者理论融入广义企业社会责任理论的学者是伍德。一般来说，利益相关者的内容包括企业的员工、股东、政府部门、消费者、供应商、社区、环境等，这些群体影响了企业的日常经营，并且和企业的生存和发展息息相关。每个利益相关者在企业发展中扮演着不同角色，都分别承担着为企业发展、倡导、施压、对话的"任务"。因此，企业在进行决策时需要考虑每个利益相关者。1991年伍德在《再论公司社会表现》中说"弗里曼的利益相关者观点可以回答企业应该为谁承担责任的问题"，他认为一个具有社会回应的公司应该关注众多利益相关者对社会的要求。

第一个从利益相关者角度在实证上衡量企业社会表现的是克拉克森。起初克拉克森按照卡罗尔、沃蒂克和科可伦模型来设计企业社会表现的评价方法，后来他发现卡罗尔以及沃蒂克和科克伦模型的局限性日益暴露，转而去寻找"新的模型"，这个"新的模型"就是利益相关者管理模型及相关方法。他认为利益相关者理论提供了一个对企业社会责任进行确认和分析的框架，利益相关者理论使企业将具有普遍性的企业社会责任根据特定问题分解为针对特定利益相关者的特定责任。[①]

企业社会责任研究与利益相关者理论在20世纪90年代出现全面结合的原因主要体现在两个方面：一是利益相关者理论为公司社会责任研究提供了理论依据；二是公司社会责任研究为利益相关者理论提供了实证检验的方法。利益相关者理论为企业社会责任的研究带来了巨大的贡献，它为社会责任理论带来了正确的衡量方法，明确地界定了企业社会责任的含义，并为企业社会责任提供了一个理论基础。

五、企业公民

爱泼斯坦是较早研究企业公民的学者，1989年他在《企业伦理、公司好公民和公司

---

① Max B. E. Clarkson. AStakeholder Framework for Analyzing and Evaluating Corporate Social Perfprmance[J]. Academy of Management Review, 1995（1）.

社会政策过程：美国的观点》一文中提到了"企业公民"这个概念，但是在此之前企业公民这个词已经在公司实践中得到了广泛的应用，例如，1983年美国的第五大杂货零售商戴顿·休斯敦公司就宣称"希望成为企业公民的楷模"。

对企业公民活动的一个重要推动是1996年在美国华盛顿乔治敦大学召开的"公司公民会议"以及随后设立的"公司公民奖"。同年，美国前总统克林顿也对企业公民的基本要素进行了阐述。之后美国国务院设立的"公司杰出奖"进一步推动了美国公司在全球范围内实践企业公民行为的运动。但是，在此阶段比较遗憾的是企业公民的概念始终没有一个清晰和明确的理论框架。随后众多学者和社会组织在企业公民的概念、本质等方面进行了深入的研究。

D. 洛甘等人认为，企业公民是满足企业对包括员工、股东、消费者、供应商以及社区在内的利益相关者责任的活动。他列举了四个层次的活动：遵守所有法律法规，选择能直接增加企业利润和提高市场竞争力并对利益相关者有益的活动；从事正常业务以外的、对利益相关者有益的活动，并且以一种可以衡量的、有利于企业取得短期和长期利益的方式开展这些活动；支持社区的活动，如教育、培训等，这些活动对企业的长期成功有着重要的影响；支持并参与改善社区条件或参加有利于利益相关者的活动，企业不期望从这些活动中得到直接的、可见的好处。[①]

第三节　企业社会责任内容

企业社会责任内容的划分应该符合以下五项原则：

第一，由于企业在不同的发展阶段会有不同的实力与自身战略目标，因此没有一个通用的企业社会责任模式；

第二，企业作为商品生产经营单位，获得利润是企业的根本目标，企业的表现主要是以经济利润为标准，将社会责任作为补充；

第三，企业有责任消除那些由它们引起的不良的社会影响；

第四，社会责任因企业特点的不同而不同，社会及企业自身对各自社会责任定位内容也不相同；

第五，企业的经理们（管理者）应该通过研究公共政策的总体框架来决定其社会责任内容。

---

① D. Logan, Roy, L. Regelbrugge. Global Corporate Citizenship: Rationale and Strategies[M]. Washington D.C.: The Hitachi Foundation, 1997.

一、企业对利益相关者的社会责任

随着社会经济的发展，人们对安全、环保等社会问题越来越关注，企业社会责任的内容也更广泛。利益相关者概念的产生和发展，又进一步扩大了企业社会责任的内涵，学者们开始从利益相关者视角来研究企业社会责任的内容。

（一）股东

股东是指有限责任公司或股份有限公司中持有股份的人，股东与公司的关系在法律上是股东作为出资者按其出资数额（另有约定的除外）分享收益，并享有参与任命管理者和制定重大决策等权利。企业首要的责任是保证股东的利益最大化。股东利益最大化是指通过财务上的合理经营，为股东带来最多的财富。在企业的整个契约交易里，企业管理者处在一个核心的地位上，它与股东是雇佣关系，与银行是借贷关系，与政府是纳税关系。

随着市场经济的发展，投资方式的多元化，股东也越来越多，企业与股东的关系逐渐演变为企业与社会的关系。

（1）企业对股东的基本责任就是依法尊重股东权利。企业违反法律规定，侵犯股东权利是对股东的严重不负责任。

（2）企业对股东的资产安全和收益负主要责任。股东的目的是获得收益，因此应该实现股东利益最大化。

（3）企业有责任向股东提供真实的经营和投资方面的信息。股东权利有两个层次：一是消极知情权，二是积极知情权。消极知情权包括公司制作相关文件与记录、向股东呈送相关文件的权利；积极知情权是指股东主动向管理层要求提供相关文件资料或者信息的权利。投资者重点关注的是公司财务表现，另外也关注公司在环境保护、职工权益保障、社区维护等社会责任方面的表现。企业向股东提供信息的渠道是财务报表和公司年会，任何欺骗股东的行为都是不道德的。

（二）员工

员工的合法权益是企业承担社会责任的基础。员工和企业双方的关系，实现了从"斗争"向"合作"的转变，保护员工利益的终极目的是"构建与发展和谐稳定的劳动关系"。当企业员工处于相对稳定的状态，自觉自愿为本企业尽职出力时，企业自然而然减少了许多管理成本，各项管理指标必然有所提升，成本也会得到降低。企业在实践中对员工的责任包括以下几点。

（1）提供安全健康的环境。安全健康的环境不仅仅指员工的工作环境，还有员工时刻都要面对的精神压力。企业必须重视员工的健康和安全。对于那些对员工身体健康有伤害性质的行业，比如化工、石油、矿井等，企业必须严格执行劳动保护的有关规定。便捷安全的物理环境使员工不会轻易浪费时间、精力去处理工作以外的琐事。由于员工是社会人，他（她）们不但要完成自己的工作还要接触各式各样的人。上司所施加的压力、所在的非正式小组之间的关系都会对他（她）们的工作绩效造成影响。这就需要一个积极融洽的工作环境。企业努力创造一个良好的工作氛围，不仅对员工创造力的增强有着促进作用，还能调和员工与上级之间的关系，使企业管理者的决策得到更高效的执行。

（2）企业应该培养员工的就业能力。为员工提供平等的就业、升迁和继续教育等机会，消除种族、性别、信仰等各种歧视。现代企业的一个显著特点是员工队伍的多元化，为了调动多方的积极性，企业应为员工提供平等的就业机会，反对在职位选择上的各种歧视，在就业政策中要男女平等，在少数民族地区企业要主动吸收少数民族人员就业。

（3）企业应该为员工提供民主参与管理企业的渠道，为员工提供自我管理企业的机会。缺少员工对管理层决策的执行，企业就不能高效有序地运转。同时，员工对于公司决策、未来发展都有发表意见的权利。

（4）企业还要对员工进行科学的培训。员工的工作技能、文化素养等都会对他（她）们的工作产生重要影响。通过开展科学的培训，员工能发挥更大的效用，做出更大的贡献，这也是降低员工离职率的一个关键因素。

（三）消费者

消费者是指购买、使用和消费各种产品或服务的个人和家庭。企业的产出——商品或者服务等必须出售给消费者并以资金的形式回流到企业中，企业借此进行生产或扩大再生产以维持企业正常运作或发展。不同的消费者购买和使用了企业的产品，会把企业的产品效应传递到家庭、邻里和社会的各个角落。因此，为了维护顾客的权益，企业需要做到以下几点。

（1）提供给顾客安全放心的产品和服务，这是最明确的企业社会责任，也是最基本的社会责任。企业提供消费者必要的信息，并对其缺陷进行实事求是的报告。只有这样经常和消费者交流与沟通，才能得到消费者的持久信任。无论是何种领域的企业，其要想生产具备竞争力的产品，所提供的产品必须是合乎标准的且满足消费者诉求的。

（2）提供给顾客真实的产品信息。利用广告营销能将产品信息高效准确地传达给目标受众，并建立企业特定的品牌，但是不能夸大或隐瞒产品的优势和劣势。企业要尊重消费者的知情权和自由选择权，必须公开透明地提供产品的信息，使消费者在充分了解产品性能、质量等信息的基础上行使自己的选择权。企业在广告、宣传中过分夸大产品的功效，或者隐瞒、欺骗消费者，都是不尊重消费者、侵犯消费者合法权益、对消费者严重不负责任的行为。

（3）提供优质的售后服务。企业并不是尽可能多地将产品或服务推销出去就达到了经营指标，还必须重视售后服务，应把售后工作看成是对顾客的承诺和责任，建立与顾客沟通的有效渠道，接受消费者提供的改善产品与服务的建议，从而实现长远发展的战略目标，使企业更具竞争优势，立于不败之地。

（4）消费者保护。在全球放松管制的潮流中，企业更应该尊重消费者的权益，遵守企业间公平竞争的原则和相关的法律、法规。中国有关消费者保护的法律包括《产品质量法》《消费者权益保护法》《价格法》《反不正当竞争法》等。

（四）政府／社会

政府作为社会的管理者，对社会进行宏观管理和调控、维护社会的良好秩序。企业作为社会系统中的一分子，在利用社会资源获取利益的同时，也应消除影响，承担社会责任。企业和社会之间是互相影响、互相作用的。

在计划经济时代下，政府和企业是上下级的"绝对服从关系"，企业缺少自主经营的权利，必须遵照国家计划完成任务，对上级指令绝对服从。在现代市场经济条件下，政府对企业的管理逐渐过渡到监管和服务。在现代社会中，政府已成为企业和公民的服务机构。企业合法经营、照章纳税，是其基本社会责任。利欲熏心、偷税漏税是扰乱社会经济秩序的不法行为，是对社会责任的逃避。

一方面，政府要营造社会责任建设的良好环境，从宏观上以约束性手段进行引导，再辅以经济性手段对积极履行社会责任的企业予以各方面的支持和鼓励。另一方面，企业对政府的责任有：依法纳税、被政府部门认可、配合政府的各项管理、积极支持政府产业政策等。

企业支持国家的社会公益和慈善活动，是其服务于社会、造福人类的体现，也有助于其获得政府的大力支持。尤其是对于跨国企业，强劲的政府支持不仅能迅速扩大规模，占领市场份额。同时，跨国企业要树立良好的公众形象，其所在区域对公司的评价也很重要。因此，跨国公司为了提高自身在社会上的地位，应该加强与政府的沟通、积极参与社会建设，树立"合格公民"的形象，主动承担社会责任和义务，为企业所在地做出更多的贡献。

（五）环境／资源

随着环境污染日趋严重，环境问题已成为人类面临的严峻问题之一。企业在环境保护中也肩负着重任。企业的环境责任实质上是可持续发展责任，是对未来人类和社会负责。企业生产经营活动是产生资源开发过度、资源浪费和环境污染的重要原因之一，解决全球性的生态环境问题是所有企业必须承担的环境责任。

（1）企业必须树立可持续发展的环境理念，尊重和合理利用自然资源。早期人们对自然资源的恶意开采严重地破坏了生态平衡，导致了全球范围内环境的急剧恶化。在工业化进程中，世界各国的企业都面临着环境问题的挑战，深刻反思人与自然的关系，已成为当今世界各国人民必须面对的时代课题。1990年联合国环境规划署针对世界环境问题，提出了全球性的自然环境议题，呼吁树立尊重自然、爱护自然、合理利用资源的正确伦理价值观，对自然负责，对我们的子孙后代负责，对人类的未来负责。

（2）政府建立和完善党政干部的环保政绩考核体系，将环保法律法规执行情况、污染排放强度、环境质量的变化和公众满意程度等作为党政干部的重要考核指标。通过税收、信贷等手段，提高公司环境治理水平。

（3）企业应该将环境问题作为管理的一部分，制定环境战略，在生产经营中，按照绿色审计的要求，进行严格的自我监督与管理。

（六）关系伙伴／供应商

企业与供应商以及其他商业伙伴在利益上休戚相关，尤其是在经济全球化的影响下，企业与商业伙伴能否形成良好的合作关系就变得更为重要。企业对商业伙伴讲信用、守诚信是企业实现社会责任的一个方面。另外，企业还要加强对供应商的监督，包括供应商提供的产品质量和信誉状况等。企业的商业伙伴包括上游的供应商和下游的需求者。它们之间存在着密切的利益关系，而这种利益关系是由供应链牵动的。经济全球化使企业供应链无限延伸，一家公司尤其是大型公司的经营决策将影响到其上下游企业。供应链上的各个企业之间共同发展，相互负责是实现双赢的最佳途径。企业的竞争对手有的时候也会成为合作伙伴。战略联盟就是具有竞争关系的企业间相互利用对方资源，共同发展的一个很好的诠释。而一个具有高度社会责任意识的企业也会承担起对竞争对手的社会责任。履行这项社会责任需要做到公平竞争，以产品质量、服务态度和售后服务等优势取胜。

（七）社区

企业存在于社区中，必然与社区存在着相互关联的作用。良好的社区环境和高素质的居民是社区稳定繁荣的基础，对企业的生存发展也有着重要意义。企业也应该积极利用自身的产品优势和技术优势扶持社区建设，从而扩大企业的知名度，提高企业的良好声誉。所有这一切都会作为企业的无形资本在企业的经营中带来相应的效益。企业通过社区架起了连接社会的桥梁，企业为社区所做的一切有益的工作都会对社会产生重大影响。

二、卡罗尔企业社会责任内容模型

（一）卡罗尔企业社会责任的内容

在图2-3所示的卡罗尔企业社会责任金字塔模型中，卡罗尔（Archie B.Carroll）认为企业社会责任的经济责任、法律责任、伦理责任、慈善责任并不是相互排斥的。

图 2-3 卡罗尔企业社会责任金字塔模型 [1]

卡罗尔企业社会责任金字塔模型清晰地划分了企业社会责任的四个维度，即企业不仅要创造经济效益，也要遵守法律规范、承担伦理责任和慈善责任。如表 2-1 所示，可将企业社会责任的内容进行细分。

表 2-1 企业社会责任内容细分

经济责任	法律责任
1. 企业在利润最大化原则下运作	1. 在法律规定范围内活动
2. 企业追求尽可能多的利润	2. 做一个遵守法律的企业公民
3. 要保持竞争优势	3. 成功企业是履行了法律责任的企业
4. 保持较高的工作效率	4. 企业提供的产品与服务至少符合法律标准
5. 成功企业是指那些能获得长期利润的企业	
伦理责任	慈善责任
1. 企业的运作符合社会道德观念和伦理规范	1. 企业的善举与社会期望相一致
2. 认可与尊重社会接受的新的道德标准	2. 资助高尚的艺术事业
3. 防止为完成企业目标而在伦理标准上做出让步	3. 企业的管理者和员工都在他们自己的社区内主动积极参加慈善活动
4. 认识到企业的行为不仅仅是遵守法律和法规	4. 资助私人和公共教育机构
	5. 自愿资助旨在提高社区生活质量的项目

资料来源：田虹.企业社会责任教程 [M].北京：机械工业出版社，2011.

（二）卡罗尔金字塔模型的意义

卡罗尔金字塔分析模型对企业社会责任的理论与实践有着十分重要的意义，该模型为学界和业界所广泛接受，其中企业经济责任是企业社会责任的基础层面，是企业的根本目标。卡罗尔金字塔模型理论进一步推动了企业社会责任的研究。

（1）明确了企业社会责任四个层面的内容。

---

[1] Archie B. Carrol, Ann K. Buchholtz. Business and Society: Ethics and Stakeholder Management. 4th ed[M]. Cincinnati, Ohio: South-Western Publishing Co.,2000.

（2）企业的社会责任由经济、法律、伦理、慈善四个层面构成，揭示了企业发展的根本目标就是经济目标，在此基础上才能实现其社会目标。

（3）卡罗尔金字塔模型中的经济责任和法律责任不存在先后之分，这使得企业社会责任理论研究和实践会有一定的困难。

三、企业社会责任内容的其他分类

由于企业承担社会责任的内容不尽相同，所以分类也有所不同。根据企业承担社会责任的性质，可分为绝对命令式的社会责任和相对命令式的社会责任；就代际公正原则来讲，又可分为同代责任和代际责任。

（一）绝对命令式的社会责任（绝对责任）和相对命令式的社会责任（相对责任）

企业的绝对责任是企业经营管理活动中最低的义务要求。越来越多的国家通过立法、执法等环节在法律体系中对企业行为进行了强制性规范。2006年，我国通过的《公司法》修订案中，要求企业履行社会责任，并颁布了3部环境行政法规和26部规范性文件，国家环保局单独或联合其他部委颁布了11个部门规章。其中职业健康与安全受法律要求限制较多，有很强的专业特点。这些规定也直接影响了公民的生命与财产安全和社会稳定，这也是近几年国家明显推进安全立法、加大执法力度的原因。

相对责任是一种不具有必然性要求的责任形式。公益活动就是企业的一种相对责任，对于社会的和谐发展和安定团结非常重要。相对责任和绝对责任存在着很大的区别，企业绝对责任是一种命令式的规制，企业相对责任属于引导式的规制，相对责任体现更多的是一种自觉自愿的责任。

（二）同代责任和代际责任

同代责任是地球上每一代人在享有权利的同时，也必须承担的义务。代际责任是每一代人都要尽量保证后代人有选择机会，拥有可支配资源的义务。每一代人必须承担对后代的代际责任。

全人类只有一个地球，而地球上的资源是有限的，当代人有权使用资源并获得收益，但也必须为保证后代人的生存和发展而节约和保护资源。同样，作为社会重要组成部分的企业组织，更要有强烈的代际责任意识，不仅要对自身和当代企业负责，也要为后代企业负责。当代企业的代际责任体现在保护环境、节约资源、服务社会三个层面上。人与自然和谐相处是构建稳定和谐社会的物质基础。

第四节　企业社会责任与企业伦理

我们从企业社会责任概念的演进中，会看到企业社会责任是在一系列的社会矛盾背景下提出来的。近年来，企业社会责任是全社会关注的热点问题之一，并已经成为一种全新的企业经营和管理理念，随之而来的是企业社会责任实践活动，以及由此产生的企业社会责任标准和规则。特别是20世纪90年代以来，由于利益相关者的产生，企业开始思考在追求利益最大化的同时，还必须兼顾企业对员工、股东、政府、社区、消费者、战略合作伙伴、环境等利益相关者的影响。企业伦理产生于企业发展中的不道德经营管理问题，并且引起了全社会的广泛关注。学界和业界开始就企业社会责任和企业伦理进行讨论，企业社会责任与企业伦理关系的问题也被广泛关注。

一、企业社会责任和企业伦理的目标

企业社会责任是指企业在获取自身经济利益的同时，也应兼顾社会利益。如果没有经济基础，就不可能完成社会责任。社会目标的实现有助于经济目标，但不能代替经济目标。

企业伦理是调节企业及其成员与利益相关者关系时所遵循的道德规范和伦理准则。因此，企业在经营活动中，处理和利益相关者关系的时候，需要符合伦理准则。一方面，它能使员工树立明确的是非观，提高企业员工的道德水准和凝聚力；另一方面，也有助于企业文化的建设，提高企业绩效。

企业社会责任和企业伦理都包含满足利益相关者期望的原则和价值观，因此企业社会责任与企业伦理的目标具有一致性。同时，二者也存在差异，企业社会责任从某种意义上来说，是企业与社会之间的"契约"。企业伦理是在遵循企业行为准则的条件下，为决策提供指引。

日本商业伦理协会会长水谷雅一说："商业伦理的起点是消除只专注于'效率'和'竞争'的思维方式，以及这种思维模式下的活动带给人民或社会的弊端"。因此，企业的追求不是将经济效益作为唯一目标，而应该是使经济和社会共同发展。企业目标应是经济目标和社会目标的结合。

拓展案例2-1折射出了企业伦理与社会责任的缺失。

在市场经济中，有些企业像上述案例中的企业一样，以追求经济利润为唯一目标，牺牲并损害消费者利益，假冒伪劣、弄虚作假等各种不道德的企业行为屡屡发生，

拓展案例 2-1

企业"超标"折射市场伦理和社会责任缺失

扫描此码　深度学习

这也使得全社会更加关注企业伦理和企业社会责任问题。企业作为市场经济的主体，遵守道德底线，是保证市场经济健康发展的基础。然而，很多企业为了提高产品的销量，往往会在销售环节误导消费者，同时忽视行业标准，违反法律、法规，违背伦理规范。未来企业需要更加重视企业伦理问题，关注国内外企业伦理环境的变化，这不仅有利于减少企业不道德的经营现象，而且为提升企业经营水平提供了伦理指导。

拓展案例 2-1 中，从企业伦理视角我们可以看到该企业在经营活动中，在处理与企业利益相关者之一的消费者的关系问题上，违背了伦理准则，侵犯了消费者合法权益。从企业社会责任视角，我们同样可以看到，该企业在经营过程中，以利润最大化为企业唯一发展目标从而忽视社会目标，只关注短期效益，忽视企业对消费者的责任。因此，可以判断这是一个社会责任缺失的企业。究其原因，企业要想获得长久发展，经济目标和社会目标是相辅相成的，经济目标中也包含有对伦理和道德规范的要求。

二、企业社会责任和企业伦理的作用对象

在企业社会责任演进过程中，尤其是 20 世纪 90 年代后，利益相关者理论成为企业社会责任思想的主流。利益相关者是指消费者、投资者、股东、员工、政府机构、社区以及其他各类在公司产品、运营、市场、产业和成果等方面有利害关系或权益的个人或机构。[①]与企业经营密切相关的利益相关者群体包括股东、员工、供应商、消费者和战略合作伙伴；不直接参与企业事务的群体包括社会团体、媒体等。企业在对股东负责的同时，还要兼顾其他利益相关者的利益。企业社会责任的作用对象，不仅包括股东、员工这些内部利益相关者，还包括政府、社区、消费者、供应商等外部利益相关者。

企业伦理作为调节企业及其成员与利益相关者关系所应遵循的道德规范和伦理准则，其作用对象也包括员工、股东等内部利益相关者，以及消费者、政府、社区、供应商、环境等外部利益相关者。企业伦理的诚实守信、公平公正、以人为本、社会责任原则，为企业行为提供了"是与非"的评判标准，促使企业加强利益相关者管理，肩负起企业的伦理责任。

企业社会责任和企业伦理具有作用对象的一致性，在实践中，可以从企业社会责任和企业伦理各自的视角分别诊断企业的相关问题。

在中国，像拓展案例 2-2 中的公司那样关爱员工的企业有很多。有道德的企业关爱员工，并且积极采取对

拓展案例 2-2
莫忽视企业德行感召力

扫描此码　深度学习

---

① O.C. 费雷尔（O.C.Ferrel），约翰·弗雷德里克（John Fraedrich），琳达·费雷尔（Linda Ferrel）. 企业伦理学 [M].北京：中国人民大学出版社，2016.

社会有益的行为。只追求利润而不考虑企业伦理的企业，其经营活动也得不到社会的支持。在企业经营活动中企业伦理观具有重要的指导意义，企业对员工承担社会责任的同时，虽然增加了成本，但也会使员工对企业产生凝聚力，增加员工忠诚度，产生社会美誉度。企业对员工承担的社会责任，也是企业道德取向的体现。保护员工的合法权益是企业的义务，提供健康、安全的工作环境，也是企业必须承担的一项社会责任。创造良好的工作氛围，既能提升员工的工作积极性和主动性，又能调动员工的工作热情，从而可提高员工的忠诚度，使企业和谐稳定的发展。

三、企业社会责任和企业伦理的相互促进作用

对于这种互相促进的作用可以从以下两个角度进行分析。

首先，企业伦理的目标是寻找道德规范的标准，企业伦理有助于企业内部制度的构建，从而有助于企业提高自身的经济利益，这是由企业伦理的本质属性所决定的。企业是经济主体，它需要涉及经济责任和法律责任，而企业伦理则侧重于企业的道德责任，这有效地弥补了企业在道德方面的不足。企业也应根据伦理道德标准约束其经营活动。企业进行商业决定时，要关注其带来的后果。符合伦理规范的企业行为将有利于提高企业行为的效率，有利于减少决策失误引起的成本。从微观层面上来讲，企业伦理可以规制个体的行为，进而培养有效的诚信机制，从而促进企业在周边社区和利益相关者中获得良好的声誉，最终提升企业自身的口碑。从宏观层面上来讲，企业伦理有助于整个市场和行业伦理氛围的提升，有助于提升企业之间的信任度，可减少企业之间合作所产生的摩擦，促进企业社会责任行为的履行。

其次，卡罗尔的模型中提出企业社会责任包括经济、法律、伦理、慈善四个层面，其中，伦理责任（道德责任）是社会责任的一项内容。个人和群体"行事合乎伦理"会促进决策的完成。企业伦理责任是指企业在从事各项活动时，应当合乎伦理地对待利益相关者和社会，并应当承担因没有达到伦理要求而引起的后果。[①] 因此，企业社会责任要求企业合乎伦理地对待利益相关者。

总之，企业伦理在规范业务活动的同时，也为企业社会责任概念的界定提供了理论基础。企业伦理学是伴随企业的存在而产生的，所以企业伦理学通过伦理学体系的具体理论完善自身内容。企业伦理学的研究和企业社会责任概念的研究，两者并不是分离的，而是相互关联、相互影响的。

---

① 引自：周祖城 . 论企业伦理责任在企业社会责任中的核心地位 [J]. 管理学报，2014（11）.

本章小结

（1）企业社会责任是企业在特定条件下，为了实现可持续发展，而对员工、股东、政府、社区、消费者、供应商、环境等承担的社会责任。

（2）戴维斯提出的企业社会责任的五条定理：定理一，社会责任来自社会权利；定理二，企业应该作为一个双向开发的系统来经营，一方面接受来自社会的投入，另一方面还要向社会公众公开其基本经营的结果；定理三，企业在进行有关活动、产品或者服务的决策时应该全面的考虑和计算其社会成本和社会收益；定理四，企业的社会成本应该计入活动、产品或者服务的价格中，使得消费者支付其对社会的消耗；定理五，企业作为公民，除了要考虑社会成本外，还有责任尽其所能的参与到社会需要的活动中去。

（3）卡罗尔的"金字塔"模型认为企业社会责任主要由经济责任、法律责任、伦理责任和慈善责任组成。

（4）约翰·埃尔金顿提出"三重底线理论"，即在责任领域，它可以分为经济责任、环境责任和社会责任。

（5）利益相关者的内容包括企业的员工、股东、政府部门、消费者、供应商、社区、环境等，这些群体会影响企业的日常经营管理，并且和企业的生存和发展息息相关。

（6）企业社会责任思想演变过程包括以下阶段：狭义的企业社会责任、社会回应、企业社会表现、利益相关者理论、企业公民。

（7）企业社会责任内容的五项划分原则：由于企业在不同的发展阶段会有不同的实力与自身战略目标，不能设想有一个适用于所有企业的社会责任模式；必须将企业看成是一个具有强烈的利润动机的经济组织，企业的表现主要以经济标准来衡量，社会责任可以补充但不能替代利润目标；企业有责任纠正那些由它们引起的不良的社会影响；社会责任因企业特点的不同而不同，社会及企业自身对各自社会责任定位内容也不相同；企业的经理们（管理者）应该通过研究公共政策的总体框架来决定其社会责任内容。

（8）根据企业承担社会责任的性质来分，有绝对命令式的社会责任（绝对责任）和相对命令式的社会责任（相对责任）；从公正原则来讲，可分为同代责任和代际责任。

（9）企业社会责任与企业伦理具有目标一致性、作用对象一致性以及相互促进作用的特点。

思考题

1. 什么是企业社会责任？企业社会责任有哪些特征？

2. 什么是企业利益相关者？利益相关者与企业社会责任有什么关系？

3. 企业社会责任有几种划分视角？各自的具体内容是什么？

4. 企业伦理和企业社会责任关系是什么？

5. 卡罗尔企业社会责任内容是什么？卡罗尔"金字塔"模型的意义有哪些？

案例讨论 大众"排放门"事件

德国大众集团曾被爆出丑闻：其生产的柴油汽车利用作弊软件以满足美国排放标准。这让一直以品质、诚信著称的"德国制造"颜面尽失。据最新报道，针对有关尾气检测数据造假问题，大众已考虑数周内在全球召回约 1 100 万辆汽车，召回费用可能对公司业绩造成打击。"排放门"道出了一个"朴实无华"的商业秘密——在利益面前，没什么可迷信的，而大众选择了一条歪路。

作为一家自我标榜在可持续发展和企业社会责任领域做出杰出贡献的"优秀"企业，大众表里不一的做法不禁让人质疑。

企业履行社会责任首先应遵纪守法、依法经营和诚信经营，企业社会责任一定是融入全员并全员参与的。企业社会责任就是希望扭转市场中利益至上的局面。

大众汽车在美国市场造假被曝光，对一位企业社会责任（CSR）工作的"推动者"来说，犹如当头一棒。

令人惊愕之处在于，大众汽车可持续发展的"故事"一夜间变成了击穿法律，以及涉嫌造假的"事故"；大众汽车一直标榜企业社会责任和可持续发展，却怎么连基本的法律底线都不遵守？

大众汽车曾经在可持续发展和企业社会责任领域的努力，给我们留下过以下几个比较深刻的印象：

一是从战略和组织上重视，大众汽车集团可持续发展报告的主题就是"通向可持续发展之路"，其建立的可持续发展委员会被称为"第二董事会"。

二是大众汽车关注的环保和安全两大议题，被称为可持续发展目标的两大支柱。大众声称环保聚焦于绿色制造、绿色技术，不断提高传统发动机的效率，降低排放；安全聚焦于关注员工、消费者等利益相关者。

这些提法和做法至今看起来依然出色，只是在这场事故发生后，这一切曾经美好的构架和努力似乎成为"笑柄"，甚至成为摧毁人们对企业社会责任信任的炮弹。

不过，大众汽车此次造假事故恰恰可以作为理解和推进企业社会责任的最好理由和案例。

（1）企业履行社会责任首先应遵纪守法、依法经营和诚信经营。想做标杆，想实现可持续发展，不能忽略和跨越自身必尽的责任。

（2）企业社会责任一定是融入全员并全员参与的。

（3）企业如果以经济利益为唯一目标，就可能做出违背基本法律和道德底线的行为。

资料来源：于志宏 . 大众"排放门"动摇企业社会责任？ [N]. 中国环境报，2015-10-08.

问题：

1. 造成大众"排放门"事件的原因是什么？

2. 你认为大众集团应该怎样平衡经济效益和社会效益？

第三章 企业社会责任的实践

学习目标

- 了解企业社会责任发展的现状和趋势
- 理解企业社会责任管理的含义和体系
- 熟悉企业社会责任标准
- 熟悉企业社会责任报告的内容

导入案例 拜耳公司：完善企业社会责任管理系统

德国拜耳公司（以下简称"拜耳"）是一家总部位于德国的全球性跨国企业，具有150多年的历史，291家分支机构遍布全球，拥有111 400名员工。公司核心业务为医药保健、作物营养以及高科技材料。早在1882年，拜耳公司就开始了与中国的贸易往来。本着"拜耳方案，应中国之需"的承诺，目前拜耳大中华区已成为拜耳在亚洲的最大的单一市场。

作为一家具有悠久历史的公司，拜耳公司早在100多年前，当诸如环境保护、生态等词汇还没有引起社会的极大关注之时，就率先成立了废水处理委员会，以注重工厂中的环保问题。一直以来，公司秉承着可持续发展理念，一切活动均以经济、生态与社会承诺并重。

拜耳公司在研发、生产以及整个运营过程，乃至所有的对外行动中贯彻三项承诺，以创造可持续的公司价值。其中，创新是企业持续制胜的关键。正如"拜耳——创新科技使生活充满活力"的使命所体现的，拜耳通过持续优化产品组合，将活动集中于三大富有潜力、效率和独立性的子集团——拜耳医药保健、拜耳作物科学和拜耳材料科技，将不断创新的公司技术作为公司增进全人类福祉、展现社会承诺，并持续积极促进可持续环保发展的具体行动。

拜耳公司开发出整套的特殊管理结构与策略，不断拓展公司的可持续管理，主要表现在业务活动的主要组合变更、快速经济发展与进一步国际化发展上，通过清晰的战略与详细的可持续计划，拜耳旨在迅速做好准备，应对当前与未来的挑战，以目标为导向开展业务运营。面向未来的产品组合展现了创新与可持续性之间的和谐关系，拜耳对现有的产品进行重新评价，开发出独具特色的产品评价体系，针对产品特性进行全面、有效的评估，所涉及的检查范围包括经济、健康、环境、生命周期、技术和公共价值。系统性的分析为战略决策的制定提供了依据，同时也可促进产品的改进与完善，从而有利于推进最先进的产品管理体制。在拜耳，环境保护不仅仅是高层管理者所关心的事，更是每一个员工在日常工作中必须遵守的原则，这一点已在责任关怀原则以及健康和安全原则中明确阐明。拜耳开发了综合的HSE（健康、安全和环境）管理系统。它将国际标准与拜耳政策原则相结合，促进沟通，保证透明度。HSE 系统将每一目标通过事实和数字来反映，涵盖了集团所有与员工及工厂周边居民的安全保健以及与排放有关的工厂。

1. 履行社会责任的"六步""六法"

对于拜耳来说，企业社会责任不仅仅是善意之举，而且还是必做之事。拜耳实施社会责任有六个步骤。第一步：管理层需要首先确定他们认可的企业社会责任的定义。第二步：确认公司应该向谁负责？谁是利益相关者？公司和谁有责任关系、关联关系或从属关系？第三步：确认公司应该负什么样的责任？公司行事的哲学是什么？公司希望参与什么样的议题？第四步：确定目标、任务和时间表。第五步：确定关键表现的衡量标准。第六步：进行衡量并按程序报告。

拜耳还开创性地总结了实现企业社会责任的六种方法。①事件推广：通过资金、公司现有资源等各种赞助方式支持或推动某一公益事件，比如赞助特奥，残疾人运动会。②事件关联营销：利用自有产品销售推动某一公益事件，即将该产品销售的一定比例用于支持某一公益事件。③企业社会营销：通过支持某项活动来改变公众的行为，促进公众健康、安全或环保等。④爱心奉献：向慈善机构或社会直接捐赠。⑤志愿者：公司鼓励员工、供应商、股东等作为志愿者提供技能等服务。⑥履行社会责任的商业实践：通过投资某项业务，用以改善社区建设和环境保护等。

2. 致力优化生活

拜耳在全球约 150 个国家开展业务，也在全球赞助了约 300 个不同计划，不仅提供了公司经济及科技关键技术方面的知识，员工更是尽职尽责，投入大量心力。拜耳在中国从环境保护、公共健康、社区关怀、教育和扶贫等全方位践行社会责任承诺，将社会责任活动与公司的核心业务、核心价值结合在一起，使企业社会责任行动不仅有益于社会，而且服务于公司目标的实现。例如，作为为农作物以及健康领域提供专业产品和解决方案的公司，拜耳与广大农户、农村、农作物和养殖户亲密接触，这使拜耳非常清楚农村的状况并了解他们的需要。公司通过中国扶贫基金会等组织建立了小额贷款项目并借助于拜耳作物科学和拜耳医药保健（包括拜耳动物保健）的核心能力开展了农业、养殖和健康知识培训，以此协助偏远、贫困地区的社区发展，进一步支持中国农村和农民的进步。

一切活动均以经济、生态与社会承诺并重，使得拜耳公司在其三大核心业务——医药保健、作物营养以及高科技材料领域均有良好的市场表现，在 100 多年的发展历史中保持了良好的业绩增长。2016 年，拜耳在该区域的生命科学业务销售额超过 26.7 亿欧元。截至 2016 年年底，拜耳在大中华区拥有约 10 000 名员工。同时，在企业社会责任领域关注环保、教育、扶贫、弱势群体等一系列有目标和有成效的项目，也使得公司在社会上树立了负责任的品牌形象。

资料来源：郭沛源，崔征.拜耳公司：完善企业社会责任管理系统 [J].WTO 经济导刊，2007（4）.有删改.

问题：

1. 拜耳公司是怎样完善企业社会责任管理系统的？

2. 履行社会责任的"六步""六法"是什么？在实践中有何意义？

第一节 企业社会责任的发展

一、国外企业社会责任实践的特点

（一）国外企业社会责任实践日趋标准化

自 20 世纪 90 年代以来，在企业社会责任实践方面，欧美国家率先掀起了全球性的企业社会责任运动。一些跨国公司纷纷制定了企业社会责任方面的内部生产守则，与企业社会责任相关的国际组织，例如美国的社会责任国际（SAI）、英国的道德贸易促进会（ETI）等，通过制定国际社会责任标准、公约、原则、多利益相关方守则、行业和公司内部生产守则和工具等，努力将企业社会责任行动加以制度化。

其中比较有代表性的组织是美国的社会责任国际（SAI），该组织于 1997 年联合发达国家的一些跨国企业制定了 SA8000 社会责任标准，旨在保护劳动环境、劳动条件和劳动权利等。这是全球第一个可用于第三方认证的企业社会责任管理体系标准，在全球范围内获得了广泛的认可。

2010 年 11 月 1 日，国际标准化组织（ISO）在瑞士日内瓦国际会议中心举办了社会责任指南标准（ISO26000）的发布仪式，该标准正式出台。ISO26000 标准体系旨在帮助组织通过改善与社会责任相关的表现与利益相关方达成相互信任。该标准的出台在国际上引起了广泛的关注，把社会责任运动推向了一个新的阶段。

（二）国外企业责任管理也呈现出新变化

伴随着气候变化、生物多样性、劳工权益、贪污腐败等社会责任领域出现的越来越多的新议题，企业社会责任管理也将呈现新变化，如利益相关者管理、企业社会责任管理的制度化、绩效评估标准化等。现阶段国际社会对于企业经营活动的评价标准也有了较大进展，在判断一个企业经营效果时，由过去的单一经济绩效的考核指标转变为经济绩效、社会绩效和环境绩效的综合绩效考核标准。

（三）关注员工利益

经过多年的实践，以日本为代表的一些发达国家的企业社会责任实践提倡"以人为本"，并取得了突出的成效。日本的跨国公司，通过多年实践经验，培育出了独特的公司经营理念。日本企业注重社会责任，维护员工个人利益，并努力满足员工需要。在明确企业利润最大化的同时，也兼顾企业的社会目标。日本企业家信守"以企业社会责任为中心的经营哲学"，更多地强调"以人为本"的观点，认为"以人为本"管理能够帮助员工正确认识其在组织中应扮演的角色和承担的责任，同时在企业组织中获得满意度。

很多企业开始设立专门的企业社会责任管理部门，将原来分布于企业各个部门的一些公益与慈善活动进行整合，实行统一化管理，并对企业社会责任与企业的业务活动进行整合。近年来，很多企业都将发布企业社会责任报告作为企业的一项管理任务，企业社会责任开始向建立标准化体系发展。

二、中国企业社会责任实践的特点

20 世纪 90 年代，国际企业社会责任运动进入发展期，与此同时，中国企业社会责任实践进入起步阶段。伴随着 20 世纪 90 年代社会责任运动的兴起，一些企业社会责任的相关标准和守则成为企业生产经营，特别是国际化经营顺利展开的一个重要的影响因素，其对中国企业社会责任实践，也产生了巨大的推动力。中国的企业社会责任经历了一个从被动到主动的过程，呈现出具有中国特色的企业社会责任发展特点。中国的企业社会责任发展虽然起步较晚，但是在全球经济一体化浪潮中，中国企业已经从被动地接受过渡到自觉履行的阶段。

（一）中国企业社会责任处于成长期

中国企业社会责任实践的兴起，始于 20 世纪 90 年代。大多数企业对社会责任认知有所了解，但企业在社会责任实践和管理方面尚缺少力度。在企业社会责任实践中，存在的最突出问题是劳工权益、环境保护和产品质量安全等方面的社会责任缺失，以至于在企业的经营过程中侵犯劳动者权益、破坏生态环境、制造假冒伪劣产品等事件时有发生。

在企业社会责任实践中，也产生了诸多自觉履行社会责任的优秀企业。国家电网公司于 2006 年 3 月率先发布了《2005 年企业社会责任报告》，成为第一家发布企业社会责任报告的中央级企业，迄今为止，国家电网公司已经连续十多年发布企业社会责任报告，积极履行社会责任，国家电网 2016 年度捐赠 1.36 亿元，通过国家电网公益基金会捐赠 0.18 亿元，共计实施公益捐赠项目 750 项。[①]

随着全球大量企业社会责任标准的颁布和实施，中国企业对待社会责任问题也从最初的被动执行过渡为逐渐反思和接受再到支持企业社会责任运动的阶段。中国企业不断加强

---

① 国家电网公司 2016 社会责任报告，http://www.sgcc.com.cn/csr/reports/02/338170.shtml.

企业社会责任管理，已进入将企业社会责任本土化融合的阶段。

（二）中国企业社会责任发展不平衡

由于中国经济发展的区域不均衡，存在着南北差异、东西差异、内地与沿海差异等。因此，企业社会责任实践活动也存在着不平衡。

从地域位置上看，企业社会责任发展在中国南北地区存在显著差异。以"珠三角"地区和"长三角"地区为代表的南方地区的企业社会责任实践集中表现出几个特点：企业社会责任认知和实践比较成熟，大部分企业将与利益相关者关系的问题纳入企业经营管理体系中，但也存在着劳资纠纷、生产健康安全、劳工权益等问题。

东北地区企业经济实力不足，因此追求经济责任成为它们的首要目标。由于地处内陆，与南方企业相比，外资吸引力弱，国际社会责任标准等规范对东北地区企业所造成的影响相对来说比较小。东北地区的企业社会责任实践活动比较弱，社会责任意识淡漠。但随着中国加入 WTO，国际经济交流的增加，东北地区受国际规则的影响会逐渐增大。

由于不同行业存在自身的特点以及发展状况的不同，中国各行业中企业的社会责任状况也存在差别。中小企业由于其自身的经济实力不足、社会责任意识缺乏，使得企业的社会责任行为与大型企业相比处于劣势。而国有企业和外资企业履行社会责任的力度高于民营企业。

（三）中国企业社会责任正逐步加大推广和落实力度

从企业社会责任的发展阶段来看，目前中国企业对社会责任的履行处于成长期阶段，其中，部分企业的社会责任运动呈快速发展的态势，中国企业已经意识到了企业社会责任的重要性，以及企业社会责任对企业可持续发展的重要影响。从未来发展看，中国企业正从被动应对向主动管理过渡，企业将会积极的履行社会责任。中国企业在社会责任实践运动中，积极响应国家政策法规、行业标准，参照国际企业社会责任规范、原则，积极完善企业社会责任管理体系，定期发布企业社会责任报告，加强企业与利益相关者之间的融合，已初见成效。

三、企业社会责任实践的发展趋势

（一）企业社会责任报告越来越受到广泛关注

随着企业社会责任的发展，作为社会责任管理工具的企业社会责任报告越来越多地受到企业的青睐。企业社会责任报告既是企业履行社会责任的反映，也是企业与利益相关方进行沟通的重要途径，近年来受到各方广泛关注。企业社会责任报告发布数量也在逐年大幅度增长。

根据毕马威（KPMG）历年的调查，各国企业发布社会责任报告属于不均匀状况。总体来看，发达国家在发布企业社会责任报告方面居于领先地位。从内容上看，企业社会责任报告涵盖了经济、社会、环境等方面，成为全球企业社会实践的主流，开始从西方国家向更多的国家和地区延伸。

（二）企业社会责任管理实践呈现标准化

企业社会责任管理实践的标准化趋势，最初表现为企业制定并实施内部生产守则。进入 21 世纪后，标准化的进程还表现为各种国际组织、特定行业制定的倡议、指南、标准等的多元化，大量与社会责任议题相关的管理工具在企业实践中得到应用，如全球报告倡议组织的《可持续发展报告指南》、环境管理中的 EMAS 体系和 ISO14000 体系、OHSAS 健康安全管理体系等。ISO26000 社会责任标准体系将会使全球企业社会责任管理实践体系进一步标准化。联合国 2030 年可持续发展目标（SDGs）得到了普遍认同，其中 17 项可持续发展目标致力于解决贫困、实现平等、环境保护等问题[①]。

（三）企业社会责任管理成为价值创造的重要途径

从国际优秀公司的管理理念和经验来看，企业社会责任管理的发展进程经历了三个阶段。第一阶段是遵守法律、法规，企业履行社会责任的目的是减少外在压力、合乎法律。第二阶段是加强利益相关者的管理，重视各种利益相关者的参与，以建立良好的企业声誉和公共关系。第三阶段是关注价值创造，将企业价值观纳入企业的商业模式中，通过履行社会责任提高企业的盈利能力及可持续发展能力，以支持企业目标的实现。

随着社会经济的发展，企业履行社会责任不再是为了规避风险、应对社会回应，而是将企业社会责任作为创造竞争优势、创造新价值的新管理战略工具。毕马威公司 2005 年的调查显示，世界近一半的公司发布报告是基于伦理理念与价值驱动、创新和学习的动机、雇员关系管理以及风险控制。此外，还包括其他的商业动力，如获得好的品牌和声誉、占有并维持市场地位、获得金融市场的信任并提高股东价值、在提供新产品和服务方面具有开拓能力。企业社会责任管理逐渐成为企业价值创造的新手段和新途径。

（四）企业社会责任实践运动的全面推进

企业社会责任实践运动的全面推进可以体现在行业、公司规模、性质等方面。随着世界经济的发展，企业社会责任的适用范围也逐渐扩大，开始由传统产业向其他产业延伸。

企业社会责任在发展之初都以大型跨国公司或国有企业为主体。因此，人们一直认为

---

① 资料来源：赵钧.期待责任，就像期待蓝天 [J].WTO 经济导刊，2017（01-02）.

"企业社会责任"是大型公司的专利，而中小型企业尚处于成长阶段，首要任务是扩大企业规模、提高企业竞争力，履行社会责任将增加企业成本和负担，因此，人们认为中小型企业并不具备承担社会责任的能力和条件。近年来，随着中小企业的快速发展，人们在实践中也逐渐认识到了积极履行社会责任对可持续发展的重要意义。积极履行社会责任，能够提高企业的声誉和形象、获得消费者的认同、吸引并留住大量优秀的人才，提高企业的竞争力，最终实现企业的长期可持续发展。同时，一些国家和政府也出台相关政策，指导中小企业开展社会责任活动。

（五）西方公司治理模式的进一步推广

西方公司治理模式指的是英、美的外部监控模式和日、德的内部监控模式。在企业社会责任的理念下，良好的公司治理还必须确保公司的管理有利于所有利益相关方的利益最大化。西方各国在不同的公司治理模式下，对企业社会责任的强化途径有所不同，美国更注重强化董事会的责任，而德国更注重员工的参与，日本则强调"以人为本"的理念。随着西方公司治理模式对企业社会责任和企业目标实现途径的不断完善和发展，该模式将在未来被广泛采纳。

第二节 企业社会责任管理

20 世纪 90 年代以来，以可持续发展为目标的企业，都面临着如何加强企业社会责任管理的问题。企业社会责任管理包括企业社会责任管理原则、企业社会责任管理体系以及企业社会责任管理评估等内容。

一、企业社会责任管理的含义

（一）企业社会责任管理的界定

著名的管理大师彼得·德鲁克认为管理有三大任务。第一个任务是实现组织的特定目的和使命，从企业的角度来说，就是获取经济绩效，企业的其他任务都依赖于企业的经济基础。第二个任务是使工作富有成效，员工具有成就感。企业经济绩效的获得依赖于企业高效的运行机制，员工是企业重要的生产力，企业对员工的管理是管理的基本职能。第三个任务是处理对社会的影响与承担社会责任。任何一个组织都是在社会系统中生存，并且获取社会的各种资源，没有一个组织是完全独立存在的。企业作为商品生产经营单位，利用社会资源创造经济绩效，有义务去消除因获取利益而造成的负面影响，承担社会责任。

企业社会责任管理主要包含两个方面：企业应对社会冲击的管理和实现可持续发展的管理。其中，面对企业内外环境压力产生的应对社会冲击的管理，是一种在企业内外驱动力作用下的被动的管理行为。而企业为了实现可持续发展，需要培育可持续竞争优势，将企业社会责任纳入企业的战略规划中，这是企业的主动管理行为。

（二）企业社会责任管理的原则

1. 竞争能力原则

企业的首要社会责任，就是通过企业的努力去丰富人民的物质生活。更直接地说，就是企业要获取更大的效益，获得更大的市场，降低企业的成本，保证企业利益相关者的合法权益。因此，企业在履行企业社会责任方面，必须加强企业竞争力的培育。

2. 量力而行原则

对企业来说，经营资源和经营实力是有限的。因此，企业在规划和实施企业社会责任管理时，必须坚持量入为出、量力而行的基本指导原则，在企业各项资源能够支撑的范围内和不损害公司的自身发展的前提下，应积极地承担社会责任。

3. 重点支持原则

企业在积极承担社会责任的过程中，要根据企业所属行业的性质、企业产品的特征和企业的愿景，来确定企业社会责任应该重点支持的领域，并在资金投入、企业品牌文化传播、企业捐赠、公共服务等方面切实加以落实。

4. 风险控制原则

由于企业内外部环境是不断变化的，在经营的过程中难免会面临一定的风险，企业社会责任的履行也会存在风险。因此，企业及其相关的部门应该按照风险管理的相关规定，识别并有效的控制安全、质量、财务、环境、知识产权、技术和人力资源等方面的风险。

二、企业社会责任管理体系

（一）企业社会责任管理流程

企业社会责任管理不仅是企业应对社会冲击的管理，也是企业的一项重要的战略行为。因此，企业如何获得可持续竞争力，如何面对社会冲击，是企业社会责任管理首先要考虑的问题。建立一个行之有效的社会责任管理体系，能够较好地提高企业社会责任管理效率。一个完善的企业社会责任管理体系的前提是有一个科学、合理、有效的企业社会责任管理流程。

企业社会责任管理流程如图3-1所示，始于环境分析，经过企业社会责任的沟通、规划、实施、控制，最后是企业社会责任绩效管理。从对企业的外部环境、内部环境分析开始，分析外部环境中的机会与威胁，了解内部环境的优势和劣势，企业环境分析是企业社会责任战略的起点。在此基础上，企业通过企业社会责任沟通的方式，建立与利益相关者之间的良好关系，实现企业内外和上下之间的良好沟通，传递企业经济目标和社会目标平衡的社会责任理念。企业社会责任管理规划应该和企业核心价值观、企业文化和企业战略保持一致。一项合理的企业社会责任管理规划，需要明确企业社会责任管理的阶段性目标、工作重点、实施手段和保障措施，加强企业社会责任实施中各职能部门之间的配合，有效地促进企业社会责任规划的实施。企业社会责任规划的实施需要针对不断变化的环境并加强对企业社会责任行为的控制，监控企业社会责任实施情况，发现问题并及时纠偏。在完成企业社会责任管理流程后，最后要对绩效进行考核。参照国际通行的绩效标准，结合企业自身状况，运用社会责任管理指标体系等方法去评估，指导企业社会责任活动的履行，实现企业社会责任目标。

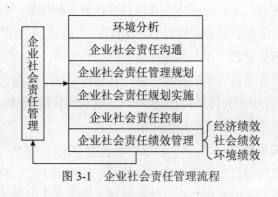

图 3-1　企业社会责任管理流程

（二）企业社会责任管理体系的组成 [①]

一个完整的企业社会责任管理体系主要包括四个环节，如图 3-2 所示。

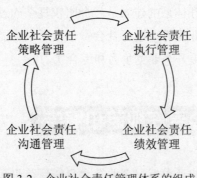

图 3-2　企业社会责任管理体系的组成

① 资料来源：中国移动 . 2008 年企业社会责任报告 . http://www.10086.cn.

1. 企业社会责任策略管理

企业社会责任策略管理由环境分析、企业社会责任沟通和企业社会责任管理规划构成。企业社会责任策略应该始于环境分析，在实践中密切关注外部环境的动向，以及可能给企业带来的机遇和威胁，同时理性地分析企业自身所具有的优势和劣势，为制定企业社会责任战略做准备。企业社会责任策略应该和企业的发展战略保持一致。

2. 企业社会责任执行管理

企业社会责任执行管理就是做好公司重大企业责任活动项目的事前分析、事中跟踪和事后评估。根据企业的社会责任策略与计划，在认真分析论证的基础上，结合社会关注的热点问题，最终确定企业责任的阶段性重大项目，明确该项目实施需要的人、财、物等关键资源和实施的相关部门，加强企业的跨部门、跨单位协作，促进各部门之间的沟通与合作，为企业责任的有效执行做好准备工作。

企业社会责任管理部门对企业社会责任项目进行管理和控制，及时地处理项目执行过程中出现的问题，以确保企业社会责任目标的实现。

3. 企业社会责任绩效管理

企业社会责任绩效管理要完整的覆盖经济、社会与环境三方面的内容，全面建立企业责任管理指标体系，并在该指标体系的指引下推动企业社会责任绩效考核工作的顺利进行，最终为企业社会责任绩效的提升提供巨大的推动力。

4. 企业社会责任沟通管理

企业要建立良好的沟通机制，需要建立内外统一的沟通平台，特别是要加强与关键利益相关者的沟通与交流，并做好相关信息的收集和反馈工作。另外，企业还要积极地编制企业社会责任报告，并在报告中有选择地对利益相关者重点关注的问题和社会热点问题予以积极地回应。通过有效的沟通与交流机制，树立企业良好的社会形象，最终保证企业整体绩效目标的实现。

总之，企业社会责任管理体系的建立是一个比较复杂的过程。成熟、规范的企业社会责任管理体系不仅有助于企业更好地履行社会责任，而且也能为企业的长期生存和发展创造良好的生态环境，不断地提升企业竞争力和综合实力。

第三节　企业社会责任规范和报告

随着全球经济一体化的快速发展，企业社会责任日益引起了人们的重视，各方利益相关者积极倡导和推动企业社会责任实践。企业社会责任公约、原则、标准和守则等企业社会责任规范可以使企业社会责任具体化。与此同时，利益相关者对企业履行社会责任的期望也在提高，对企业履行社会责任的透明度也提出了更高的要求，企业也希望自己的社会责任行为得到利益相关者的认可。企业社会责任报告已成为一种企业与利益相关者沟通交流的工具。

一、企业社会责任规范

（一）联合国全球契约 [①]

1999年1月，时任联合国秘书长科菲·安南在世界经济论坛年会上提出了全球契约计划，并于2000年7月在联合国总部正式启动。全球契约计划号召企业遵守在人权、劳工标准、环境及反腐败等方面的十项基本原则。全球契约是一项完全自愿的举措，它有两个目标：一是使十项原则在世界各地的企业活动中主流化，二是支持更广泛的联合国发展目标的行动，包括"千年发展目标"。为了实现这些目标，全球契约通过建立各种机制提供学习和参与的机会，如地方网络以及合作项目等。

全球契约的基本原则绝大部分来源于《世界人权宣言》、国际劳工组织的《关于工作中的基本原则和权利宣言》以及关于环境和发展的《里约原则》。全球契约的内容包括四个方面。

1. 人权方面

（1）企业应该尊重和维护国际公认的各项人权。

（2）绝不参与任何漠视与践踏人权的行动。

2. 劳工标准方面

（3）企业应该维护结社自由，承认劳资集体谈判的权利。

（4）彻底消除各种形式的强制性劳动。

（5）消除童工。

（6）杜绝任何在用工与行业方面的歧视行为。

3. 环境方面

（7）企业应对环境挑战未雨绸缪。

（8）主动增加对环保所承担的责任。

（9）鼓励无害环境技术的发展与推广。

4. 反贪污

（10）企业应反对各种形式的贪污，包括敲诈、勒索和行贿受贿。

安南提出的全球契约计划，呼吁企业界主动履行责任，遵守商业道德、尊重人权、劳工标准和环境方面的国际公认的原则，建立一个经济效益和社会效益共同提高的全球机制。

---

① 摘自：联合国全球契约官网，https://www.unglobalcompact.org.

全球契约所倡导的行为规范有利于推动和传播国际社会的规范和国际规则，对国际社会的发展也起到了一定的促进作用。公司应在遵守道德和观念的基础上谋求利润，要为社会改革负责，建立国际联系，寻找商业机会。

（二）国际劳工公约

国际劳工公约是指国际劳工组织制定的公约，对其批准的成员国具有约束力。国际劳工组织会员国缔结的公约，由国际劳工大会根据《国际劳工组织章程》及《国际劳工大会议事规则》规定的程序而制定。制定国际劳工公约是国际劳工组织最主要的任务。

国际劳动公约的主要内容涉及人权、就业、社会政策、劳动管理、劳资关系、劳动条件、社会保障及妇女职业保护、老龄、特殊人员及特殊职业就业保护等各方面，如表 3-1 所示。这些公约对各国劳动立法标准化起了一定的作用。

表 3-1　国际劳工组织的核心公约

类　　别	公 约 名 称	公 约 号
自由结社与集体谈判	1948 年结社自由与保护组织权公约 1949 年组织权与集体谈判权公约	第 87 号公约 第 98 号公约
废除强迫性劳动	1930 年强迫劳动公约 1957 年废除强迫劳动公约	第 29 号公约 第 105 号公约
平等权	1958 年（就业与职业）歧视公约	第 111 号公约
禁止使用童工	1973 年最低年龄公约 1999 年最恶劣形式的童工公约	第 138 号公约 第 182 号公约

（三）SA8000

1997 年，美国的社会责任国际（Social Accountability International，SAI）制定了 SA8000 社会责任国际标准，建立了 SA8000 社会责任管理体系认证制度。它是全球第一个可用于第三方认证的社会责任管理体系标准。通过规定企业必须承担对利益相关者的责任来确保所供应产品符合社会责任标准的要求，以此保证各方的权益。SA8000 的主要内容如下。

1. 童工

关于使用童工的准则如下：

（1）公司不应使用或者支持使用童工。

（2）如果发现有儿童从事符合童工定义的工作，公司应建立、记录、保留旨在救济这些儿童的政策和措施，并将其向员工及利益相关者有效传达。公司还应给这些儿童提供足够的支持以使之接受学校教育直到超过法定年龄为止。

（3）公司应该建立、记录、维持国际劳工组织第 146 号建议条款所涉及的旨在推广针对儿童及符合当地义务教育法规年龄规定或正在就学中的青少年教育的政策和措施，并将其向员工及利益相关方有效传达。公司所采取的政策和措施还应包括一些具体的方法以确保在上课时间杜绝使用儿童或青少年工人的现象发生。另外，这些儿童和青少年工人每日交通（工作地点与学校之间）、上课和工作场所之间加起来不应超过 10 小时。

（4）公司不得将儿童或青少年工人置于不安全、不健康的环境中。

2. 强迫性劳动

关于强迫性劳动的准则如下：

公司不得使用或支持使用强迫性劳动，也不得要求员工在受雇起始时交纳"押金"或寄存身份证件。

3. 健康与安全准则

（1）公司应提供一个健康、安全的工作环境，并应采取必要的措施，在可能条件下最大限度地降低工作环境中的危害隐患，以避免在工作中或由于工作发生事故对健康的危害。

（2）公司应指定一个高层管理代表为全体员工的健康与安全负责，并且负责落实与本标准有关健康与安全的各项规定。

（3）公司应保证所有的员工经常接受健康与安全培训，并记录在案，还应给新进及调职的员工重新进行培训。

（4）公司应该建立起一种机制来检测、防范及应付任何可能危害员工健康与安全的潜在威胁。

（5）公司应给所有员工提供干净的厕所、可饮用的水，在可能情况下为员工提供储藏食品的卫生设施。

（6）公司如果提供员工宿舍，应保证宿舍设施干净、安全且能满足员工的基本需要。

4. 结社自由及集体谈判权利准则

（1）公司应尊重所有员工自由组建和参加工会以及集体谈判的权利。

（2）在结社自由和集体谈判权利受法律限制时，公司应协助所有员工通过类似渠道获取独立、自由结社以及谈判的权利。

（3）公司应保证此类员工代表不受歧视并可在工作地点与其所代表的员工保持接触。

5. 歧视准则

（1）在涉及聘用、报酬、培训机会、升迁、解职或退休等事项上，公司不得从事或支持基于种族、社会等级、国籍、宗教、身体残疾、性别、性取向、工会会员、政治归属或年龄的歧视。

（2）公司不能干涉员工行使遵奉信仰和风俗的权利，应该满足涉及种族、社会阶层、国籍、宗教、残疾、性别、性取向、工会会员和政治从属需要的权利。

（3）公司不能允许强迫性、虐待性或剥削性的性侵扰行为，包括姿势、语言和身体的接触。

6. 惩戒性措施

关于惩戒性措施的准则如下：公司不得从事或支持体罚、精神或肉体胁迫以及言语侮辱。

7. 工作时间

关于工作时间的准则如下：

（1）公司应遵守适用法律及行业标准中有关工作时间的规定。正常的周工作时间应依循法律规定，但无论如何不得经常超过 48 小时。员工在每七天周期中至少应有一天休息时间。所有超过工作时间的劳动应付额外报酬。在任何情况下每个雇员每周加班不得超过 12 小时。

（2）除非符合第（3）条（见下款），所有的加班必须是自愿性质。

（3）如公司与代表众多所属员工的工人组织（依据国际劳工组织定义）通过自由谈判达成集体协商协议，公司可以根据协议要求工人加班以满足短期业务需要。任何此类协议应符合第（1）条有关规定。

8. 报酬准则

（1）公司应保证在一标准工作周内所付工资至少达到法定或行业最低工资标准并总能满足员工基本需要，以及提供一些可随意支配的收入。

（2）公司应保证不因惩戒目的而扣减工资，并应保证定期向员工清楚详细地列明工资、待遇构成；公司还应保证工资、待遇与所有适用法律完全相符。工资、待遇应用现金、支票或以方便员工的形式支付。

（3）公司应保证不采取纯劳务性质的合约安排或虚假的学徒工制度以规避涉及劳动和社会保障条例适用法律所规定的对员工应尽的义务。

9. 管理系统准则

（1）准则。高层管理阶层应制定公司社会责任和劳动条件的准则以确保该准则：其一，遵守本标准所有规定；其二，遵守国家及其他适用法律，遵守公司签署的其他规章以及尊重国际条例及其解释；其三，不断改进工作；其四，被有效地记录、实施、维持、传达并以明白、易懂的形式供所有员工随时取阅，包括董事、经理、监察以及非管理类人员，无论是直接聘用、合同制聘用或以其他方式代表公司的人员；其五，对公众公开。

（2）管理评审。高层管理人员应依据本标准规定以及公司签署的其他规章要求定期审查公司政策、措施及其执行结果，看其是否充分、适用和持续有效。必要时应予以系统地修正和改进。

（3）公司代表。公司应指定一高层管理代表，来确保公司达到本标准要求；公司应协助非管理类人员选出自己代表，以就与本标准相关事项增进与高层管理阶层的沟通。

（4）计划与实施。公司应确保公司上下都通晓、执行本标准规定，包括但不限于的方法包括：第一，明确界定职能、责任和职权；第二，聘用时对新进或临时员工进行培训；

第三，对现有员工定期进行培训和宣传；第四，持续监督有关活动和成效来检验所实施体系是否符合公司政策及本标准要求；第五，对供应商、分包商及下级供应商的监控。

①公司应建立并维护适当程序，在评估及挑选供应商、分包商时应考虑其满足本标准要求的能力。

②公司应保留适当的记录来载明供应商对社会责任的承诺，包括但不限于下列书面承诺：其一，遵守本标准所有规定（包括本条款）；其二，在公司要求下参与公司的监查活动；其三，及时补救任何与本标准规定不符之处；其四，及时、完整地向公司通报与其他供应商、分包商所发生的任何相关业务关系。

③公司应保留合理的证据来证明供应商及分包商能够达到本标准各项要求。

④除上述第①条及第②条规定外，如果公司接受、处理或经营任何可列入家庭工人的供应商、分包商或下级供应商的货物或服务，公司应采取特别措施保证这些家庭工人享有本标准规定向直属雇员提供的相似程度的保护。这些特别措施包括但不限于：订立具有法律效力的书面购买合同载明最低要求（应与本标准相符）；确保家庭工人及所有与该书面购买合同有关人员理解并贯彻合同要求；在公司场地内保留详细载明有关家庭工人身份、其所提供的货物、服务以及工作时数的全面资料；频繁进行事先声明或未声明的审查活动以确保该书面购买合同得以贯彻实施。

（5）处理意见和采取纠正行动。①当员工和其他利益相关方质疑公司是否符合公司政策或本标准规定的事项之时，公司应该调查、处理并作出反应；员工如果提供关于公司是否遵守本标准的资料，公司不可对其采取惩处、解雇或歧视的行为。②如果发现任何违反公司政策或本标准规定的事项，公司应该根据其性质和严重性，调配相应的资源予以适当的补救和纠正。

（6）对外沟通。公司应该建立和维护适当程序，就公司在执行本标准各项要求上的表现，向所有利益相关方定期提供数据和资料，所提供的应该包括但不限于管理审核和监查活动的结果。

（7）核实渠道。如果合约有此要求，公司应该给有关方面提供合理的资料和取得资料的渠道，以确定公司是否符合本标准规定；如果合约中有进一步的要求，公司应该透过采购合约的条文，要求供应商和分包商提供与以上相似的资料和渠道。

（8）记录。公司应该保留适当的记录，证明公司符合本标准中的各项规定。

（四）ISO26000 社会责任指南 [①]

ISO26000 是国际标准化组织的一个国际标准文件——"ISO26000 社会责任指南"（Guidance on Social Responsibility）的技术编号。

---

① 摘自：ISO 国际标准化组织，https://www.iso.org/iso-26000-social-responsibility.html.

国际标准化组织于 2001 年开始进行社会责任国际标准的可行性研究和论证，并于 2010 年 11 月 1 日，在瑞士日内瓦国际会议中心举办了社会责任指南标准（ISO26000）的发布仪式，该标准正式出台。ISO26000 确定了践行企业社会责任的核心主题，并且描述了可持续发展的目标，将社会责任融入组织战略和日常活动中。ISO26000 系统地总结了社会责任的基本特征和基本实践，表达了社会责任的最佳实践和发展趋势。ISO26000 是国际各利益相关方代表对社会责任达成基本共识的成果。因此，ISO26000 是社会责任发展的里程碑和新起点。

ISO26000 遵循以下原则：强调遵守法律法规、尊重国际公认的法律文件、强调对利益相关方的关注、高度关注透明度、对可持续发展的关注、强调对人权和多样性的关注。

总之，ISO26000 是国际标准化组织在广泛联合了包括联合国相关机构、GRI 等在内的国际相关权威机构的前提下，充分发挥各会员国的技术和经验优势制定开发的一个内容体系全面的国际社会责任标准。它兼顾了发达国家与发展中国家的实际情况与需要，并广泛听取和吸纳了各国专家意见与建议。因此，其出台过程相对漫长，但可以预见，该标准的诞生将会在更大范围、更高层次上推动全球社会责任运动的发展，并将获得各类组织的响应与采纳。

ISO26000 国际社会责任标准（以下简称《标准》）对中国社会责任运动发展的积极作用主要体现在以下几个方面：

第一，《标准》对当前社会责任领域的重要概念与原则给出了明确的定义，在一定程度上有助于减少因内容的复杂性导致的对社会责任及其相关问题认识和理解的巨大差异，从而使相关各方能够在基本一致的理论基础上探讨社会责任重大问题，推进社会责任实践，对社会责任运动的发展具有重要意义。

第二，《标准》提出了系统的利益相关方分析范式和利益相关方关系管理工具，参照这一范式，企业能够系统分析利益相关方对其履行社会责任的期望与要求，并采取有针对性的回应措施，改善企业的生存环境，促进企业的健康持续发展。

第三，《标准》列出了当前全球社会责任的七大重点领域，对每个领域的主要议题及企业应当采取的行动进行了具体说明。同时，《标准》对企业将社会责任理念融入日常运营的关键环节及其工作要点进行了详细阐述，便于企业根据自身需要进行选择和运用。

需要指出的是，企业社会责任的有关理论和思想从诞生起就充满了争议，原因在于其与不同国家的政治体制、文化传统、经济制度等有着千丝万缕的联系。《标准》在给出企业社会责任一般框架的同时，并没有说明不同国情、不同发展阶段的企业应当如何运用它。因此，如何科学合理地利用这个框架推进中国企业的社会责任

拓展案例 3-1

亲历 ISO26000 五年协商路

扫描此码　深度学习

实践，还需要我们去认真研究。作为发展中国家，中国的传统文化、政治、经济制度等与西方国家有着明显的不同，这些差异是我们研究和运用《标准》时必须认真加以考虑的。

（五）ETI 道德贸易倡议 [①]

ETI（Ethical Trading Initiative）是英国道德贸易组织的简称，目的是改善全球工人的条件。ETI 由公司、工会和非政府组织三方代表组成，是基于联合国劳工组织基本协议，并且主要面向服装和食品行业的企业组织。ETI 基本法规如下：

1. 自由选择的雇佣关系

（1）不可使用强制劳动力、受关押劳动力和不情愿的犯人劳动力。

（2）雇员不应被要求交纳抵押金或把他们的身份证件交给雇主，在给出合理的预先通知之后，雇员可以自由地离开其雇主。

2. 尊重结社自由和与工会代表劳方进行劳资谈判的权利

（1）所有雇员毫无例外地具有加入或组成其自己选择的工会的权利和进行集体劳资谈判的权利。

（2）雇主对于工会的行为和他们的组织活动，要采取开放的态度。

（3）不能歧视职工代表，这些代表可以在工作场所履行其职工代表的职能。

（4）在自由结社和劳资谈判的权力受法律限制的地方，雇主要促进而不是妨碍建立独立自由的结社和劳资谈判的类似活动。

3. 安全卫生的工作条件

（1）在提供安全卫生的工作环境的同时，要考虑到该行业的普遍常识和任何特殊危险性。要采取适当的措施，防止由于工作引起的、与工作有关的或在工作中发生的各种事故及损害健康事件的发生。尽可能地减少工作环境中固有的各种危险因素。

（2）应对雇员进行定期的和有记录的健康和安全培训，这种培训对于新的和改换工种的雇员要重复进行。

（3）要为雇员提供清洁的厕所设施和饮用水，在可能的情况下，还要提供存放食品的卫生设备。

（4）所提供的住宿条件，要保证清洁、安全并且满足雇员的基本需求。

（5）采用本法规的公司，应该指定一名高级管理人员代表对健康和安全负责。

4. 不可使用儿童做工

（1）不能新招收儿童做工。

（2）所有公司要制定或参与并资助使任何被发现用作童工的儿童接受高质量教育直至不再是儿童为止的政策和项目。儿童和儿童做工的定义在附录中给出。

[①] 摘自：企业社会责任中国网，http://www.csr-china.net/.

（3）不可雇用儿童和 18 岁以下青少年在夜间或在危险的条件下工作。

（4）这些政策和程序必须与相关的 ILO 标准条款一致。

5. 维持生活的工资

（1）每个标准工资周所付的工资和福利，至少要达到国家的法定标准或行业规定的标准，以高者为准。在任何情况下，所付工资总应足够满足基本需求并提供一些可供自由支配的收入。

（2）在所有雇员开始工作之前，要为他们提供书面形式的、易于理解的、涉及工资及雇佣条件的有关信息，并且在每次支付工资时，要为他们提供本次工资涵盖期间工资的详细情况。

（3）不经雇员同意，不允许将扣除工资作为一种纪律约束措施，也不允许对工资进行国家法律规定之外的任何其他扣除。所有纪律约束措施都必须记录在案。

6. 不能超过工作时间

（1）工作时间必须符合国家法律和行业规定的标准，以对雇员提供较强保护为准。

（2）在任何情况下，不能要求雇员经常性地每周工作超过 48 小时，并保证平均每 7 天至少休息一天。加班时间必须是自愿的，且每周不能超过 12 小时。不能要求经常加班，且必须按照奖励工资级别给予补偿。

7. 禁止歧视

（1）在雇佣、补偿、培训、提升、辞退或退休方面，对任何人都不能因其种族、社会地位、国籍、信仰、年龄、残疾、性别、婚姻状况、性观念、所属工会和所属政党存在歧视。

8. 正规的雇佣关系

（1）在尽可能的程度上，所进行的工作必须以按国家法律和法规所建立的、被正式承认的雇佣关系为基础。

（2）对受劳工或社会保障法律和法规保护的、建立在正规雇佣关系之上的对雇员的优惠，不能通过使用劳动合同、分包合同或者在家工作的安排，或者不欲真正传授技术或提供正规雇佣关系的学徒项目来取消，任何类似优惠待遇也不能通过过度使用固定期限的雇佣合同来取消。

9. 不允许以苛刻和不通情理的方式对待雇员

（1）禁止使用人身虐待或体罚、以人身虐待相威胁、性骚扰或其他骚扰以及其他形式的恐吓。

（六）中国工业企业及工业协会社会责任指南[①]

《中国工业企业及工业协会社会责任指南》是由中国工业经济联合会、中国煤炭工业

---

① 摘自：中国工业企业社会责任网，http://www.cfie.org.cn/.

协会、中国机械工业联合会和中国钢铁工业协会等十一家工业行业协会联合发布的，包括能源、环境保护，生产安全，产品安全和关心困难群体等内容的多项企业社会责任指标。

1. 导言

国家政府所提出的建设和谐社会和可持续发展的要求，需要全社会的共同努力，付诸行动，并承担起社会责任。中国工业经济联合会、中国煤炭工业协会和中国机械工业联合会等 11 家工业行业协会共同制定了《中国工业企业及工业协会社会责任指南》，倡导和推进工业企业与工业协会履行社会责任，共同构建社会主义和谐社会。企业社会责任是企业在追求经济效益、实现企业自我发展的同时，承担对经济、环境和社会可持续发展的社会责任。

工业协会的社会责任在于促进行业发展，维护企业合法权益，实行行业自律，推进企业履行社会责任。《中国工业企业及工业协会社会责任指南》中规定的社会责任行为准则，提出的社会责任目标和指标，是与中国经济社会和我国工业当前所处发展阶段的实际相结合的。从全球视角看，因国情不同，发达国家和发展中国家社会责任的体系标准也有差异。我们力求推出一项既能与国际接轨又切合中国实际，具有中国特色的企业及行业的社会责任指南，倡导并推进中国的工业企业及工业协会履行社会责任。

2. 社会责任体系

建立社会责任体系是企业和协会履行社会责任的组织保证和制度保障。

（1）企业社会责任体系。该体系主要包括：管理体系、制度体系、信息体系和监督体系。在完善社会责任体系的基础上，制定规划，组织实施，切实履行社会责任，发布社会责任报告并接受社会监督。

（2）工业协会社会责任体系。工业协会社会责任体系，包括履行自身社会责任的组织制度体系和推动企业履行社会责任的组织制度体系。

3. 企业社会责任和社会责任报告

增强社会责任意识，依法经营，科学发展，构建和谐企业，保障利益相关方合法权益，承担并履行社会责任。企业履行的社会责任就是企业社会责任报告的主要内容，而社会责任报告还包括必须公开陈述的其他重要内容，即发展战略、公司治理、社会责任组织管理体系等，主要内容如下：

（1）公开陈述；

（2）科学发展；

（3）保护环境；

（4）节约资源；

（5）安全保障；

（6）以人为本；

（7）相关利益；

（8）社会公益。

4. 工业协会社会责任和社会责任报告

工业协会能增强社会责任意识，履行协会自身社会责任，推进会员企业履行社会责任，发布行业社会责任报告。

（1）推进企业履行社会责任。分析行业特点，根据行业特点指导行业企业积极履行社会责任，交流经验，提高和完善行业企业社会责任的能力和水平，组织、推进更多企业承担社会责任，发布社会责任报告。

（2）履行协会自身社会责任。承担协会自身的社会责任，包括为政府、为行业、为企业服务的责任。

（3）自律和信用。制定和发布行业自律公约。行业自律与政府监管"他律"相结合，实现公平竞争，完善市场秩序。建立行业信用体系，记录、公布、完善行业企业的信用记录。

（4）工业协会社会责任报告。工业协会社会责任报告以综合行业企业的社会责任报告为主要内容，同时包括工业协会自身的社会责任。工业协会要定期（两年期或四年期）发布行业社会责任报告。

5. 定义与术语

定义了企业社会责任、利益相关方、和谐社会等 9 个专有名词，明确相关概念的具体含义。

6. 参考的法律法规

参考了《中华人民共和国宪法》《中华人民共和国劳动法》《中华人民共和国劳动合同法》《中华人民共和国工会法》等 30 项法律法规，依法制定，具有较强的法理依据。

企业社会责任报告是由文字与数字构成的报告，社会责任报告要尽可能地运用数字和图表表示。因此，企业应采集更多数据和采用更多的指标来编制社会责任报告。《中国工业企业及工业协会社会责任指南》选择了一些基本的指标，供企业编制社会责任报告时参考。

（七）CSC9000T 体系 [①]

中国纺织企业社会责任管理体系（China Social Compliance 9000 for Textile & Apparel Industry），即 CSC9000T。它是基于中国相关法律法规和有关国际公约及国际惯例制定的符合中国国情的社会责任管理体系。该体系包括社会责任的具体要求，又涵盖建立企业社会责任管理体系的模式，有助于企业实现社会责任目标与经济目标，满足预防风险和持续改进的要求。CSC9000T 总则是中国纺织企业公共的社会责任行为准则，它提出了对企业社会责任管理体系的总要求，指导企业建立自己的社会责任目标和指标。CSC9000T 细则

---

① 摘自：中国纺织工业联合会、社会责任建设推广委员会官网，http://www.csc9000.org.cn.

是对总则的具体描述，帮助企业在细则的基础上建立社会责任管理体系，实现对行为准则的承诺，达到改善社会责任管理、切实保障所有员工利益、激励员工发展的目的，从而增强企业人力资源的竞争力。考虑到国内企业安全生产的现状，CSC9000T 管理体系特别加强了职业健康与安全的管理规范，以帮助企业切实改进管理，在为员工健康与安全着想的同时，降低企业的运行风险成本。

1. 适用范围

本体系以纺织服装企业为适用对象，使用者必须对其正确应用负责，企业遵从该体系并不能免于国家法律法规的约束。

2. 参照的法律法规、国际条约及标准体系

本体系的制定以中华人民共和国相关法律的要求为基础，并充分参考了我国政府已批准的涉及社会责任的国际公约，同时参照了其他标准体系。参考的国内法规法律有《中华人民共和国宪法》及历次宪法修正案、《中华人民共和国劳动法》《中华人民共和国工会法》等。参照的国际公约有《世界人权宣言》《联合国儿童权利公约》《公民和政治权利公约》等。

3. 定义与术语

定义了企业社会责任、利益相关者、可持续发展等 10 个专有名词，明确相关概念的具体含义。

4. 总则（企业社会责任行为准则）

接受该准则的企业应将其在显著的位置张贴出来，并确保传达到所有的员工。

（1）管理体系。企业应当在相关的中国法律法规和国际公约的基础上，按照CSC9000T 的要求，制定、实施、保持并改进企业社会责任管理体系，提出具体的企业社会责任目标和指标，形成必要的文件，确定将如何实现这些目标和指标，并审核实施结果，达到持续改进的目的。

（2）劳动合同。企业招用员工时应当订立书面劳动合同。

（3）童工。严格禁止招用童工。

（4）强迫或强制劳动。严格禁止企业使用或支持使用强迫或强制劳动。

（5）工作时间。企业应当遵守国家法律法规有关工作时间的要求。

（6）薪酬与福利。企业应当保证向员工支付的工资、福利待遇不低于法律、法规的要求，并且以货币形式支付。

（7）工会组织和集体谈判权。企业应当承认并尊重员工组织和参加工会以及进行集体谈判的权利。

（8）歧视。严格禁止企业因民族、种族、宗教信仰、残疾、个人特性等原因使员工受到歧视。

（9）骚扰与虐待。企业应当保障每位员工的身体与精神健康，禁止骚扰、虐待与体罚。

（10）职业健康与安全。应基于 PDCA 的运行模式，建立、实施、保持并改进职业健康与安全管理体系，为所有员工提供一个健康和安全的工作环境。

5. 管理体系要求（总则和细则）

这一项是对总则的具体要求解释，详见原标准。

6. 附录：《CSC9000T 自我评估表》

该管理体系的实施有助于企业提高社会责任承担意识，具体表现在：

（1）推行 CSC9000T 可以维护企业员工的合法权益，增强员工的积极性以及提升工作效率；

（2）推行 CSC9000T 可以帮助企业改善管理水平，尤其是企业社会责任管理、职业健康与安全管理和人力资源管理，提高企业核心竞争力；

（3）推行 CSC9000T 有助于引导中国纺织业可持续发展，提升中国纺织业在国际上的形象，使中国纺织业更好地融入国际供应链；

（4）推行 CSC9000T 是中国纺织业落实"建设和谐社会"精神的具体举措。

中国企业的社会责任在核心理念上与国际主流观点是一致的，但在具体标准上又必须与国情现状相适应，这样才能引导中国企业更好地承担社会责任。

二、企业社会责任报告

近年来，随着企业社会责任运动的推进，发布企业社会责任报告的企业也逐步增多。企业社会责任报告是企业和利益相关者沟通和交流的平台，它既是企业了解和回应利益相关者期望的结果，也是企业获得社会认可，努力对所履行的社会责任进行信息披露的工具。

（一）企业社会责任报告的含义和内容

1. 企业社会责任报告的含义

1997 年，在全球报告倡议组织（GRI）提供的《可持续发展指南》中指出："可持续发展报告是以可持续发展为目标，衡量及披露机构绩效，对内外部利益相关方负责任的实践。"可持续发展报告也称为综合性企业社会责任报告。

企业的社会责任报告就是将企业的社会责任信息，包括企业社会责任的履行情况、社会责任实现方式、目的、内容等的综合反映，是将企业的社会责任行为与利益相关者进行沟通的过程。

企业社会责任报告包括单项报告和综合性报告。单项报告主要包括雇员报告、环境报告、环境健康安全报告等；综合性报告包括社会责任报告、可持续发展报告、企业公民报告等。以企业社会责任报告反映的程度是否全面为标准，可以划分为广义的社会责任报告和狭义的社会责任报告。广义的社会责任报告是指非财务报告，包含单项和综合性社会责任报告；狭义的社会责任报告则特指综合性报告中的企业社会责任报告。

2. 企业社会责任报告的内容

从现有发布的企业社会责任报告来看，大体上包括了三方面的内容：首先，是企业的基本情况简介，包括企业的概况、性质、企业主要的财务目标、企业的价值观、社会责任的目标等；其次，是企业的管理体系介绍，描述企业是如何通过企业内部的管理体系来达成企业目标的，包括公司的愿景和战略、公司的管理制度、公司文化；最后，是企业绩效指标的披露，通过这些指标可以了解到企业社会责任的实施效果，并且可以加强外部利益相关方的监督，帮助企业发现在社会责任实施方面的问题与不足，以便对企业的社会责任行为进行有效的控制，减小企业社会责任目标与实际执行效果之间的差距。这是企业与利益相关方进行互动沟通的一种比较好的方式，有助于社会责任的实施。

随着发布社会责任报告数量的增加，可供参考的内容结构也逐步增多，一些中央企业按照《国资委关于中央企业履行社会责任的指导意见》来编排自己的结构，也有按上市公司社会责任指引或者按行业社会责任指南编排的，此外还有其他的一些编排形式。企业根据自身特点挑选出适合阐明自身社会责任行为的结构即可，无须追求千篇一律的结构形式，突出自己的特色，才会使社会责任报告得到更多的关注，达到预期的效果。

（二）企业社会责任报告的原则 [①]

企业社会责任报告通常要遵循一定的原则，确保在报告的编制过程中能够更综合地考虑外部因素，能够更客观地反映出企业的经济、社会和环境绩效。《可持续发展报告指南》中，将社会责任报告内容界定概括为四个原则：实质性原则、利益相关方参与原则、可持续发展背景原则和完整性原则。在衡量报告质量方面，包括平衡性原则、可比性原则、准确性原则、时效性原则、清晰性原则和可靠性原则。下面就《可持续发展报告指南》中阐述的四个原则做进一步的介绍。

1. 实质性原则

实质性原则是指报告所披露的议题和指标，应该能够反映企业、机构对经济、环境和社会的重大影响，或是对利益相关方的判断及决策有着重要影响。

由于企业需要披露的信息众多，而报告不可能涵盖所有的信息，要挑选出一些有代表性的、对经济、环境、社会有重大影响的信息进行披露，突出重点。实质性原则就强调重要议题或指标的披露。在应用实质性原则时，所选择的议题和指标应是对于利益相关方非常重要的，并且对于企业的战略是有影响的。目前，实质性原则已经被许多公司应用在报告内容的选择上，例如英国电信、福特汽车、壳牌和英国石油集团的社会责任报告便应用了这一原则。

---

① 摘自：GRI（全球报告倡议组织），https://www.globalreporting.org.

2. 利益相关方参与原则

利益相关方参与原则是企业社会责任的核心要素，通过参与，企业可以更好地认识其对社会、经济和环境的影响，以及企业在社会责任实施中存在的问题，可以使企业及时的发现并纠正问题。良好的利益相关方参与会推动社会责任的实施，使社会责任报告可以产生更广泛的影响力。企业要在社会责任报告中充分响应利益相关方的期望和要求，这样有利于企业创造更多的价值，如提高企业的信誉、改善企业的形象，提高企业的竞争力等。

3. 可持续发展背景原则

可持续发展背景原则是指报告要显示出企业在整体可持续发展背景中的绩效，要把企业社会责任报告置于可持续发展的大背景下来考虑，体现与更广泛的可持续背景有关的绩效。

4. 完整性原则

完整性原则是指报告所涉及的实质性议题、指标和定义应当足以反映对经济、环境和社会的重大影响，并能使利益相关方评估报告期限内报告机构的真实绩效。

完整性原则关系到报告内容的三个方面，即范围、界限和时间跨度。报告内容的"范围"指报告中所涵盖的议题及其指标要能充分反映报告机构的行为对经济、环境和社会方面的影响；"界限"指的是机构在报告中披露的实体范围（如子公司、合资组织和下级承包商等）；"时间跨度"指的是报告应当全面披露报告机构所公布的时间范围内的所有相关信息。因此，检验完整性原则的应用，需要看报告是否选择了合理的范围和界限，并在报告所声明的时间内，对利益相关方重点关注的所有信息进行处理和披露。

（三）企业社会责任报告审验

企业发布的社会责任报告数量逐渐增多，但是公众对企业的信任程度并没有因此而增加多少。为了改变这一状况，研究者在如何提高报告可信度的问题上进行了深入的研究，企业社会责任报告审验因此产生。

1. 企业社会责任报告审验的作用

企业社会责任报告的审验，是由独立的审验方使用一套详细制定的原则和标准，经过专业的检测、审核、评估、确认等程序，评价企业社会责任报告的质量和保障企业社会责任绩效的管理体系。很多企业的社会责任报告中加入了第三方审验声明，审验已成为报告的重要内容，同时也可以更好地满足利益相关方的期望。

（1）审验可以提高报告的可信度。企业的社会责任报告是由企业编制的，如果缺乏第三方的认证，很难得到信服。

（2）审验已成为报告的重要内容。随着企业发布社会责任报告数量的增长，越来越多的大公司都在企业社会责任报告中增加了第三方审验内容，以期更好的得到利益相关方的信任。

（3）可以更好地满足利益相关方的期望。越来越多的企业选择接受外部审验，并在报告中增加外部第三方审验证明。这是满足利益相关方期望的重要手段，对于经过外部审验的报告，人们的信任程度会大大提高。

2. 企业社会责任报告审验主要内容 [①]

企业社会责任报告审验的内容包括审验主体、审验程序、审验方法、审验时限、审验结论几方面。

（1）审验主体。报告审验通常由独立的审验方对企业社会责任报告进行审验，审验方既可以是一人也可以是多人，或者是一个机构，依据与企业签订的审验服务协议对企业社会责任报告进行审验。

审验方必须保证审验机构和人员有专业的能力，保持与企业的独立关系，公平的对待企业的利益相关方，根据他们的要求提供必要的信息；具有职业资格，审验工作的任职资格以及专业技能；具有审验方面的相关经验；专业领域，对企业背景、业务领域、利益相关方有所了解；审验监督，通过适当的机制或程序对审验工作进行必要的监督。

（2）审验程序。企业社会责任报告的审验程序大致包括六个步骤：审验方接受委托，明确审验的目标和范围；双方协商明确审验所使用的标准、原则和方法，确定审验工作计划和流程；审验方全面审查社会责任报告的内容，了解企业社会责任报告中的数据信息来源以及收集的方法，审查企业的相关文件，确认企业各方面的绩效表现等；审验方分别对企业的领导层、中层和基层员工进行访谈，了解企业对社会责任理念的认识和落实情况，企业管理层对社会责任的推动与决策情况、政策落实情况、社会责任管理体系及企业运作有关情况；审验方有选择地访谈重要的利益相关者，了解他们的期望和要求、企业对利益相关者之间的双向回应，以及利益相关者参与的有关情况；审验方对社会责任报告进行综合评估，给出审验结论，发表第三方独立审验声明。全面评估企业社会责任报告的可信度，独立得出审验结论，并以适当的方式发表审验声明。

（3）审验方法。社会责任审验的主要方法包括事实验证、监督检查、抽样检查、企业内部访谈、利益相关方访谈、信息源确认等。

（4）审验时限。审验方对企业社会责任报告的审验，是针对一个既定时间的报告信息进行审验，一般为一年。审验工作要有一个时间限制，要在既定的时间内完成，时间段的起止日期由企业与审验方经过协商确定。

（5）审验结论。审验方完成对企业社会责任报告的审验工作之后，要能够独立地给出明确的审验结论，公开声明并且要指出报告的可信度以及企业收集的信息、管理企业绩效所用的基础体系、程序、能力的可信度。一个完整的企业声明通常包含如下内容：审验标准的声明，说明审验方使用的审验标准；审验方独立性声明，说明审验方与企业的独立

---

① 资料来源：袁蕴. 论企业社会责任报告第三方验审 [J]. 财会通讯，2011（7）.

性、对企业利益相关方的公平性以及自身的资质能力；审验描述，说明审验方进行的主要工作程序和审验内容；审验结论，说明审验方对报告的综合结论；附注，说明企业在报告及审验方面取得的进步并提出一些改进的建议。

本章小结

（1）企业社会责任实践的发展趋势：发布企业社会责任报告越来越受到广泛关注；企业社会责任管理实践呈现标准化趋势；企业社会责任管理成为价值创造的重要途径；企业社会责任实践运动全面推进；西方公司治理模式的进一步推广。

（2）企业社会责任管理主要包含企业应对社会冲击的管理以及实现可持续发展的管理。

（3）企业社会责任管理的原则：竞争能力原则；量力而行原则；重点支持原则；风险控制原则。

（4）企业社会责任管理流程始于环境分析，经由企业社会责任沟通阶段，通过企业社会责任管理规划的制定、企业社会责任管理规划的实施、企业社会责任控制，终于企业社会责任绩效的管理。

（5）企业社会责任管理体系的组成包括企业责任策略管理、企业责任执行管理、企业责任绩效管理和企业责任沟通管理。

（6）企业社会责任规范中比较有代表性的有，联合国全球契约、国际劳工公约、SA8000 和 ISO26000 社会责任指南。

（7）企业的社会责任报告就是将企业的社会责任信息，包括企业社会责任的履行情况、社会责任实现方式、目的、内容等的综合反映，是将企业的社会责任行为与利益相关者进行沟通的过程。它是反映企业社会责任的载体与工具。

（8）企业社会责任报告审验的作用：提高报告的可信度；构成报告的重要内容；更好地满足利益相关方的期望。

（9）企业社会责任报告的内容框架大体上包括了三方面：企业的基本情况简介、企业的管理体系和企业绩效指标的披露。

思考题

1. 企业社会责任管理的含义是什么？
2. 企业社会责任管理体系包括哪些内容？
3. 中国如何迎接全球标准体系的实践？
4. 什么是企业社会责任报告？企业社会责任报告包含哪些基本内容？
5. 企业社会责任报告的原则有哪些？

案例讨论 **百事公司：通向合乎伦理的负起社会责任的文化旅程**

百事公司是世界上最大的食品和饮料企业之一。它制造和销售了 22 个品牌的饮料和休闲食品，拥有百事可乐、菲多利、纯果乐、桂格和佳得乐等品牌，产品供应至 200 多个国家。公司的总部设在纽约，员工超过 30 万人。多年来，百事公司获得了许多奖项和赞誉，包括荣膺全球排名前 25 名的最佳品牌和由美国环境保护署颁布的绿色奖。

1. 公司及其品牌

百事可乐的配方是药剂师凯莱布·布莱汉姆在 19 世纪 90 年代配制而成。1902 年，布莱汉姆创建百事可乐公司，并获得官方专利，布莱汉姆于 1910 年获得了美国 24 个州每年超过 10 万加仑糖浆的特许经营权。但是，百事可乐是在遭遇了几次大困境之后才拥有今天这样的成功。第一次世界大战期间由于糖的价格波动严重，造成公司亏损，1923 年，布莱汉姆将商标出售给克雷文（Craven）的控股公司。1931 年，百事可乐公司遭遇了第二次破产的命运。糖果制造商 LOFT 糖果公司总裁查尔斯·古斯认为百事可乐可能是一项伟大的投资而决定将其收购，两年内百事可乐公司盈利超过 100 万美元，从此开创新篇章。

面对岌岌可危的品牌，百事可乐公司开始进行种种挑战。经济大萧条时期，百事被定义为低成本的先驱，取得了巨大的成功。第二次世界大战期间百事靠营销活动和品牌设计渡过了这个难关。例如，百事将标签的颜色改成了红色、白色和蓝色，传达出爱国主义的信息。百事在国际市场上的成功始于 1945 年。

20 世纪 50 年代，百事的低成本战略进化成更符合顾客生活方式的营销策略。比如，"清新爽口"（The Light Refreshment）和"畅清爽口"（Refreshment Without Filling）。1963 年百事推出"百事一代"运动，为广告业建立了新标准。百事成为生活方式营销的先行者。

百事在市场营销中总是不断调整战略，让产品定位跟得上时代。公司还推行重大收购策略并扩张其生产线。1964 年，百事响应国家号召的健康生活方式，推出了健怡百事可乐和激浪品牌。1994 年和星巴克合作开发咖啡饮料。此外，百事还成功打入瓶装水行业，并于 1997 年推出 Aquafina 瓶装水。但是，它最大的里程碑应该是与菲多利公司（Frito-Lay）的合并。

最近几年，百事用名人代言的方式建立了百事可乐公司的品牌形象。其中最著名的代言人是迈克尔·杰克逊。通过明星代言，百事公司把自己定位为新一代的时尚饮品。百事的名人伙伴关系使公司在可口可乐市场份额下降的同时，获得了更多的市场份额。进入苏联市场是百事可乐公司在其营销历史上重大的进展。1972 年双方签订了贸易协议，百事成为苏联第一个在售的舶来品。

20世纪90年代到21世纪初，百事公司继续使用名人代言的营销手段。2006年，百事公司有了一个新的首席执行官——卢英德，她开始对百事公司进行重组并采取了几项重大举措。百事公司的目标变成"更多地关注美国以外的国家、发展健康小吃、环保无害以及创造一个更舒适的工作环境"。百事可乐公司开始大举投资于那些有生意往来的国家。为了拓展中国市场，百事公司和中国食品饮料公司康师傅建立战略合作关系。双方合资在郑州开办了饮料制造公司。

百事的各区域与众品牌

百事公司包含四个分部：百事美洲饮料分部、百事美洲食品分部、百事欧洲以及百事中东分部、亚洲和非洲分部。这些分部可进一步分为不同的产业，包括百事饮品、菲多利、桂格、纯果乐和佳得乐。这些是百事公司最广为人知且盈利颇丰的产业。

近年来，百事扩展出许多其他品牌。然而，随着近十年来新一轮健康意识席卷全美，软饮料市场的发展受到了冲击。这让百事公司最受欢迎的百事软饮很头疼。为适应这种新变化，要求公司创新，建立和争取更健康的品牌，以应对健康意识越来越强的消费者。百事公司开始重新划分其饮料分组，以创造更好的组合。重组后的百事美洲饮料由两大业务组成：一是百事饮料，包括原有的百事可乐；二是百事饮料美洲，包括纯果乐、佳得乐和拉丁美洲品牌。

菲多利

菲多利公司由企业家杜林和赫尔曼·W.莱创建，1932年，杜林以生产和销售菲多利玉米片见长。同年，赫尔曼·W.莱买下了一个生产土豆片的作坊，这两家公司于1961年合并成菲多利公司。4年后，菲多利公司与百事合并成为百事公司。今天，菲多利在美国拥有超过一半的休闲食品产业，该部门为百事公司年创收130亿美元。

菲多利还拥有很多产品之外的值得骄傲的成就。其中一个是在1983年首次推出的供应商多样性计划。通过这个计划，公司向少数族裔和女性企业家的采购超过21亿美元。此外，菲多利公司走可持续发展道路。该公司有许多激励机制，例如改用混合动力汽车进行销售运输等。

1967年，菲多利公司经历了纷争事件。菲多利公司开发的墨西哥强盗形象的卡通人物，遭到墨西哥裔美国人的一系列抗议，最终，导致了墨西哥国家反诽谤委员会及其他组织向菲多利公司提出了对该公司处以6700万美元罚金的诉讼。20世纪70年代初，这个卡通形象退出历史舞台。这一事件说明，企业在发起任何活动时都要考虑到文化差异和敏感的问题，分析该活动会不会使利益相关者背离公司。

佳得乐

佳得乐运动饮料的诞生可追溯到1965年。有研究表明，该产品可以通过电解质和碳水化合物的平衡来使运动员恢复体力，这使得佳得乐在运动比赛中大受欢迎。后来研发出的新产品还有佳得乐营养奶昔和佳得乐酒吧。1983年，桂格公司收购了佳得乐，

2001 年，百事公司收购了桂格公司。而今，佳得乐已是百事公司旗下销量排行第三的饮品。

抨击声浪

百事可乐的成功并非没有遭受质疑或陷入伦理困境。对任何跨国组织来说，最大的困难就是如何成功地进入其他国家，特别是法律体系各异的国家。尽管百事公司很重视研究潜在市场，该公司在美国及海外市场还是遇到了一些问题，引起了不同文化间的冲突。此外，批评者认为，百事公司的产品大部分都很不健康，而且其包装会产生大量的污染。与此同时，与其他竞争对手一样，百事公司还面临碳酸饮料产业的挑战——美国市场苏打水销量的锐减。使情况变得更糟的还有：纽约颁布了限定碳酸饮料售卖规模以及在学校出售碳酸饮料的限制令。

印度

1989 年，百事公司首次进入印度市场，成为印度最大的食品和饮料公司之一。但针对百事公司的不道德行为所提出的控告也同时出现，并且这些控告规模庞大、历时很长，使百事和其他饮料公司的水产品，都遭到了质量的严重质疑。2003 年，科学和环境中心（CSE）宣布百事公司和其他在印度的饮料公司所使用的水含有杀虫剂等毒素，并可致癌和导致免疫系统的全面崩溃。CSE 还称百事可乐饮料里含有的农药残留是欧盟法规所允许的 36 倍。但印度没有这种禁止农药残留的法律。

尽管在这方面还没有法律仲裁，但是百事公司还是遭到相当多利益相关者对公司负面活动的控诉。没过几年，百事公司再次爆出了碳酸饮料中含有农药残留物的消息，印度喀拉拉邦随即决定暂停销售百事可乐与可口可乐。印度其他五个邦也发布了局部的禁售令。一些地方政府采取了这样极端的措施，以警示跨国企业在打法律的"擦边球"时也要考虑到社会责任。

另一方面，印度农民担忧的是百事制造厂的污染土地情况。1992 年的一项研究发现：印度百事公司和其他一些企业在它们生产和进口的过程中产生了 1 万吨的塑料。虽然其中六七成的塑料可回收利用，但还是产生了大量不必要的塑料垃圾，并在降解中造成了污染。

百事公司正试图修复在印度的声誉。2009 年百事宣布，相对于公司用掉的水，它们给印度增加了更多的水。此外，公司和大量水资源保护组织合作，包括安全用水网（Safe Water Network）、水组织（Water. org）和大自然保护协会（Nature Conservancy）。至于那些牵扯其中的利益相关者，只有让他们看到公司合乎伦理的行为举措，才能避免负面反馈。所以在解决这些伦理困境时，百事公司必须考虑到各级政府、非政府组织以及印度人民自身的利益。

健康

百事公司生产和销售的产品，也给公司带来了关于健康的争议。尽管百事公司现在推出了很多健康饮品，但仍然给消费者带来了诸多健康隐患。不过百事公司有个很大的优势，就是它有很多产品线。

百事公司还必须和地方的监管部门打交道。有些州通过法案实现对含有某些成分的饮品的各种禁令。百事公司与其他汽水公司进行了回击，有趣的是，百事公司有很多拥趸。民意调查显示，51%的纽约市民不喜欢这个禁令，美国饮料协会（American Beverage Association）也起诉了卫生局。美国有色人种协会（NAACP）和西语裔联盟（Hispanic Federation）声称禁令将阻碍一些小型少数族裔企业的发展。很多人之所以反感这个禁令，是因为他们觉得失去了自由选择的机会。最终，法院解除了禁令。

百事公司的传统小吃也遭到了来自健康专家的批评。由于公司所处行业的性质，健康问题将会是一场持续不断的战斗。因此，持续不断的研究和产品开发是百事公司未来盈利的关键。

百事公司正在逐步解决这些问题。例如，在菲多利网站有一个专门致力于健康的板块，介绍菲多利食品的成分并鼓励消费者适度食用休闲食品。有趣的是，为了解决这个问题，百事公司雇用了企业的潜在敌人：卫生官员。这些百事员工原先就职于世界卫生组织和梅奥诊所（Mayo Clinic），现在正在研究健康成分，并运用到百事零食中。到目前为止，已经取得了一项成功：将零卡路里的天然甜味剂甜叶菊引入新品牌的产品配料中。不到一年，它已是价值1亿元的品牌了。显而易见的是：生产更健康的零食不仅在社会道义上说得过去，也将在日益注重健康的市场里取得成功。与此同时，百事公司还是美国营养与饮食学会（Academy of Nutrition and Dietetics）的官方赞助商。

当百事公司首席执行官卢英德整装待发要扩展更健康的食品、依需求做出改变时，却面临了近几年最大的利益相关者——投资者的抱怨。2012年公司股权收益率降到约为11.1%，是5年来最低。投资者担心百事公司会继续下滑，有些人甚至认为百事公司应将运营不佳的饮料部门和零食部门分开经营（百事公司已拒绝这一提议）。

这个争议有很强的伦理内涵。合乎伦理的领导者必须努力平衡各方利益相关者的权益：一方面是广大公众，他们担心肥胖症和糖尿病病例的增多；另一方面是投资者，他们关心公司的收益和财务状况。在这个案例里，我们可能会指责投资者，觉得他们目光短浅。一个企业必须获得良好的经济表现，因为没有成功的财务支持，企业会倒闭，不仅会造成宝贵资源的浪费，还会带来失业。投资者有权，甚至可以说有一种伦理责任，去关心公司的财务运行状况。百事公司必须小心权衡各方利益关系者的不同权益以解决这个伦理难题。

2. 社会责任与可持续发展

由于在公司悠久的发展过程中遭到了很多批评，百事公司已认识到社会责任对其声誉的重要性。正因如此，百事公司不断强调致力于可持续发展，专注于创造良好的财务回报，同时回馈社会。

百事公司对社会和可持续发展的承诺，可概述为"目的性绩效"。百事将保持高标准，建立和实现目标以及产生实际成果，同时反馈给其利益相关者。首席执行官卢英德宣称"目的性绩效"由三部分组成：产品、环境和员工。百事必须从这些方面致力于成为一家对社会负责任的企业。

百事公司提供的用以满足消费者需求的食品和饮料，曾被查出含有不健康成分，还被批评造成肥胖。因此，百事公司对其产品线做出了许多改变，结合更健康的需求，减少脂肪、糖类及其他不健康的成分，从消费者的利益出发，百事公司要在研究开发健康产品的同时减少其他的产品系列。百事公司试图通过一些举措增强对消费者的负责程度，包括与相关组织合作提升营养含量。

百事公司还在几项社会责任实践中强调社会责任和对可持续发展的奉献，其中包括百事指导原则、可持续发展、对员工的承诺、百事基金会和梦想机器行动，这些实践详述如下。

为了遵守其对社区与各利益相关者的承诺，百事坚持高标准的质量要求。在此过程中不仅要有科学管理，公司还努力承担企业责任，以获得利益相关者的信任。为了监控其进展情况并确保依然坚守原则，百事公司列出了以下六个维持其承诺的指导原则：

（1）关爱顾客、消费者及我们赖以生存的世界；

（2）只销售我们引以为豪的产品；

（3）真实且坦率地表达意见；

（4）兼顾近期目标和远期目标；

（5）多元文化、兼收并蓄是成功的前提；

（6）尊重他人、共同成就。

这些指导原则包含百事公司对社会的全部承诺。像所有企业一样，百事公司的成功依赖于它的利益相关者。

可持续发展

百事在减少环境影响上的目标设定，不仅是出自社会责任，而且还考虑到相关方的最大利益。对百事公司而言，大规模的可持续发展措施均有所涉及，以减少因生产和消费百事产品而产生的负面作用。这包括环保潮流（例如水资源保护和减少垃圾）和减少碳排放量。百事通过各种关于水、能源和包装的激励措施，来降低对环境的影响。因为百事公司生产使用水，或者准确地说它生产瓶装水，所以这些方案的彻底落实可有效减少浪费和保护资源的目标。这就涉及水循环和处理措施，包括循环水的彻底处理以及产品的二次利用。百事公司还投资清洁能源，如在印度的风力发电计划，这将供应它的 Manmandur 饮料厂每年 2/3 以上的能源。在中国重庆，百事公司还建立了一个得到LEED 认证的环保工厂，拥有 35 个节约水和资源的设计，可减少 3 100 吨碳排放。

对百事来讲，水资源的保护极其重要。百事公司和美国大自然保护协会合作，研究水资源利用的可持续性和水资源利用量。研究帮助百事公司更好地使用水资源，了解可能产生的环境影响，以及减少用水的策略，例如关于水资源使用方面，公司研究了世界范围内企业运营中使用水的设备分类，然后进行头脑风暴、集思广益，重建集水区。百事公司清楚地认识到，它的设备在世界不同地区需要根据不同条件运行，所以集水区的重建策略必须根据当地特性加以调整。

在减少瓶装水的塑料垃圾方面，百事公司启动了其他环境保护措施以降低产业中的负面作用。2010年，公司进行了一项"二代算盘"的研究，跟踪2009年整个美国的包装量，结果发现包装量大量减少。2011年采用了一种叫做Pack Track Plus的网络工具继续跟踪了基于重量、二氧化碳排放量和材料的包装足迹。在意识到这些材料所产生的环境影响之后，百事公司就可以采取措施，以履行对环境友好者的责任。

百事公司采取了5R系统来保护环境，包括运营过程中的减少（reduce）、循环利用（recycle），可再生资源（renewable），减少使用对环境有害的材料（remove）以及促进包装的重复使用（reuse）。百事还为Aquafina、Proper和佳得乐产品设计了更轻便的包装瓶，采取了更轻盈的包装设计，以减少对环境的影响。公司还销售可用于休闲食品的包装纸、食品生产及其他用途的淀粉浆（一种从土豆里提取的边角料）。公司开始使用更多可回收的材料来进行生产。2009年纯果汁开始使用百分之百可回收的塑料包装。公司尝试更多地使用可再生材料，并开始用可再生资源林替代环境不友好的材料。最后，百事公司努力提高材料的二次利用率。例如，开始重复使用装运箱，每年因此节约了大约15万吨硬纸板。

对员工的承诺

百事公司履行社会责任承诺的另一方面，体现在对员工的支持和承诺上。百事公司的目标是鼓励员工融入所在工作环境和社区多样性的合作氛围。这对百事公司来说相当重要，因为它或许将是一个全新的视角，会激发员工的创造力，这也说明员工是公司成功的重要因素。基于这样的企业文化，百事公司努力地创造互相尊重、风气良好和有安全感的工作环境，这有助于激发企业文化中的协作热情。百事公司致力于通过提高员工满意度招募和留住世界级人才，这就是公司所谓的"人才可持续性"。

公司希望员工熟识并遵守这些行为准则，百事公司每年都有面向员工的伦理培训。培训会议在网上或车间进行。百事公司的合规项目往往由独立的第三方来指出关键的风险点。百事公司合规项目的一些具体方面，如环保活动，都是从外部进行审查的。最后，公司采用了所谓的内审法，包括24小时匿名伦理热线，员工可说出他们工作上的担忧或者他人的违纪行为。

百事基金会

百事基金会成立于1962年，为各种非营利组织提供慈善捐款。基金会回馈社会的方式有捐款、员工项目、灾难响应和救援工作等。百事公司的重点是为那些最重要的人提高生活质量，2010 年，百事基金会在慈善事业上投入了 295 万美元。

百事公司通过其匹配捐赠项目鼓励员工参与到社区中，此举为员工创造了一个风气良好的合乎伦理的慈善环境。2011 年，百事基金会为日本地震海啸提供了 150 万美元的救助金，为巴基斯坦洪灾筹集了 250 万美元，向救助儿童组织（Sale the Children）捐款 500 万美元。

结论

百事公司是国际企业成功的典范，百事公司不断认识和权衡好各利益相关者的权益，试图理解他们的担忧并满足他们的需求。百事公司现在的领导层充分认识到了利益相关者的重要性，并通过开展有效的对话和沟通的方式以解决利益冲突。

企业中很多遗留问题是由于误解了群众需求或企业部分的伦理滑坡造成的，因而是不可避免的。由于缺乏对环境恶化引起健康担忧的文化敏锐性，百事公司正遭遇伦理两难的困境。不过，百事公司仍是可持续发展和社会责任方面的领头羊。如果百事公司吸取教训，就能够稳固其在社会责任方面领头羊的地位。百事公司的未来取决于它对企业伦理文化的不断追求，而这些伦理文化建立在满足员工福利和所有利益相关者需求的基础之上。

资料来源：O.C. 费雷尔（O.C.Ferrel），约翰·弗雷德里克（John Fraedrich），琳达·费雷尔（Linda Ferrel）. 企业伦理学 [M]. 北京：中国人民大学出版社，2016.

问题：

1. 百事公司应该如何权衡和应对与利益相关者的关系？

2. 在产品营养与可持续发展问题上，你认为百事做出的回应效果如何？

3. 在不健康的产品和浪费水资源的行为遭到强烈谴责后，百事公司与营养、水保护等营利组织合作，你认为这样合乎逻辑吗？

4. 百事公司践行了哪些企业社会责任行为？

第四章 企业伦理决策

学习目标

- 掌握企业伦理决策的相关理论
- 掌握企业伦理决策制定的基础模型和发展模型
- 理解企业伦理决策的基本方法
- 了解企业伦理决策能力的构成

导入案例 美国福特公司 Pinto 汽车的伦理决策

1968 年是美国福特汽车公司的重要转折点，因为公司决定开发廉价微型轿车。总裁 Lee Icocca 期望加速这一开发进程，获得竞争优势，使得企业能够在市场竞争中占得先机。

但是在此次的开发过程中，出现了严重的技术问题。由于未能充分考虑实际情况，汽车油箱位置不当，会对汽车的驾驶产生非常大的安全隐患。另外，后保险杠与后车轴的间距过于短小，只给油箱留有 10 英寸的缓冲空间，非常容易引发车辆自燃。

试验结果表明，使用其他的安全措施，可以改善这种严重的后果，但会造成每辆车大约 11 美元的额外成本。然而福特公司并没有采取这种补救的措施以提高安全性，而是仍旧坚持最初的设计，主要基于以下原因：

第一，采取补救措施，会使得成本上升，从而影响市场竞争力；

第二，原来的设计虽然具有安全问题，即车辆自燃的现象，但是并没有违背国家安全标准；

第三，相对于竞争对手，此款车型是为了尽早占领市场，以应对大众的"甲壳虫"车带来的挑战。

基于以上原因，福特公司的管理人员放弃了采取新的补救措施，而选择继续采用存在安全隐患的设计。

资料来源：弥尔顿·斯诺因包斯 . 企业伦理学 [M]. 1983.70-71.

问题：

1. 怎样评价福特汽车公司 Pinto "以无情的牺牲生命来获取利润"的决策行为？

2. 仅仅把成本当作决策依据会产生怎样的后果？

面对安全与损益的决策，福特公司管理者将经济因素作为了决策的重要指标，而排除了伦理因素。这种"以无情的牺牲生命来获取利润"的不伦理行为，最终将阻碍企业的可持续发展。立足于解决企业伦理问题、了解企业伦理决策模型和方法、培育企业伦理能力，是企业获得持续性成功的重要途径。企业伦理决策就是要分析企业可能面临的伦理风险，在伦理风险情境下，寻求规避风险的途径和方法。研究企业伦理决策，首先必须理解企业伦理决策的概念。企业伦理决策是在企业经营管理过程中与价值判断相关的决策。企业伦理决策的内容包括企业伦理决策理论、企业伦理决策模型、企业伦理决策方法和企业伦理能力。

第一节 企业伦理决策理论

企业伦理决策理论是企业制定伦理决策的基础。企业伦理决策理论包括道德哲学理论和道德发展阶段理论。

一、道德哲学理论

泰勒（Taylor）于 1975 年在《伦理的原则》一书中将伦理定义为"探究道德的本质和基础"，这里的道德通常被理解为道德判断、标准以及行为规则。在伦理研究领域，早期伦理研究方法是从伦理哲学衍生出来的，因此通常假设个人会运用一系列的道德哲学标准来作为伦理决策制定的基础。

1983 年，伯查和鲍伊（Beauchamp and Bowie）出版的《伦理理论与商业》和唐纳森和威亨（Donaldson and Werhane）的《商业伦理问题》提供了一个伦理哲学的简明状况，这几种伦理哲学主要包括：道义论、目的论的自利主义、目的论的功利主义、相对主义和公正理论。

道义论的焦点是个体遵循一系列行为准则的意图。道义论要求个体履行忠诚、心存感激、公正、慈善和自我提升的义务，道义论包括规则道义论和行为道义论。规则道义论认为，无论何种违反法律、法规、政策的动机都是不被容忍的，包括提升个人财富或提升公司价值。行为道义论的焦点在于保护五种权利，即同意与否的自由决定权、隐私权、良知的自由权、言论自由权和诉讼自由权。但该理论也存在一定的缺陷，比如，运用道义论的伦理规则逻辑，撒谎是一种非伦理行为，但是在某些情境中，撒谎可能是符合伦理标准的，比如善意的谎言。

目的论的基本观点是用行为的结果来评估该行为是否合乎伦理。目的论分为自利主义和功利主义两种，自利主义是运用行为的结果是否有利于个人利益提升这一原则来评估该行为是否合乎伦理，功利主义是运用行为结果是否有利于整体社会福利的提升这一原则来评估该行为是否合乎伦理。

目的论的自利主义的核心思想在于其行为目的是提高个人利益。因此，自利主义伦理哲学的支持者认为，当一种行为可以提升自身利益时，该行为就是伦理的；当一种行为无法提升自身利益时，该行为是非伦理的。对自利主义的认知也有两种观点，一种观点认为应当运用短期利益作为评判标准，即提升短期个人利益的行为是伦理的；另一种观点认为应当运用长期利益作为评判标准，即提升长期个人利益的行为是伦理的。批评者认为，自利主义有两点缺陷：第一，对于某些非常明显的错误，即使该错误能提升个人利益，大多数人也会承认该行为是非伦理的；第二，当一种行为造成多种自身利益冲突时，自利主义原则往往无法给出解决方案。

目的论功利主义的核心思想在于行为的目的是提升幸福总量。1986 年，德乔治（DeGeorge）出版的《商业伦理》指出，功利主义的观点认为，如果一种行为的结果是利大于弊，则认为该行为在伦理上是正确的；一种可能创造低福利的低效率行为相对于一种可能创造高福利、高效率的行为而言是非伦理的。功利主义理论包括行为功利和规则功利。行为功利是指个人的决策主要基于行为的结果，遵循行为功利的人会选择一种可以提供最大社会福利的行为；规则功利是指个人的决策主要是基于行为所遵循的规则，遵循规则功利的人会选择一种虽然并不是在所有情境中都能带来最大利益，但是从长远来看这种规则会带来最大社会福利的行为。1984 年，弗里奇和贝克尔（Fritzsche and Becker）发表的《管理行为与伦理哲学的关联》认为：当以功利主义为准则进行决策制定时，有两种行为被视为非伦理的，分别是以社会利益为代价去寻求自身利益的行为和那些相对低效率的行为。对功利主义的批评观点主要有两种：第一种观点认为很多重要行为的结果是无法具体衡量的，决策者在很多情况下无法判断哪种行为是可以创造最多福利的高效率行为。但是这种批评观点并未对功利主义伦理哲学造成很大冲击，因为现实生活中人们在很多情况下会做出优次决策选择，苛刻地去判断行为的效率性是没有必要的；而另一种批评的观点则对功利主义的伦理哲学产生了严重的冲击，这种批评认为严重损害少数人或少数组织利益的行为可能会很小地增加总体的平均福利，在相对主义的观点下，这是可以接受的。然而这种牺牲少数人利益换取总体福利的行为是否合理，需要进一步商榷。

相对主义的基本观点是：规范信念受个体所处文化的影响，因此不存在一种伦理规则是适用于每个人的。相对主义有两种：文化相对主义和个体相对主义。文化相对主义认为规范信念受文化的影响，处于不同文化背景中的每个个体会有不同的伦理规则；个体相对主义认为规范的信仰受个体自身的影响，不同的个体会拥有不同的伦理规则。而批评的观点则认为，相对主义不能很好地与伦理目标相匹配，伦理的目标是为他人创造福利，而相对主义并不能解释这一共同目标。同时，基于人类的共同需求和恐惧，可能存在适用于全人类的伦理规范。即使存在一个被所有人接受的伦理规范，这种规范也不一定是正确的。

对公正思想最体系化的研究要归于古希腊的哲学家亚里士多德，他所提出的公正思想更多的属于政治学的范畴，围绕公正概念对社会的分配提出了"正式公正原则"，该原则阐述了"相同的东西应当获得相同的处理，不同的东西应当以不同的方式处理"的思想。

这虽然隶属于政治学范畴，但是对之后的研究具有很大启示，因为公正概念不仅是政治学的概念，也属于伦理学的范畴。在第一章所提及的罗尔斯的正义论中，也详细论述了公平和正义。与亚里士多德的政治学视角不同，罗尔斯的公正并非单纯指向制度的分析，它还包含个体的伦理分析。之后的哲学家们提出了六种公正原则，包括：按平等份额进行分配的原则、按个人需求进行分配的原则、按个人权利进行分配的原则、按个人努力进行分配的原则、按社会贡献进行分配的原则和按功绩进行分配的原则。在不同的情境下，通常使用不同的公正原则。公正理论中有一个重要的概念是过程公正。过程公正的目的是发展导致公平或公正产出的规则或过程。过程公正分为三种类型，分别是纯粹的过程公正、完美的过程公正和不完美的过程公正。纯粹的过程公正代表在每种情况下都能保证公正的结果，完美的过程公正是指在每种情形下都能保证公平的结果，不完美的过程公正是指在每种情形下都尽力尝试得到公正的结果，但并非每次都能做到公正。科尔伯格（Kohlberg）的道德发展理论很大程度上依赖于公正理论，道德发展的 3 层次、6 阶段都与公正的某一特定构建相关。

很多相关研究把讨论局限在目的论和道义论，认为其他伦理哲学是对这两种理论的组合。这两种理论的基本区别在于，道义论关注个人的行为，而目的论则关注行为的结果，即道义论的焦点在于行为的本质是否正确，而目的论的焦点在于嵌入行为结果的好坏。

二、道德发展阶段理论

1981 年，科尔伯格（Kohlberg）的《道德发展论文集》中认为，道德发展阶段理论假设个人的道德发展遵循一个统一的程序，循序渐进的从低级水平发展到高级水平，道德发展遵循可预见的方式贯穿从幼年到成年的各个阶段。该理论认为道德发展要经历三个水平，常规前水平、常规水平和常规后水平。在常规前水平，个人伦理判断并不是基于一般社会标准，而是基于个人的生理需求。处于该水平的个人之所以遵守规则是为了避免受到惩罚。处于常规水平的个体行为主要基于与"被大众接受的行为"一致的原则，而处于常规后水平的行为个体具有了逻辑推理、承担责任的能力，并具有对道德和公正的内在判断，可以运用道德准则去判断他们的行为。根据该分类，儿童应当处于常规前水平，青年处于常规水平，成年人处于常规后水平。而每一个道德发展水平中又有不同的阶段，常规前水平包括两个阶段，即他律性道德阶段和个人主义阶段；常规水平包括两个阶段，分别是人际期望阶段和社会体系阶段；常规后水平包括两个阶段，分别是社会契约及效用阶段和通用准则阶段。科尔伯格（Kohlberg）的道德发展理论中的道德发展水平和阶段、心理学特征和基本原理，如表 4-1 所示。

特维诺（Trevino）于 1986 年发表的"组织中的道德决策"一文中认为科尔伯格（Kohlberg）的道德发展理论对企业伦理的研究做出了巨大贡献：第一，该理论清晰地提出了"伦理判断"的阶段，这种阶段的定义可以被作为解释经理人伦理困境思维模式的基础；第二，不同于以往研究以哲学演绎为理论基础，该理论为企业伦理的研究提供了一个社会科学的理论基础，有助于实证研究假设的提出；第三，该理论可以适用于对经理人道德判断的研究，因为尽管每一个道德发展阶段都涵盖了哲学原理，但哲学原理并不是该理论的焦点问题，即便不涉及伦理学或哲学背景，该理论也是可以适用的；第四，与该理论相结合的一些高信度、效度的测量工具可以很好地推进研究进展。

表 4-1　科尔伯格（Kohlberg L.）的道德发展阶段理论

道德发展水平和阶段	心 理 学	基 本 原 理
水平 1：常规前水平		
阶段 1：他律性道德期	利己主义	避免惩罚和监管者监管
		不考虑他人利益
阶段 2：个人主义	具象	遵循规则的自利行为
工具性目的		公平交易
个人主义交易		考虑他人利益
水平 2：常规水平		
阶段 3：人际期望	关心他人	换位思考
阶段 4：社会体系	系统性	运用社会体系意识来看待他人
社会体系意识		
水平 3：常规后水平		
阶段 5：社会契约及效用阶段	法律	运用社会法律契约来约束自身权利
阶段 6：通用准则	道德	对社会通用伦理道德准则的赞同

资料来源：Kohlberg L. The philosophy of moral development: Moral stages and the idea of justice[M].Harper & Row, 1981. 作者整理。

第二节　企业伦理决策模型

虽然社会和研究者一直关注组织中个人伦理决策制定问题，但是目前学界和业界对该类问题的研究较少。1986 年，特维诺（Trevino）认为：第一，经理人并不希望个人伦理被直接观察或测量；第二，操纵伦理决策制定是不被人们所接受的；第三，学者们普遍将伦理问题视为哲学的分支而不是社会科学的研究范畴，认为不值得深入研究或者将其视为主观的问题，无法进行客观评价；第四，该领域缺乏理论框架去指导相应研究。然而，伦理决策制定的研究是十分重要的。由于组织环境具有动态性和复杂性，这种动态性和复杂性导致了组织环境的不确定性，伦理事件是在这种不确定性的环境中发生的。在伦理事件中，各种利益相关者、各种利益集团和各种价值观可能会出现相互冲突，经理人的任何一项伦理决策的制定都会影响他人的生活和福利，尤其是对顾客、雇员和社区等的健康、安全和福利问题产生极大的社会影响。企业伦理决策就是基于个人和组织两个层面，认清企业伦理风险，并寻求规避风险的决策。本节介绍了目前学术界和企业实践中常见的、比较典型的伦理决策模型，伦理决策模型包括伦理决策基础模型和伦理决策发展模型。

一、伦理决策基础模型

（一）伦理决策多级权变模型

1985 年，费雷尔和格雷沙姆（Ferrell and Gresham）构建了一个市场营销领域中关注组织伦理决策影响因素的多级、过程导向的权变模型。[①] 如图 4-1 所示。

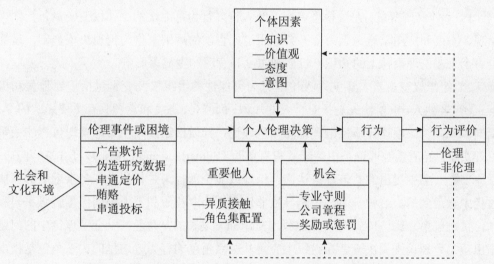

图 4-1　费雷尔和格雷沙姆（Ferrell and Gresham）多级权变模型

伦理标准会随着情境或组织的变更而变更，个人在不同的情境和组织中拥有不同的观念，并运用不同的伦理框架去进行决策。从一般情况到特别情况，人们对于市场营销决策制定中是否包含伦理问题的舆论是不同的。社会共识也会随着情境的变更而变更。一般情况下，舆论往往能够达成共识，比如公司员工的偷窃行为普遍被认为是非伦理行为，但当偷窃行为的客体变得具体时，舆论往往会发生分歧。比如，偷窃行为具体表现为贪污公司资金、虚报费用账目、从公司物资中偷窃海报纸张用于小学生的作业这三种情况时，舆论认为这三种情况的非伦理性是依次减弱的。因此，由于缺乏一个被社会舆论普遍接受的伦

① Ferrell O C, Gresham L G. A Contingency Framework for Understanding Ethical Decision Making in Marketing[J]. Journal of Marketing, 1985, 49（3）:87-96.

理标准，在营销领域，舆论对于究竟哪些问题是非伦理行为很难达成共识，造成营销领域伦理行为的界定是宽泛的。鉴于此，该模型并不关注伦理行为或非伦理行为的判断（伦理行为内容），而是关注伦理决策情境因素对伦理行为的影响。

在该模型中，伦理事件的社会或环境因素被视为外生变量[①]，因此并不在核心分析中。鉴于该研究关注营销领域的伦理问题，该模型的核心为被公众和学者们普遍接受的营销伦理困境，包括：广告欺诈、伪造数据、串通定价、贿赂和串通投标。在面临这些伦理困境时，决策者需要做出伦理决策，在决策的指引下做出伦理行为，并评价该行为的伦理性和非伦理性。

而个人伦理决策又受到权变变量的影响，这两类权变变量包括个体权变变量和组织权变变量。个体权变变量是指个人背景和社会特征等，包括教育经历、贸易经验等。组织权变变量是指组织外部影响因素（如顾客或其他公司），以及组织内部影响因素（如同事或上级）。个体权变变量和组织权变变量具有交互作用。

（1）个体权变变量。在该模型中影响个人伦理行为可能性的个体权变变量包括知识、价值观、态度和意图，这是因为个人会运用道德哲学的规则来作为伦理决策基础，道德哲学会对个人在伦理事件上的知识、价值观态度和意图产生显著影响。

（2）组织权变变量。影响个人伦理行为可能性的组织权变变量包括重要他人和机会因素。①重要他人。重要他人是指对个人的知识、价值观、态度和意图具有重要影响的个人，包括同事和高管。根据异质接触理论和角色理论，异质接触和角色集配置均可影响决策者的伦理决策。异质接触理论是由萨瑟兰和克雷西（Sutherland and Cressey）于1970年在《犯罪学原理》一书中提出的，该理论认为，伦理或非伦理行为是行为人在与亲近的群体接触的过程中学习到的。这种学习是否能导致非伦理行为取决于和不道德同伴接触频率与和道德同伴接触频率之比。1957年，米尔顿（Merton）发表的《角色：社会学理论中的问题》中指出，角色理论强调决策者在组织中完善其关系角色的行为。这里的关系角色是指由于其特定的社会地位所应当拥有的道德水平。角色集配置是指参照者角色集的特征，包括他们的社会地位、权威、信仰和行为。比如，决策者与参照者在组织中的距离可以影响决策者的决策过程。决策个体与参照者的距离越近，参照者对决策个体的影响越强。具体而言，决策个体与同事的接触越多，同事对决策个体的影响越强；决策个体与高管的互动越多，高管对决策个体的影响越强。参照者的权威性也可以影响决策者的决策过程。参照者的权威性越大，参照者对决策个体的影响越强。②机会。机会是指个人做出伦理或非伦理决策的一系列限制或奖励，显然相应惩罚机制的缺乏可以为非伦理行为提供机会，导致决策者可以不计后果地做出非伦理，行为。

---

① 外生变量是指那些在模型或系统中，只起解释变量作用的变量。它们在模型或系统中，只影响其他变量，而不受其他变量的影响。

（二）伦理决策四要素模型

尽管以往文献开发了大量伦理决策模型，但大部分模型都是在莱斯特（Rest）1986 年发表的"道德心理学概述"中提出的伦理决策四要素模型基础上开发的，如图 4-2 所示。

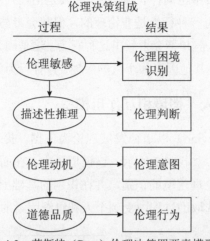

图 4-2　莱斯特（Rest）伦理决策四要素模型

伦理决策四要素模型也被称为伦理四阶段决策模型，是经典的伦理决策过程模型。该模型认为当个人在面临伦理困境时，必须经历四个阶段，即伦理敏感、描述性推理、伦理动机和道德品质。

（1）伦理敏感。伦理敏感是个人在面临伦理困境时，在进行伦理行为之前，需要识别伦理困境，即伦理认知。首先，决策者应当意识到其个人行为会对他人造成正面或负面的影响；其次，应当意识到其在该伦理困境中有若干选择，这些选择会造成不同结果（Jones,1991; Hannah et al.,2011）[1][2]。因此，莱斯特和纳瓦尔孜（Rest and Narva'ez）在1994 年出版的《职业道德发展：心理学与应用伦理学》中指出：决策者需要想象其可能面临的不同场景，并依据同理心或角色理论做出相应判断。

（2）描述性推理，即做出伦理判断。伦理判断表示个人在意识到其面临的伦理困境之后，针对每一种选择方案，评估其在道德上的好与坏。需要注意的是，该判断是在忽略利益考虑的基础上进行的。

（3）伦理动机。伦理动机是展现伦理动机或伦理意图，做出相应行为，并为相应行为负责的意愿。

---

① Jones T M. Ethical Decision Making by Individuals in Organizations: An Issue-Contingent Model[J]. Academy of Management Review, 1991.

② Hannah S T, Avolio B J. Leader character, ethos, and virtue: Individual and collective considerations[J]. Leadership Quarterly, 2011.

（4）道德品质。伦理决策过程的最后一个阶段是展现道德品质或做出伦理行为。从伦理动机和伦理行为中体现道德关注，决策者需要面对困难、挫折和挑战去做出正确的行为。

该研究强调，伦理决策的这四个组成部分是相对独立的概念，个体在某一个阶段中表现出色并不表示在其他阶段中也同样表现出色，尤其是伦理判断与伦理意图往往并不一致。例如，有时决策者虽然认为一种行为是非伦理的，但却会参与这种行为；同样，有时决策者判断一种行为是伦理的，但却不会去做出这种行为。这是因为在伦理决策的整个过程中，不仅是伦理因素在起作用，其他因素如个人的兴趣、每种行为的后果等也会起到重要作用。

（三）伦理决策个人—情境相互作用模型

1986年，特维诺（Trevino）以道德发展理论为依据，提出一个组织伦理决策制定的个人—情境相互作用模型，如图4-3所示。该模型认为，在面临伦理困境时，个人根据其道德发展认知阶段做出对伦理困境的识别，并在识别的基础上做出伦理或非伦理行为。在伦理困境识别和伦理行为选取的过程中受到个人和组织因素的影响。

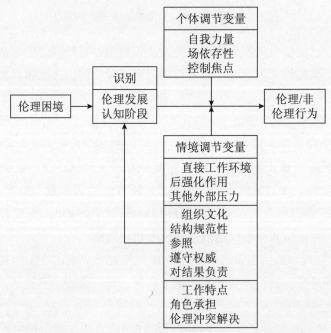

图4-3　特维诺（Trevino）伦理决策个人—情境相互作用模型

道德发展理论的主要局限性在于该理论将伦理判断仅仅局限于认知，即决策者对伦理困境的看法，而不包括决策者在一个特定的决策情境中做出的真实行为。同时，伦理判断和伦理行为的关系并没有被清晰界定。针对这种局限性，伦理决策模型指出，伦理判断和伦理行为的关系取决于个人伦理判断和伦理行为的一致性，而二者的一致性关系受到某些因素的影响。因此，道德发展认知阶段并不足以完全决定伦理决策行为。其原因在于虽然个人拥有特定的道德发展认知水平，但也拥有一定的个人特质，同时，伦理行为是在社会环境中发生的，必然会被组织的因素所影响。在特定情境下的伦理或非伦理行为不仅是个人特质作用的结果，也是个人特质和情境组织因素交互作用的结果。

该模型中的个人因素即个体调节变量，包括自我力量、环境依存性和控制焦点。组织因素即情境调节变量，包括直接工作环境、组织文化和工作自身的特点。

（1）自我力量。自我力量是与信念或自我调节能力等相关的概念。相比拥有低自我力量的个体，具有高自我力量的个体更容易抵制冲动、坚持信念。因此，该类个体更容易坚持伦理认知并做出他们认为正确的行为，即具有高自我力量的个体伦理认知与伦理行为之间的关系更强。

（2）环境依存性。环境依存性即场依存性，是个体对环境的依赖程度。相比具有环境依存性的个人，具有环境独立性的个人行为更具有自主性，更不容易参照他人行为，更容易利用个人伦理判断来指导行为。因此，具有环境依存性的个体伦理认知与伦理行为的关系更弱。

（3）控制焦点。控制焦点是人们如何看待自己和权力之间的关系。具有内部控制焦点的个人认为成绩是自身努力的结果，而具有外部控制焦点的个人认为生活中的事件是命运的结果，是不受自身控制的。因此，具有外部控制焦点的个人更不会对自身做出的伦理或非伦理行为负责，具有内部控制焦点的个人相比具有外部控制焦点的个人而言，伦理判断和伦理行为的关系更强。

（4）直接工作环境。强化理论认为个人行为是该行为可能产生的结果的函数，组织可以通过奖励或惩罚机制来影响个人伦理或非伦理行为。因此经理人的伦理或非伦理行为可以被后效强化[①]作用显著影响。其他外部压力，如时间压力、稀缺资源压力、竞争压力、成本压力等会对经理人的伦理行为产生消极影响。

（5）组织文化。组织文化被视为组织成员共享的价值观、信仰、设想，组织文化可以影响组织成员的思想和感受从而指导组织成员的行为。组织文化的结构规范性、参照、权威性和对结果负责的态度可以影响组织成员的伦理或非伦理判断及行为。在结构规范性强的组织文化中，组织成员共享的价值观、公司目标和信仰是明确的，可以指导组织成员做出明确的伦理判断，因此组织成员对伦理或非伦理行为更易达成共识。相反，在结构规范性弱的组织文化中，组织成员共享的价值观、公司目标和信仰是不明确的，因此组织成员可能更依赖从相关亚文化或其他参照中得出的伦理规范来做出伦理判断。经理人的伦理和非伦理行为容易被同事所影响，也容易被权威人物的需求所影响，例如，当法律的权威

---

① 后效强化是指个体做出一定的行为一段时间后，该行为对后来的个体行为产生的强化效果，这种强化有一定的时间间隔性。

性被一个组织中的成员普遍接受时，组织成员会倾向于执行具有法律权威性的人物的指示。此外，当个人意识到自身行为对他人造成的影响和自身对行为后果的责任时，组织文化可以有效激活个人伦理规范和伦理行为的关系，因此，当组织文化鼓励经理人考虑自身行为结果并为结果负责时，伦理判断和伦理行为的关系更强。

（6）工作自身特点。存在两种主要的工作特点可以对个人道德发展起到重要作用，这两种工作特点是角色承担和伦理冲突解决。根据科尔伯格（Kohlberg）1969年发表的《阶段与顺序：社会化发展的认知发展途径》，角色承担被定义为决策者在决策时考虑他人观点的行为。当个人的工作允许或需要他们去参与复杂的角色承担时，会有助于个人道德认知的发展。因此，相比专制的组织，在民主的组织中的决策者对组织成员的态度或沟通的敏感性更强，并需要参与复杂的角色承担，因而具有更好的个人道德认知发展。当个人的工作需要承担频繁地解决伦理冲突的责任时，比如平衡组织员工、顾客以及外部利益相关者的责任，会有助个人道德认知的发展。

（四）亨特和维特尔（Hunt and Vitell）伦理决策模型

亨特和维特尔（Hunt and Vitell）于1986年发表的《营销伦理的一般理论》中以目的论和道义论的伦理哲学为基础，提出了伦理决策模型，如图4-4所示。该模型提出，在面临一个伦理困境情境或伦理困境场景时，决策者应当按照以下步骤进行伦理决策：

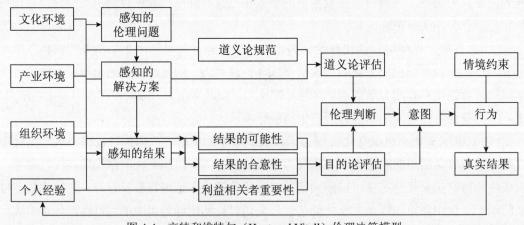

图4-4 亨特和维特尔（Hunt and Vitell）伦理决策模型

（1）决策者需要感知到该情境或场景中包含的伦理问题。如果个人无法意识到该情境中包含的伦理问题，后续的过程将无法发生。

（2）针对该伦理问题，决策者应当感知到可能的处理方案以及各处理方案可能的结果。

（3）决策者需要根据道义论伦理哲学和目的论伦理哲学对各处理方案进行伦理判断，即伦理判断是道义论伦理哲学和目的论伦理哲学的函数，这是该模型的核心。尽管在极个别的情境下，某些决策者可能完全忽略道义论伦理哲学而完全运用目的论伦理哲学进行判断，或者完全忽略目的论伦理哲学而完全运用道义论伦理哲学进行判断，但这种情况毕竟是少数的。在大多数情况下决策者会综合考虑两种伦理哲学。

①道义论。运用道义论伦理哲学进行伦理判断时，决策者会评估每种处理方案的正确与否。具体而言，这种评估过程包含对比一系列既定的道义论规则并考虑个人价值观和行为准则。这一系列既定的道义论规则从基本信仰（如诚实、公平）到针对特定事件的信仰（如欺诈性广告、产品安全、销售回扣）。

②目的论。运用目的论伦理哲学进行伦理判断时，需要考虑四个构念：每种处理方案对不同利益相关者可能产生的结果；每种结果发生在各个利益相关者群体的可能性；每种结果的合意性；每个利益相关者群体的重要性。需要注意的是，随着决策个体和决策情境的变化，利益相关者的认定和利益相关者的重要性也是随之发生改变的。

（4）做出伦理判断后，决策者通过伦理意图来决定伦理行为。需要注意的是，伦理判断和伦理意图、伦理行为往往并不相同，其原因如下：①目的论伦理哲学可以单独影响伦理意图。具体而言，在伦理判断时，个体会综合目的论和道义论的伦理哲学评估出最合乎伦理的处理方案，然而在现实需要做出选择时，决策者却可能去选择另一种方案，因为该方案可能比伦理方案带来更好的结果。这种伦理判断和意图、行为的不一致性可能使决策者产生内疚心理。②情境约束的存在。典型的情境约束是某种方案经过伦理判断是最优方案，然而该方案的实施缺乏相应机会，决策者只能被迫选择另一种方案。

（5）综合整个伦理决策过程，文化环境、产业环境、组织环境、个人经验可以影响决策者在伦理情境中感知的伦理问题、感知的解决方案、感知的结果、结果的可能性、结果的合意性、利益相关者重要性和道义论规范。其中个人经验包括个人道德发展阶段和个性等。同时，完成整个伦理决策过程后，伦理行为的真实结果又可以对个人经验形成反馈。

（五）伦理决策行为模型

1987年，布姆等人（Bommer, Gratto, Gravander, Tuttle）在"一个道德伦理决策行为模型"中提到，关注决策者在特定情境中做出的伦理或非伦理决策的影响因素，并由此提出了一个伦理决策行为模型，如图4-5所示。[①] 模型的核心是伦理决策制定过程。很多学者认为，决策制定大致包含以下过程：设定管理目标、探索各种解决方案、评估解决方案、选择解决方案、实施决策和监控决策结果。在此过程中，决策者需要在价值构建和认知局限内收集和加工信息。该模型中伦理决策制定的内在过程包含个人的信息获取、信息加工、认知、感知奖励和损失。一系列前因变量因素通过与伦理决策过程的相互作用进而影响决策者的伦理或非伦理行为。

---

① Bommer M, Gratto C, Gravander J, et al. A Behavioral Model of Ethical and Unethical Decision Making[J]. Journal of Business Ethics, 1987.

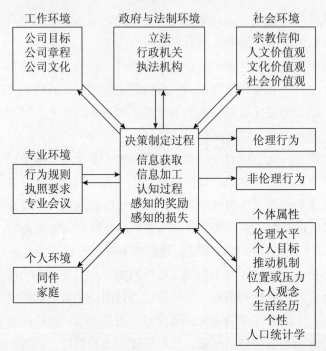

图 4-5　布姆等（Bommer，Gratto，Gravander，Tuttle）伦理决策行为模型

（1）社会环境。社会环境是决策者所处社会或者社会阶层所普遍接受的一系列宗教、人文、文化和社会价值观的综合。需要注意的是，尽管人们普遍认为价值观可以影响行为，但是在真正面临工作中的伦理决策时，除非一般社会价值观与专业环境或工作环境相一致，否则，决策者一般不会考虑一般社会价值观。同时有些伦理学家提出，在某些管理或商业情境中，一般社会价值观并不适合进行伦理行为指导。一般社会价值观的影响随着伦理困境的不同而不同，在面临公平就业等问题时，决策者通常会参照一般社会价值观进行决策；然而在核问题或基因工程中，决策者可能更多考虑实用主义而不是一般社会价值观。

（2）政府与法制环境。法制环境对经理人的非伦理行为决策具有显著影响。大多数人认为避免由法律明令禁止的行为是必要的。决策者不仅会考虑违反法律的后果，而且会在意"违法行为"的标签效应。由于经济犯罪的复杂性和隐蔽性，其伤害客体一般是经济客体而不是个人，并且犯罪后果可能由保险公司或其他机构来承担，经济犯罪可能不会被严格审查和处罚。而经理人实施职务犯罪之后可能获得更多的个人利益，因此，经理人更有动机来进行职务犯罪。但是，如果政府相关机构能够加大该类犯罪的检查和惩罚力度，职务犯罪可以在很大程度上被减少。

（3）工作环境。影响伦理决策的工作环境主要包括公司目标、公司章程和公司文化。对于决策者而言，这三种因素会导致冲突的决策结果。比如短期公司目标和公司文化可能支持决策者做出一种决策，而短期公司目标和公司政策可能支持决策者做出另一种决策。最终决策可能取决于这三种因素中的主导因素。在实践中，很多公司往往强调短期利润目标的获取，与之相比，遵循伦理规则则成为次级目标。但过分强调追逐短期利润可能导致非伦理行为的发生，对公司长期目标的实现产生潜在的负面影响。

（4）专业环境。专业环境是经理人工作实践中包含的制度化专业内容。当经理人自诩为专业人员时，在决策制定过程中可能会应用更高的伦理标准。个人可以通过加入专业协会或者获取资格证书来获得专业资质。专业协会中一般会有正式的伦理规范，而采取非伦理行为会违反这些正式规范。同时，实施非伦理行为可能失去资格证书，这会对决策者产生强烈的作用。

（5）个人环境。个人环境是指工作场所之外，与个人生活相关的家庭和同伴。个人从幼年期到成熟期会经历一个复杂的社会过程，这个复杂的社会过程是伦理思维模式形成的重要决定因素，而家庭和同伴在这个复杂社会过程中起到了关键作用。因此，家庭和同伴对个人的伦理决策会产生重要影响。需要指出的是，学者们的研究往往关注工作和职业压力对家庭问题的影响，而忽略了家庭对工作场所伦理或非伦理行为的影响。

（6）个人属性。个人属性包括个人伦理水平、个人目标、推动机制、位置或压力、个人观念、生活经历、个性以及人口统计学变量。根据科尔伯格（Kohlberg）的道德发展理论，在个人道德发展过程中，这些个人属性可以影响其伦理推理，从而影响伦理行为。

需要注意的是，并不能假定这些因素是伦理或非伦理决策的充分条件，即只有这六个条件也许并不足以使决策者做出伦理决策。但是，这六个影响因素是伦理或非伦理决策的必要条件，没有这些影响因素决策者无法进行决策。

（六）伦理行为意向模型

1989 年，杜宾斯基和洛肯（Dubinsky and Loken）在"分析伦理决策"一文中提道，根据 1975 年菲什拜因和阿杰恩（Fishbein and Ajzen）在《信念、态度、意图和行为：理论与研究导论》一书中定义的合理行为理论（theory of reasoned action）提出了一个伦理决策模型，也称之为伦理行为意向模型，如图 4-6 所示。

1980 年，阿杰恩和菲什拜（Ajzen and Fishbein）在《理解态度和预测社会行为》一书中写道，合理行为理论属于社会心理学理论，该理论假设人们通常是理性的，在决定是否参与一种行为时会系统运用可得的信息进行充分推理。因此，人类社会行为既不是被无意识的动机或过度的欲望所驱动，也不是反复无常和轻率的，而是受意志所控制的。该理论被广泛应用于营销学，尤其是消费者行为方面。

根据合理行为理论，伦理决策过程是决策者运用信息系统进行理性推理的过程。逆向推理过程如下：决策者伦理或非伦理行为参与是由其行为意图决定的，而行为意图是由个人对伦理或非伦理行为的态度和主观规范所决定的，而行为态度是由行为信念和行为结果评估所决定的，行为主观规范是由规范信念和行为动机所决定的。具体来看，该模型中伦理行为的决定因素如下：

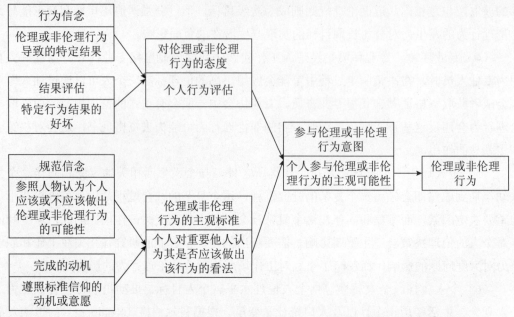

图 4-6　杜宾斯基和洛肯（Dubinsky and Loken）的营销伦理决策模型[①]

（1）行为信念。行为信念是决策者对于做出某种行为导致的特定结果的信念。比如，对产品的欺诈性定价可能会导致两种结果，一种是销售额的增加，另一种是招致客户的差评。

（2）结果评估。结果评估是个人对每种感兴趣的行为的结果是好还是坏的评估。比如，对产品的欺诈性定价可能会导致的好坏两种结果的评估，销售额增加是好的结果，招致客户差评是坏的结果。

（3）规范信念。规范信念是指决策者对特定的个人、组织或体系判断其是否应该做出某种行为的看法。

（4）完成的动机。完成的动机是指决策者认为重要他人，希望做出相应行为的动机和意愿。

（5）行为态度。对伦理或非伦理行为的态度表示了决策者对参与某项行为是好还是坏的伦理判断。决策者判断某项行为越好，其行为意图会越强。

（6）主观标准。主观标准是指决策者对重要他人认为其是否应该做出该行为的看法。重要他人包括公司经理、同事、家人等。当决策者感知到重要他人的支持时，其行为意图会越强。

（7）行为意图。在不同的研究中，行为意图的具体含义可能有所区别。在本书中，伦理行为意图被定义为个人参与伦理或非伦理行为的主观概率。而在 1985 年费雷尔和格

---

① Dubinsky A J, Loken B. Analyzing ethical decision making in marketing[J]. Journal of Business Research, 2006.

雷沙姆（Ferrell and Gresham）的研究中，伦理行为意图被定义为参与伦理或非伦理行为的潜在目的。而 1986 年亨特和维特尔（Hunt and Vitell）则认为，伦理行为意图是每一种伦理困境解决方案被选择的可能性。

需要指出的是，该模型与其他模型相比既有相似之处又有独特之处。其相似之处在于模型中的某些模块如"伦理意图""主观规范"等与其他模型相同。其独特之处在于该模型基于合理行为理论提出，模型中的某些模块如"完成的动机"是其他模型中所缺乏的。

（七）伦理决策问题权变模型

为了发现以往模型的缺陷，1991 年琼斯（Jones）在《组织中个体的伦理决策》一文中，参考了学者们提出的多个伦理决策模型，提出了一个整合模型，如图 4-7 所示。该研究发现个人伦理决策结果可能因为面临的伦理事件特征的不同而不同，尽管以往模型对伦理事件特征、伦理决策的影响都有所涉及，但并未对此给予应有关注和系统研究。比如，当伦理事件改变时，伦理决策的结果也将改变。相比虚增费用账目，舆论更容易谴责贪污公款的行为，但该研究并未将伦理事件差异纳入伦理决策模型中。亨特和维特尔（Hunt and Vitell）提出了伦理判断的目的论哲学，在运用目的论伦理哲学进行判断的过程中，决策者会评估伦理事件的结果。同样，该研究也并未系统性地提出伦理事件结果对伦理意图和伦理行为的影响。

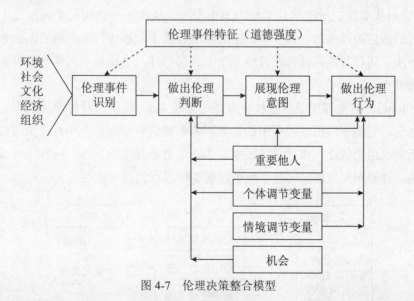

图 4-7　伦理决策整合模型

加入伦理事件特征因素——道德强度后，琼斯（Jones）提出了伦理决策问题权变模型，如图 4-8 所示。

道德强度包括六个方面，分别为结果的量级、社会舆论、影响发生的可能性、直接性、接近性和影响的集中度。

（1）结果的量级，也称为后果的严重性。道德事件结果的量级被定义为对受害者（受益人）做出道德事件的危害（好处）的总和。该概念的提出基于一般常识和实证研究结论，比如一种导致人员死亡的行为比一种导致人员受伤的行为，结果的量级更大。

（2）社会舆论。道德事件的社会舆论被定义为赞扬或批评一种行为的社会评价。比如，歧视少数民族应聘者的行为一般会被社会舆论认为是非伦理行为，而拒绝坚定支持少数民族应聘者的行为是否是非伦理行为则很难达成社会舆论的共识。

（3）影响发生可能性。道德事件影响发生可能性的效用是指有问题的行为会实际发生的可能性和有问题行为会实际带来危害（好处）的可能性。例如，生产可能在正常行车时发生危险的汽车和生产只会在撞击时发生危险的汽车相比，前者影响发生可能性高。

（4）直接性。道德事件的时间直接性是指道德事件现在和开始产生影响之间的时间间隔，短时间间隔代表直接性强。例如，减少已退休人员的退休金比减少现任员工的退休金的直接性更强。

（5）接近性。道德事件的接近性是指伦理代理人对受害者（收益人）做出有问题的行为后，人们所感觉到的接近程度（社会的、文化的、心理的、生理的）。相比较远的人，人们更关心离他们更近的人，无论是社会、文化、心理或生理上的接近。例如，中国公民对在中国销售危险农药的行为比在美国销售危险农药的行为，感觉到的接近性要强些。

（7）影响集中度。道德事件影响的集中程度是指在一个确定的影响程度上，被行为所影响的人的数量的反函数。在一个确定的影响程度上，被该行为影响的人的数量越多，集中程度越小。同等数额的诈骗，若对一个大公司行使，会比对个人或小微组织行使，影响的集中程度更大。

琼斯（Jones）的伦理决策问题权变模型（见图4-8）被认为是伦理决策理论模型最重要的理论之一，它将不同伦理模型中的影响因素和结构整合到一个相对全面的模型中，并引入了全新的"道德强度"概念。该模型能够在高道德强度的事件，伦理决策过程中引起决策者关注，并影响伦理决策的各个环节，增加伦理行为的可能性。

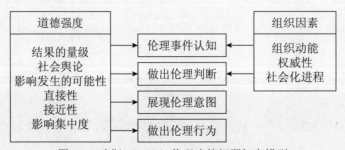

图4-8　琼斯（Jones）伦理决策问题权变模型

二、伦理决策发展模型

（一）伦理决策综合模型

费雷尔等（Ferrell, Gresham, Fraedrich）在 1989 年的《理解市场营销伦理决策的权变框架》一文中基于目的论和道义论的伦理哲学，综合了道德发展阶段理论、伦理决策多级权变模型和伦理决策模型，提出了一个综合伦理决策模型[①]，如图 4-9 所示。该模型并不是一个新模型，而是对伦理决策过程提供了一个更为完整的研究视角。

该伦理决策综合模型与其他伦理决策模型的范式相同，从研究问题的意识、评价、选择，一直到结果和反馈。具体来说，包括在伦理困境中对伦理事件的意识、认知、评价、决策和行为。伦理决策综合模型在伦理事件认知中，运用了科尔伯格（Kohlberg）的道德发展理论。一个处于常规前道德发展阶段的个人可能无法识别一个伦理情境中的伦理问题，而一个处于常规后阶段的个人可能识别出相关伦理元素。在伦理评价中，主要运用了道义论判断和目的论判断的伦理哲学，其关注的是个人决策过程中认知的微观层面。费雷尔和格雷沙姆（Ferrell and Gresham）的模型则是从一个较为宏观的视角提出，包括组织文化元素、参与非伦理行为的机会元素、社会和经济环境元素等宏观概念。在文化、机会、个体调节变量的设置中则主要运用了前文已介绍的伦理决策多级权变模型。

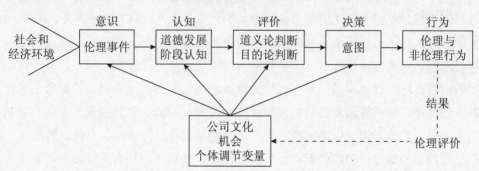

图 4-9　费雷尔等（Ferrell, Gresham, Fraedrich）伦理决策综合模型

（二）伦理决策认知精化模型

2001 年，斯特里特（Street et al.）认为琼斯（Jones）的伦理决策模型虽然为商业伦理研究做出了巨大贡献，但是该模型忽略了"在哪种程度上，决策者愿意和能够有目的地付出认知努力去解决伦理困境"这一问题。该问题是十分重要的，因为如果决策者在伦理决

---

① Ferrell O C, Gresham L G, Fraedrich J. A Synthesis of Ethical Decision Models for Marketing[J]. Journal of Macromarketing, 1989.

策的第一个环节——伦理认知方面失败，那么整个伦理决策过程也会失败。因此，在伦理决策问题权变模型的基础上，融入了详尽可能性模型，从而提出了伦理决策认知精化模型，并研究了在哪种程度上，决策制定者愿意付出认知努力去解决伦理问题，该模型如图4-10所示。

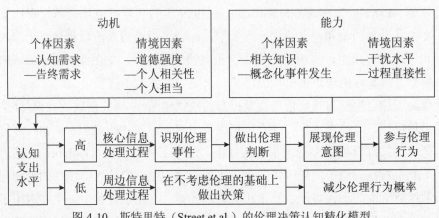

图 4-10　斯特里特（Street et al.）的伦理决策认知精化模型

心理学家理查德·派蒂（Richard E.Petty）和约翰·卡乔鲍（John T.Cacioppo）在1995年发表的《劝说的细化似然模型》一文中提出的详尽可能性模型（ELM）有两个基本原则：第一，个体可以做出不同水平的与事件相关的思考，第二，个体对目标对象的态度与他对该目标对象相关事件的思考是正相关的，当个体认真思考和评估关于决策、客体、事件的信息时，即认知支出水平高时，个体将会遵循核心信息处理过程，相反，当最小化认知努力，即认知支出水平低时，个体将会遵循周边信息处理过程。同时，关于详尽可能性模型的文献指出，存在两类因素可以极大地影响决策个体与事件相关的思考水平，从而影响其信息过程，这两类因素是动机因素和能力因素。动机因素是指在思考中有意扩大认知努力的意愿；能力因素是指决策制定者的认知能力和可以为认知努力做出的花费。

在伦理决策制定过程中，根据详尽可能性模型，决策者需要有足够的动机和能力去促使其在伦理事件认知过程中深入思考。如果没有足够的动机和能力去促使决策者在伦理事件认知中深入思考，决策者会做出低水平的伦理认知，在忽略伦理考虑的基础上进行决策并降低做出伦理行为的可能性。

在该模型中，认知支出水平的影响动机包括个体和情境两类因素。其中，个体因素包括认知需求和告终需求。从社会生存的视角定义"认知需求"是指个体愿意去参与认知行为的程度，认知需求强烈的决策者倾向于仔细审查可获得的信息，深入思考相关伦理事件，因而会遵循核心信息处理过程；若格兰斯基（Kruglanski）在1989年发表的《"正确"的心理：社会知觉与认知的准确性问题》一文中定义"告终需求"是指个人寻求快速答案的程度，告终需求强烈的决策者倾向于避免复杂的伦理事件思考和审查，因而会遵循周边信息处理过程。情境因素包括道德强度、个人相关性和个人担当。道德强度是琼斯（Jones）于 1991 年提出的，拥有高道德强度的事件会引起更深入的思考，从而提高认知努力，遵循核心信息处理过程；个人相关性是指伦理事件与决策者的预期、目标、价值观等相关的程度，具有高个人相关性的决策者会加大认知努力，遵循核心信息处理过程；个人担当是指决策者认为他们对一项特殊结果应当负有特殊责任的程度，认为应当负有个人责任的决策者会更多地关注伦理事件的相关信息，遵循核心信息处理过程。

在该模型中，影响认知支出的另一组因素是能力因素，能力因素同样可以分为个体因素和情境因素两类。其中，个体因素包括相关知识、概念化的事件发生；情境因素包括干扰水平和过程的直接性。相关知识是指决策者在处理一个特殊事件时所拥有的与该事件相关的知识水平；概念化的事件发生是指决策者想象事件可能结果的能力；干扰水平是指个体在信息处理过程中所感受到的外部刺激，这些外部刺激会分散个体的注意力；过程的直接性是指信息处理的时间，信息处理的时间越短，其过程越受限。因此，决策者的相关知识水平越高，概念化事件发生能力越强，信息处理过程中的干扰越少，信息处理时间越充足，越容易提高认知努力，遵循核心信息处理过程。

第三节　企业伦理决策方法

索尔面临的是一场如何处理这一情况的伦理困境，其行为的过程就是一种伦理决策过程。伦理决策经常会面临两难的境地，每一种选择都会给一些人带来损失而给另外一些人带来好处。因此，科学的选择伦理决策行为的方法和对伦理决策的评估成为企业伦理决策研究和实践的重要组成内容。

拓展案例 4-1
索尔的伦理困境
扫描此码 深度学习

对于企业伦理决策过程的分析，可以采取伦理困境场景的实证检验、问卷调查等方法，以准确测量出个人和企业在伦理困境下的伦理识别、伦理判断和伦理意图，最终更加真实地展现伦理决策的情境和伦理决策行为。伦理困境场景也成为研究者和实践领域常用的一种研究方法。调查问卷也是可用于制定企业与行业伦理实践等级的方法之一，例如，对违规行为程度的调查，如果违规行为呈上升趋势，借助问卷调查，管理层能够更好地理解可能将发生何种违规行为，以及为何会发生此种违规行为，此时伦理培训可能需要进行相应的变更。

对于企业伦理决策行为结果的分析，即确定企业员工和个人的伦理决策行为表现是否充分合乎伦理，除了将调查问卷作为评估伦理表现的基准之外，还可以用六西格玛、平衡计分卡、三重底线等方法对企业行为的伦理表现进行分析。

一、伦理决策过程的方法

1986 年，亨特和维戴尔（Hunt and Vitell）认为包含伦理问题的情境是整个伦理决策模型的触发机制。如果个人无法意识到该情境中包含的伦理问题，后续的过程将无法发生。因此，运用伦理情境或伦理场景来进行模型的实证检验是非常重要的，并且伦理困境场景已经成为了伦理决策研究中经常使用的一项数据收集工具。

理想的商业伦理困境应当贴近现实，并且容易管理和评分，同时可以提供非显而易见的、准确的和可靠的信息。2017 年，刘可风在《企业伦理学》一书中认为，伦理困境是指需要个体、群体或组织在几个错误的或不道德的行为中进行选择的问题、情形或机会。伦理决策研究领域的学者们开发了一系列伦理困境场景来模拟决策者在日常生活和工作场所中可能遇到的伦理问题。这些场景的被试对象[①] 既有企业员工，也有消费者；既能体现国内问题，也能体现国际问题。并且以企业员工为被试对象的场景还可分为针对普通员工的场景和针对不同职能部门员工的场景等。本节将对各个类型中影响力较大的伦理困境场景进行简要介绍。

1. 营销伦理困境场景

1975 年，坦卡斯利等（Tankersley et al.）在"零售商是否实行社会责任"中提出了营销伦理困境场景，为了对比消费者和零售商在特定销售交易中的行为观念差别，选择了包括折扣商店、特许经营商店和百货商城在内的三种零售商，开发了 14 个营销领域的伦理困境场景。

（1）夸大产品价值。场景 1 描述了一个最近应聘为当地零售商店销售员的年轻人，为了得到一个订单而夸大了产品价值并隐藏了缺陷信息，在此过程中他只是较为急功近利地想得到订单，并无欺诈目的。该销售员的老板获悉了他的行为但并未阻止。

（2）修改产品原价。场景 2 描述了一个零售商想要以正常价格出售一件外套，几个月后该外套并未成功交易，于是他决定以折扣价出售，几个月后仍未达成交易，于是他将外套标签上的原价替换为一个更高的价格。

（3）汽车维修。场景 3 描述了一个消费者从当地特许经营汽车销售商手中购入一辆新汽车。汽车在保修期内不用支付维修费，而在保修期外需要全额支付。在保修期内，该汽车多次出现同一问题，每一次汽车销售商都只进行一些简单的调整。但保修期过后，汽车若仍有同一问题，汽车销售商对其进行彻底修理并索要全额修理费。

（4）连衣裙退换。场景 4 描述了一个女人从当地零售商那里购买了一条连衣裙，并仔细遵照附在标签上的制造商的洗涤说明进行洗涤，结果裙子掉色并将白色部分染色，该

---

① 被试是指心理学实验或测验中接受实验或测验的对象，这种实验或测验的方法，在企业管理实验或测验中被广泛应用。

消费者在购买后三天内携带连衣裙返回商店，但销售员拒绝退还钱款，理由是裙子已经被穿过并且被洗过。

（5）欺诈性广告。场景5描述了一个当地零售商店在报纸上做广告，广告宣称一个著名品牌的高品质男式休闲裤打折出售，这些休闲裤在尺码、颜色、面料和款式方面应有尽有。由于消费者的热情，两天之后只剩1/4的广告商品，但接下来一周，零售商仍在报纸上做相同广告。

（6）餐具促销。场景6描述了一个当地零售商的广告，声称整套著名品牌优质餐具打折出售，且折扣力度很大。在购买过程中，消费者可能买到一些厂家已经停产的单品，但除非消费者主动询问，否则零售商不会提供这些信息。

（7）贫民区分店提价。场景7描述了一个在当地拥有多家分店的零售连锁分店，其中有一家在贫民区，独立研究表明该贫民区分店价格更高，商品选择更少。而且在该城市收到救济金的当天，该连锁商店提高了所有商品的价格。

（8）诱导产品误用。场景8是一项近期研究表明，很多消费者在错误使用产品X，但这种错误使用不会产生危险，只会造成使用频率过高和资金浪费。然而，在商品的使用展示中生产者和零售商非但不制止，反而似乎是在鼓励这种错误使用，虽有一个零售商意识到了这种现象，但仍然继续使用这种展示。

（9）信用政策。场景9描述了由于零售商没有及时发货导致消费者没有及时收到货物并支付货款，因此无法享受零售商的信用政策的情形，而零售商让消费者承担了这一后果。

（10）咖啡壶折现。场景10描述了一个消费者希望商店能将他的咖啡壶折现，因为这个咖啡壶是朋友送他的结婚礼物，但他自己已经拥有了一个很好的咖啡壶。消费者不知道该咖啡壶的售价，但是零售商知道。问题是零售商是否应将此咖啡壶全额折现。

（11）自行车降价。场景11描述了一个消费者从商店买入一辆自行车，一周之后该自行车降价，问题是商店是否应当返还差额。

（12）内衣退货。场景12描述了一个消费者购买了一件内衣，一年之后退货。由于时间关系流行款式改变，该内衣降为半价，消费者要求全额退款，而商店认为顾客不应收到全额退款，只能收到与现价对等的退款。

（13）冰箱维修。场景13描述了一个消费者致电零售商，他两周前购买的冰箱无法正常制冷导致冰箱中的食物变质。问题是零售商是否应当免费维修该冰箱。

（14）损害赔偿。场景14同场景13类似，描述了一个消费者致电零售商，他两周前购买的冰箱无法正常制冷导致冰箱中的食物变质。问题是零售商是否应当赔偿变质食物的损失。

这些营销伦理困境场景中，有些场景被后续研究广泛应用。此外，还有很多学者开发了其他营销伦理困境场景，其中五种营销伦理困境场景在实际中应用较广，其主题分别是高压和控制、利益冲突、环境、家长作风和个人正直。

2. 会计伦理困境场景

利里等人（Leary et al.）在 2007 年的《群体工作对会计专业学生道德决策的影响》一文中，针对会计领域，开发了 5 个伦理困境场景：场景 1 描述了一个在化学公司工作的助理会计师被主管会计师要求对不当会计处理保持沉默，为此他被支付了一次性的封口费；场景 2 描述了一个糖果公司的收银员目睹一个受尊重的资深同事偷窃了一盒公司的巧克力；场景 3 描述了一个助理会计师有机会篡改简历去得到一份工作；场景 4 描述了一个实习会计出于压力去虚报差旅费。场景 5 描述了一个实习会计出于压力去修改顾客的账目来提升银行贷款额度。

3. 普通员工伦理困境场景

为了研究不同的员工如何解决现实的伦理困境，1994 年，西姆斯（Sims）根据对商业伦理场景的回顾和评述，开发了 6 个伦理困境场景，其名称分别为"公司政策""小组项目""年终报告""组织实践""遗失信息"和"出货日期"。这些伦理困境场景可以适用于普通员工和经理人。

（1）公司政策伦理困境场景。该场景描述了决策者发现有一个年长的、备受尊重的公司同事严重违反了公司政策，在这种情况下决策者应当如何表现（选项从"一言不发"到"纠正错误行为"）。

（2）小组项目伦理困境场景。该场景描述了决策者在小组项目中提出一个非原创的想法，公司高层非常看重这个想法并要进行奖励，在这种情况下决策者应当如何表现（选项从"将功劳据为己有并接受奖励"到"将功劳和奖励归为该想法的原创者"）。

（3）年终报告伦理困境场景。该场景描述了决策者有机会看到其他同事完成的漏洞百出的年终报告。以往 3 年的年终报告均由决策者负责并被上级给予好评，决策者并不希望该报告由他人接手。在这种情况下决策者应当如何表现（选项从"一言不发"到"与同事并肩作战直至改正所有错误"）。

（4）组织实践伦理困境场景。该场景描述了决策者在日常工作中发现组织的某些政策带有歧视性，这些政策从公司成立以来一直被采用，并且没有其他人知道决策者的这一发现。在这种情况下决策者应当如何表现（选项从"一言不发"到"在公司内公开质疑这些决策，如果需要可向社会公开并坚持改变歧视政策"）。

（5）信息伦理困境场景。该场景描述了公司的某一潜在顾客可能向公司发出一个大额订单，该订单可以帮助公司度过由于销售额减少而可能导致的裁员危机，为了提高该潜在客户对公司稳定性的信心，销售经理在提供给该客户的年报复印件中隐瞒了公司可能面临的大型法律诉讼，鉴于很少有人读过公司年报，这一行为应当不会被发现。而决策者的职责之一是保证公司文件的真实性，这种情况下决策者应当如何表现（选项从"什么都不做"到"尽一切努力保证潜在客户得到真实的信息"）。

（6）出货日期伦理困境场景。该场景描述了决策者负责客户订单的日常工作，而销售经理要求其篡改出货日期，这种情况下决策者应当如何表现（选项从"打电话给客户提供错误的出货日期"到"打电话给客户提供正确的出货日期"）。

以上场景在后续研究中得到了广泛应用。

4. 消费者伦理困境场景

1992年，维特尔等人（Vitell et al.）发表的《消费者伦理：对影响最终消费者道德判断的因素的实证调查》一文中指出，为了研究消费者的伦理判断是否根据情境的不同而不同，开发了27个简易描述的伦理困境场景，这27种场景共分为4类：第1类伦理困境描述"主动受益行为"，即消费者以卖方利益为代价采取主动的行为得到好处；第2类伦理困境描述"被动受益行为"，即消费者不采取主动行为，而是被动得到好处，但是卖方利益受到了侵害；第3类伦理困境描述"不会被认为非法的欺骗行为"，即该行为虽然是主动的，但与第1类行为相比一般不会被认为触犯法律，而第1类行为一般被认为是非法行为；第4类伦理困境描述"无害行为"，即未对卖方利益造成侵害的行为。这4类伦理困境具体描述如下：

（1）主动受益行为，包含6种简易描述的伦理困境场景，如"在零售商店变更产品标签""在超级市场喝下一罐没有付钱的苏打饮料""退回被损害的商品，而损害是消费者自身原因造成的"等。

（2）被动受益行为，包含4种简易描述的伦理困境场景，如"被找回过多的零钱而未吭声""发现有人从商店中偷东西而采取漠视态度""为了花费较少的金钱而对孩子的年龄撒谎"等。

（3）不会被认为非法的欺骗行为，包含11种简易描述的伦理困境场景，如"将旅馆或饭店的烟灰缸或其他物品拿走""在超市品尝葡萄但一点都不买""运用过期的商品优惠券"等。

（4）无害行为，包含6种简易描述的伦理困境场景，如"使用未购买的电脑软件或游戏""记录未购买的文选内容""花费超过一小时的时间试穿各种衣服，但是一件也没买"。

该研究的结论是：消费者的伦理判断根据情境的不同而不同。消费者最容易接受无害的非伦理行为；相比被动受益的非伦理行为，更不容易接受主动受益的非伦理行为；相对于合法的非伦理行为，更不容易接受非法的非伦理行为。

5. 国际化伦理困境场景

针对国际化伦理问题，在2002年，瓦伦丁等人（Rittenburg and Valentine）在《西班牙和美国高管的道德判断和意图》一文中，开发了10个国际化伦理场景，这10个场景是从两个视角进行阐释的，一个外国公司做出的对本国有影响的决策和一个本国公司做出的对外国有影响的决策。场景1和场景2是关于竞争者情报的，场景3和场景4是关于漫天要价的，场景5和场景6是关于欺诈性广告的，场景7和场景8是关于贿赂的，场景9和场景10是关于食品安全的。

问卷调查从伦理认知、伦理判断、伦理意识等过程来分析企业和个体的伦理决策行为状况，成为与伦理困境场景综合使用的一种方法。调查问卷也可用于持续评估伦理表现的基准，以此测量员工对公司、上级、同事及自身的认识。

1980年，福西斯（Forsyth）在《归因的功能》一文中开发了测量个人道德或伦理意识形态的伦理位置量表（ethics position questionnaire，EPQ），该量表包含理想主义问卷和相对主义问卷两个子问卷。相对主义问卷包含10个题项，诸如，"个人需要确定他们的行为从来不会有意地去伤害别人，即使伤害程度很小"，"对他人存在潜在伤害的行为一定是错误的，这种情况下不需要考虑自己会得到的好处"。理想主义问卷包含10个题项，诸如"伦理是什么这一问题会根据情况或者社会环境的不同而不同"，"伦理标准应当是因人而异的，某个人认为是伦理的行为，在另外一个人看来可能是非伦理的"。

福西斯（Forsyth）认为，具有理想主义伦理意识形态的个人在进行伦理判断时会选择绝对道德的选项，这本质上是一种道义论的视角，而相对主义伦理意识形态的个人在进行伦理判断时，更重视面临的情境而不是伦理准则，这本质上是一种目的论的视角。

在理想主义和相对主义问卷中均得分较高的被试被称为是情境主义者，他们拒绝单纯使用通用或者个人的道德标准，而是更偏好于分析每一种情境并且根据分析结果去决定每一种情境中应当采取的特殊伦理行为；在理想主义问卷中得分较低，在相对主义问卷中得分较高的被试被称为是主观主义者，他们根据个人的伦理判断而不是通用的道德准则去做出相应行为；在理想主义问卷中得分较高而在相对主义问卷中得分较低的被试被称作绝对主义者，他们认为要想达到最好的结果必须严格遵循通用的道德准则；最后，在理想主义问卷和相对主义问卷中得分均较低的被试被称为例外主义者，他们相信通用的道德准则的指导作用，但是在实践中却相信例外情况的存在。

限定问题测验（defining issues test，DIT）是被相关研究广泛使用和检验的伦理判断测量工具。DIT是由雷斯特（Rest）根据科尔伯格（Kohlberg）的道德发展理论开发。道德发展理论认为个人的道德发展会遵循一个统一的程序，循序渐进地从低级向高级水平发展，并以可预见的方式贯穿从幼年到成年的各个阶段。其测量过程要求被试者基于六个假设的伦理困境场景进行伦理判断，并针对提供的一系列可能影响决策的事件，用五点量表排列其重要性，同时指出其中最重要的四个事件，每一个事件与一个特定的道德发展阶段相关，最后根据伦理判断阶段的显著性和相对重要性进行评分。因此，即使两个被试的伦理判断一致，他们的推理过程也会反映其道德发展水平和主要思维模式的区别。

不同于1987年科尔比（Colby）《理论基础和研究验证》一书中使用访谈的形式来度量伦理判断，DIT为研究者们提供了一个客观的、可以识别的量表，而不是一个主观的、开放式的量表。然而DIT也存在很多缺陷：第一，特意创建的伦理场景会提示被试做出道德的回应；第二，运用非中立的伦理理论来主观地给题项进行相互排斥的分类，并且仅仅将伦理理论用作分类工具局限了理论的用途；第三，假设的伦理场景中被试的回应可能不足以代表其在现实情境中的真实反应；第四，问卷假设被试者必然处于道德发展的某一阶段，但有可能被试会处于两个道德发展阶段的中间阶段。

二、企业伦理决策行为表现

O.C. 费雷尔等在《企业伦理学》一书中，对企业的非财务业绩表现给予了三种测量方法。他们认为"一个平衡的组织不仅应进行合乎伦理的财务决策，也应在企业文化等更为主观的领域合乎伦理"。如用六西格玛、平衡计分卡及三重底线等以捕捉组织在结构与行为方面的伦理表现。六西格玛是关注提升业绩，通过消除缺陷降低质量成本的一种管理方法。六西格玛的目标是向终端客户提供世界一流的性能、可靠性与价值。平衡计分卡是一套管理系统，关注提升业绩、带来成功的所有因素（包括财务、客户、市场及内部流程）。平衡计分卡的目标是扩充业绩因素的涵盖范围，形成学习的文化，促进增长以改进组织的所有流程。三重底线提供了一种视角，将社会、环境和经济影响纳入组织决策的考量之中。随着对社会责任、可持续发展或合乎伦理的承诺日趋增多，企业开始考虑采用三重底线报告，以考量组织决策的效果。表 4-2 是对这三种测量工具的具体描述。采用多种方法测量业绩与目标实现的程度在于确定环境、社会及伦理活动的质量与效果。

表 4-2　测量工具描述

测量工具	描　　述
平衡计分卡	由罗伯特·卡普兰（Robert Kaplan）和戴维·诺顿（David Norton）博士开发，平衡计分卡将非财务业绩指标纳入评价系统，用以提供对组织业绩的测量更为平衡的观点
六西格玛	六西格玛的关注重点在于改进不符合特定质量要求的现有流程，或是制订新流程以满足六西格玛标准。为满足六西格玛标准的特定要求，流程必须实现产品中不合格品比率不超过百万分之三点四
三重底线	这一方法用于测量社会、经济和环境因素，认为社会有责任对广大利益相关者（包括客户、员工、股东、社区以及自然环境）起到正面作用，其挑战在于如何评价企业对社会和环境的影响，因为不存在测量这些标准的统一范式

资料来源：O.C. 费雷尔，约翰·弗雷德里克，琳达·费雷尔. 企业伦理学 [M]. 北京：人民大学出版社，2016.

第四节　企业伦理能力

一、企业伦理能力构成

企业伦理越来越受到公众以及企业本身的重视，主要是因为企业经营管理中存在着违背伦理的行为，如会计信息弄虚作假、窃取商业机密等，企业的这些非伦理行为，破坏了社会风气和企业与其利益相关者的关系，影响了企业的形象、声誉和长期发展。由于企业伦理越来越重要，对企业伦理实力或能力的培育和评估就变得十分重要，它是了解企业伦理水平的重要手段，是促进企业发展的有效依据，有助于为企业的发展提供指导和建议。

企业伦理能力水平是企业伦理决策制定和实施的基础，为我们探讨和衡量企业伦理实力的标准提供了参考。企业伦理能力是企业在管理以及其他活动中呈现出的整体伦理水平，有助于企业利用现有资源与能力来构建自己独特的竞争优势。换言之，它是企业核心竞争力形成的重要支撑。

欧阳润平是国内研究企业伦理能力中较权威的学者，在 2003 年出版的《道德实力：企业赢得竞争的真正核心力》一书中，提出企业伦理能力是可以进行衡量和描述的。图 4-11 是关于企业伦理能力构成的三个层面八个方面的具体要素。

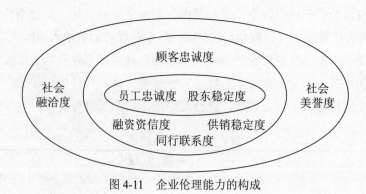

图 4-11　企业伦理能力的构成

（一）企业伦理能力的内部结构

企业内部的主要利益相关者包括员工和股东，当企业从内部衡量企业伦理能力和水平时，它的重要因素则包括员工的忠诚度和股东的信任度。

员工忠诚度，是以全体或绝大多数员工对公司的信任为前提条件的，是公司凝聚力和向心力的体现。员工忠诚度是企业伦理能力的一项重要指标，只有员工忠诚度高的企业才可能实现顾客忠诚。对员工忠诚度的测量可以通过三个指标实现：员工的离职率、提出合理化建议率以及自豪感。员工忠诚度是企业有效运行和组织的"润滑油"。结合中国的实际和现状，对"忠诚"的含义要有正确的认识：第一，老实和稳定不等同于忠诚，热爱所从事的事业，对公司有认同感和责任感，富于创新精神和激情，与公司同存亡共发展才是忠诚；第二，员工忠诚还取决于员工能否有宽松的工作环境，能否得到培训和发展的机会，能否得到公平待遇。第三，员工忠诚不仅对企业具有影响和推进作用，而且还能提升自身的价值。第四，企业对员工的尊重和信任是员工忠诚的基础。

股东稳定度，即股东对公司的信任程度。股东稳定依赖于公司或者经营者对股东负责的程度。股东与企业的关系分为三种：投机型、投机兼投资型和投资型。公司的一些散户股东是属于投机型的。当公司发展到一定程度，由于公司融资的需要或者出于对公司的信心，这些股东会有对公司进行投资的打算，此时，他们逐渐往投机兼投资型和投资型股东转变。如果一个公司拥有的投资型股东较多，那么可以认定这个公司具有一定的股东稳定度。公司要想维护并获得这些股东，要注意四点：第一，要制定好企业的发展战略和企业愿景，有良好的企业文化和企业价值观；第二，保证真实有效的信息披露以及通畅的信息交流渠道；第三，要不断地提升公司的信誉和声誉，为企业营造良好的形象。这样，能够加大股东对公司的信心和信任。第四，要对股东负责，保证能够为股东创造持续的利益回报。一般而言，衡量股东稳定度采用的指标是新增投资量、经营过问率和稳定性等。

（二）企业伦理能力的中层结构

企业与顾客、供销商、行业竞争者等利益相关者之间的关系，是衡量企业伦理能力的重要标准，也是企业伦理能力三层次之中中层结构的内容。一个拥有强大竞争力的企业无疑要有较高的顾客忠诚、融资资信能力等。因此，企业伦理能力的中层结构对于企业而言至关重要。

（1）顾客忠诚度，指的是顾客对企业提供的商品和服务的满意程度，以及基于这种满意产生的依赖和信任程度。伦理水平较高的企业，顾客的认同程度会更高，顾客忠诚度也更高。测量顾客忠诚度的首要指标是顾客的回头率，只有回头率高的企业才会有较多的老顾客，才能说明其顾客忠诚度较高；其次，是顾客推荐率；最后，是顾客争议率。

（2）融资资信度，指的是融资机构对企业信用评价的高低程度。融资资信度高的企业更容易获得支持，具有较强的融资能力和财务能力。融资资信度与企业以往的合同行为、企业的资产质量和所处的行业潜力有关。

（3）供销稳定度，指的是企业的供销商和企业之间的合作程度。在处理与供销商的关系时，一般而言，企业采取"双赢"的战略，双方之间相互合作、扶持，共同取得成功。企业与供销商的合作关系是价值链上的一个重要环节。

（4）同行联系度，指的是企业在行业中与竞争者之间的关系。现代企业之间是竞合关系。一个企业要做大做强，首先依托于行业的发展状况；而一个行业发展的关键在于行业中发展较为强大的企业之间是否能够进行信息、资源或者技术等各方面的合作。而遵守行业规则，通过提高技术和创新等手段降低成本，也可以拒绝不良竞争和恶性竞争等。我们知道，企业的真正优势来自于企业的价值观、文化、经营管理作风和人的素质等不可模仿的禀赋。因此，与同行业竞争者之间的合作、学习不仅不会使企业陷于被赶超、被仿制、被淘汰的危险，反而有助于企业强化自己现有的优势。同时，还有利于借鉴对手的优点改进自己的不足，促进企业自身竞争力的提升。

（三）企业伦理能力的拓展层

（1）社区融洽度，是企业与所在社区的各方之间的关系程度。企业与所在社区关系的融洽程度可以通过两个方面进行判定：①是否遵守法律法规，依法纳税；②为社区做出的贡献或帮助，其包括两个方面：一是帮助解决社区的就业问题，二是企业对社区慈善事业的赞助情况及对困难群体的救助情况。

（2）社会美誉度。社会美誉度来自于公众对企业的信任、好感、欢迎程度的良好反映和描述。社会声誉的测量可以通过三个指标：一是媒体形象的公众可信度，二是文化贡献率，三是企业的社会影响力。企业的社会影响是各种结构影响的总和和企业伦理的扩展层结构。企业的社会影响，可以通过对社区和国家决策、公共事务的间接联系而发挥更大的影响。

未来企业的竞争将更多体现为道德层面的竞争。在这种背景下，企业的经营和企业伦理彼此互补结合对支持企业的生存发展是至关重要的。

二、企业伦理能力的评估

在上一部分我们探讨了企业伦理能力的构成要素，欧阳润平在《道德实力：企业赢得竞争的真正核心力》一书中进一步提出了企业伦理能力评估的新方法，该企业伦理能力评估法包括以下四个步骤。

第一，按照公司所在行业、企业的生命周期阶段、公司发展战略和伦理管理中的薄弱环节，选择相应的评估企业伦理能力的内容，确定每个评估子项目。

第二，根据选定的项目和子项目制订可用三年以上的调查方案，主要运用跟踪调查问卷和采访的方法。由于项目需要有连续性和可比性，也要及时反映公司遇到的突发情况，因此，调查内容由两部分组成：一部分是基本考核评估项目调查，如工资、福利、满意度等；另一部分是在公司有重大变革的情况下，对公司所产生伦理问题的后果而进行的特殊调查。

第三，根据调查方案进行比较调查。比较体现在两个方面，一个是内部的纵向比较；另一个是将企业的道德力量与基准模型企业的条件和实力进行比较。所谓的基准模型企业是该企业的发展模范，它可能是一个行业的优秀企业，也可以是一个拥有良好公司发展战略方向的优秀企业。

第四，评估和分析道德力量。评估共分为三个阶段：第一个阶段，对八个方面的调查信息进行统计和纵横比较，在此基础上，制作公司道德实力的对比图；第二个阶段，对当年公司的经营状况进行统计调查，找出公司的道德力量和经营能力之间相互促进和相互制约的原因；第三个阶段，在上述分析的基础上，提出改进建议和方法，并将其纳入公司年度业务计划。

本章小结

（1）企业伦理决策是在企业经营管理过程中与价值判断相关的决策。

（2）伦理决策基础模型主要包含：伦理决策多级权变模型、伦理决策四要素模型、伦理决策个人—情境相互作用模型、伦理决策模型、伦理决策行为模型、伦理行为意向模型以及伦理决策问题权变模型。

（3）伦理决策四要素模型也称为伦理四阶段决策模型，是经典的伦理决策过程模型。该模型认为当个人在面临伦理困境时，必须经历四个阶段，即伦理敏感、描述性推理、伦理动机和道德品质。

（4）伦理决策发展模型主要包含：伦理决策综合模型和伦理决策认知精化模型。

（5）伦理困境是指需要个体、群体或组织在几个错误的或不道德的行为中进行选择的问题、情形或机会。学者开发了一系列伦理困境场景来模拟决策者在日常生活和工作场所中可能遇到的伦理问题。这些场景的被试对象既有针对企业员工的，也有针对消费者的；既有体现国内问题的，也有体现国际问题的。

（6）企业伦理决策行为的表现可以通过采用多种非财务方法，例如，六西格玛、平衡计分卡及三重底线等工具来测量。

（7）企业伦理能力是由三个层面、八个方面的具体要素构成：第一个层面是企业伦理能力的内部结构，包含员工的忠诚度和股东的信任度；第二个层面是企业伦理能力的中层结构，包含顾客忠诚度、融资资信度、供销稳定度和同行联系度；第三个层面是企业伦理能力的拓展层，包含社区融洽度和社会美誉度。

（8）企业伦理能力评估的四步骤：①选择相应的评估企业伦理能力的内容，确定每个评估子项目；②制订可用三年以上的调查方案；③根据调查方案进行比较调查；④评估和分析道德力量。

思考题

1. 企业伦理决策的理论基础是什么？
2. 企业伦理决策有哪些基础模型？根据这些基础模型，企业伦理决策包含哪些要素？
3. 企业伦理决策的发展模型有哪些？这些模型各自有什么特点？
4. 企业伦理决策的评价方法包括哪些？
5. 企业伦理决策能力的构成要素是什么？

案例讨论 怎样应对人工智能带来的伦理问题

人工智能的持续进步和广泛应用带来的好处是巨大的。但是，为了让人工智能真正有益于人类社会，我们也不能忽视人工智能背后的伦理问题，需要加强对未来人工智能伦理测试的研究。

1. 人工智能时代加速到来，算法决策兴起

第三次 AI（人工智能，以下简称 AI）浪潮已经开启。在技术层面，有算法的进步。当 1956 年人工智能开始起步的时候，人们更多是在说人工智能；在第二次浪潮期间，机器学习成为主流；这一次则是深度学习，是能够自我学习、自我编程的学习算法，可以用来解决更复杂的任务。此外，计算能力的提升，包括现在的量子计算机，以及越来越普遍的大数据，对人工智能的作用和价值也非常大，使得更复杂的算法成为可能。在应用层面，从语音识别、机器翻译到医疗诊断、自动驾驶，AI 应用在不断加深、不断成熟，甚至已经开始超越人类，引发了人们关于失业的担忧，同时也让人们开始期待具有通用智能的终极算法。在商业层面，面对可预期的利益，国内外主流的互联网公司，如腾讯、谷歌等都开始向 AI 看齐，AI 领域的创业和投资在如火如荼地进行着。全球已经有超过 1000 家的 AI 公司，市场规模的增长空间是非常大的，未来八年内市场规模将超过 350 亿美元。

在此背景下，各种互联网服务中越来越多地看到人工智能的影子，人们日益生活在算法之下，算法决策开始介入甚至主导越来越多的人类社会事务。比如，人们在互联网上获取的资讯，诸如新闻、音乐、视频、广告等，以及购买的商品，很多都是推荐引擎个性化推荐给用户的，而不是有人在背后决策。再比如，在金融领域，算法可以决定是否给某个用户发放贷款，以及具体的贷款额度。此外，一家美国投资公司早在几年前就开始研发管理公司的 AI 系统，招聘、投资、重大决策等公司事务都由这个 AI 系统来管理并决策。也许在未来，一家公司的成功不再主要依赖于拥有像乔布斯那样伟大的 CEO，而是一个足够智能、足够强大的 AI 系统。更有甚者，欧洲国家都在大力推动人工智能技术在政务和民生方面的更深、更广的应用，政府服务不仅是数字化，而且是智能化。

2. 人工智能伦理问题日益凸显

第一个是算法歧视。可能人们会说，算法是一种数学表达，是很客观的，不像人类那样有各种偏见、情绪，容易受外部因素影响，怎么会产生歧视呢？2016 年 3 月，微软公司在美国的 Twitter 中的线上聊天机器人 Tay 在与网民互动过程中，成为了一个集性别歧视、种族歧视等于一身的"不良少女"。随着算法决策越来越多，类似的歧视也会越来越多。而且，算法歧视会带来危害：一方面，如果将算法应用在犯罪评估、信用贷款、雇佣评估等关乎人身利益的场合，一旦产生歧视，必然危害个人权益；另一方面，

深度学习是一个典型的"黑箱"算法，连设计者可能都不知道算法如何决策，要在系统中发现有没有存在歧视以及歧视的根源，在技术上是比较困难的。

为什么算法并不客观，可能暗藏歧视呢？因为算法决策在很多时候其实就是一种预测，是用过去的数据来预测未来的趋势。算法模型和数据输入决定着预测的结果。因此，这两个要素也就成为算法歧视的主要来源。一方面，算法在本质上是"以数学方式或者计算机代码表达的意见"，包括其设计、目的、成功标准、数据使用等都是设计者、开发者的主观选择，设计者和开发者可能将自己所怀有的偏见嵌入算法系统；另一方面，数据的有效性、准确性，也会影响整个算法决策和预测的准确性。比如，数据是社会现实的反映，训练数据本身可能是歧视性的，用这样的数据训练出来的 AI 系统自然也会带上歧视的影子。再比如，数据可能是不正确、不完整或者过时的，可能带来所谓的"垃圾进，垃圾出"的现象。此外，算法歧视可能是具有自我学习和适应能力的算法在交互过程中习得的，AI 系统在与现实世界交互过程中，可能没法区别什么是歧视。更进一步来说，算法倾向于将歧视固化或者放大，使歧视自我长存于整个算法里面。算法决策是在用过去预测未来，而过去的歧视可能会在算法中得到巩固并在未来得到加强，因为其以错误的输入形成的错误输出作为反馈，进一步加深了错误。最终，算法决策不仅仅会将过去的歧视做法代码化，而且会创造自己的现实，形成一个"自我实现的歧视性反馈循环"，包括预测性警务、犯罪风险评估、信用评估等都存在类似问题。归根到底，算法决策其实缺乏对未来的想象力，而人类社会的进步需要这样的想象力。

第二个是隐私忧虑。很多 AI 系统，包括深度学习，都是大数据学习，需要大量的数据来训练学习算法，这带来了新的隐私忧虑。一方面，如果在深度学习过程中使用大量的敏感数据，这些数据可能会在后续被披露出去，对个人的隐私会产生影响。因此，国外的 AI 研究人员已经开始探索如何在深度学习过程中保护个人隐私。另一方面，考虑到各种服务之间大量交易数据，数据流动不断频繁，数据成为新的流通物，可能削弱个人对其个人数据的控制和管理。当然，现在已经有一些可以利用的工具来在 AI 时代加强隐私保护，如经规划的隐私、默认的隐私、个人数据管理工具、匿名化、假名化、差别化隐私、决策矩阵等已成为 AI 不断发展和完善的一些参考标准，值得在深度学习和 AI 产品设计中提倡。

第三个是责任与安全。霍金、施密特等之前都曾表明，强人工智能或者超人工智能可能威胁人类生存。但在具体层面，AI 安全包括行为安全和人类控制。从阿西莫夫提出的机器人三定律到 2017 年阿西洛马会议提出的二十三条人工智能原则，AI 安全始终是人们关注的一个重点，欧美都在大力推进对自动驾驶汽车、智能机器人的安全监管。此外，安全往往与责任相伴。如果自动驾驶汽车、智能机器人造成人身、财产损害，谁来承担责任？如果按照现有的法律规定，因为系统是自主性很强的，它的开发者是难以预测的，包括黑箱的存在，很难解释事故的原因，未来可能会产生责任鸿沟。

第四个是机器人权利，即如何界定 AI 的人道主义待遇。随着人工智能机器人越来越强大，那么它们在人类社会到底应该扮演什么样的角色呢？人工智能机器人到底在法律上是什么？欧盟已经在考虑要不要赋予人工智能机器人"电子人"的法律人格，具有权利义务并对其行为负责。这个问题未来值得更多探讨。此外，越来越多的教育类、护理类、服务类的机器人在看护孩子、老人和病人，这些交互会对人的行为产生什么样的影响，需要进行进一步研究。

3. 构建算法治理的内外部约束机制

第一，是符合伦理的 AI 设计，即要将人类社会的法律、道德等规范和价值嵌入 AI 系统。可以分三步来实现；第一步是发现需要嵌入 AI 系统的规范和价值，存在道德过载和价值位阶的问题，即哪些价值优先，哪些价值在后；第二步是将所发现的规范和价值加入 AI 系统，需要方法论、有自上而下和自下而上两种路径；第三步是对已经嵌入 AI 系统的规范和价值进行评估，看其是否和人类社会的相一致。一方面是使用者评估，需要建立对 AI 的信任，比如当 AI 系统的行为超出预期时，要向用户解释为什么这么做；另一方面是主管部门、行业组织等第三方评估，需要界定价值一致性和相符性标准，以及 AI 可信赖标准。

但是这需要解决两个困境。其一是伦理困境。比如，在来不及刹车的情况下，如果自动驾驶汽车往前开，就会把三个闯红灯的人撞死，但如果转向，就会碰到障碍物使车上的五个人死亡。此时，车辆应当如何选择？在面对类似伦理困境的问题时，功利主义和绝对主义会给出不同的道德选择，这种冲突在人类社会都是没有解决的，在自动化的场景下也会遇到这样的问题。其二是价值对接的问题。现在的很多机器人都是单一目的的，扫地机器人就会一心一意地扫地。但机器人的行为真的是我们人类想要的吗？这就产生了价值对接问题。所以有人提出来兼容人类的 AI，包括三项原则：一是利他主义，即机器人的唯一目标是最大化人类价值的实现；二是不确定性，即机器人一开始不确定人类价值是什么；三是考虑人类，即人类行为提供了关于人类价值的信息，从而帮助机器人确定什么是人类所希望的价值。

第二，是在 AI 研发中贯彻伦理原则。一方面，针对 AI 研发活动，AI 研发人员需要遵守一些基本的伦理准则，包括有益性、不作恶、包容性的设计、多样性、透明性，以及隐私的保护等；另一方面，需要建立 AI 伦理审查制度，伦理审查应当是跨学科的、多样性的，对 AI 技术和产品的伦理影响进行评估并提出建议。

第三，是对算法进行必要的监管，避免算法作恶。现在的算法越来越复杂，包括决策的影响越来越重大，未来可能需要对算法进行监管。可能的监管措施包括标准制定，涉及分类、性能标准、设计标准、责任标准等；透明性方面，包括算法自身的代码透明性，以及算法决策透明性，国外现在已经有 OpenAI 等一些人工智能开源运动。此外，还有审批制度，比如对于自动驾驶汽车、智能机器人等采用的算法，未来可能需要监管部门进行事先审批，如果没有经过审批就不能向市场推出。

第四，是针对算法决策和歧视，以及造成的人身财产损害，需要提供法律救济。对于算法决策，一方面需要确保透明性，如果用自动化的手段进行决策，则需要告知用户，用户有知情权，并且在必要时需要向用户提供一定的解释；另一方面需要提供申诉的机制。对于机器人造成的人身财产损害，一方面，无辜的受害人应该得到救助；另一方面，对于自动驾驶汽车、智能机器人等带来的责任挑战，严格责任（结果责任）、差别化责任、强制保险和赔偿基金、人工智能机器人法律人格等都是可以考虑的救济措施。

今天，在人工智能快速发展的时代，对人工智能进行伦理测试十分重要，伦理测试的内容包括道德代码、隐私、正义、有益性、安全、责任等。现在的 AI 界更多是工程师在参与，缺乏哲学、伦理学、法学等其他社会学科的参与，未来需要加强对跨学科的 AI 伦理测试研究，因为在某种意义上我们已经不是在制造一个被动的简单工具，而是在设计像人一样具有感知、认知、决策等能力的事物，可以称其为"更复杂的工具"，但不可否认，我们需要确保这样的复杂工具进入人类社会以后和人类的价值、规范及需求相一致。

资料来源：曹建峰.怎样应对人工智能带来的伦理问题 [N].学习时报，2017-06-14.

问题：

1. 人工智能会带来哪些伦理问题？

2. 请对人工智能应用中所带来的利益与潜在的负面影响进行比较。

3. 企业要如何应对人工智能带来的伦理问题？

第五章 企业市场营销中的伦理

学习目标

- 理解营销道德判定理论
- 掌握市场营销中的伦理问题
- 了解绿色营销的概念及发展
- 理解绿色营销及其伦理含义

导入案例 营销伦理：商家急需补上的一课

企业与消费者和社会的关系，最主要的是经济关系，直接表现为某种利益关系，正确处理这种关系，除依靠法律外，还需要正确的伦理观念加以指导。因此，营销伦理的本质就是营销道德问题，是商业伦理的一个重要组成部分。

企业从社会中获取资源，在做出经济贡献的同时也发展了企业自身，因此也应该以履行社会责任的良好行为来回报社会。因此，每一个负责任的企业，每一个具有责任心的企业家，不仅在企业营销活动中要注重商业伦理，而且在企业生产、经营、管理的全过程都要注重履行社会责任。

当今中国，商业竞争的激烈程度众所周知。在这一大背景下，企业为了应对激烈的竞争形势，采用多种手段各出奇招，力求聚集人气，提升销售额，以获得更多的经济效益，这原本无可厚非。但是，每一个企业领导人应该充分认识到，企业不仅是一个经济组织，同时也是一个社会组织。企业的每一项商业活动，虽然其主要目的是追求商业利益，产生经济效益，但同时也不可避免地具有社会效应，会产生社会影响。因此，企业领导人在进行每一项活动决策时，不仅要考虑到经济方面的影响和作用，更要充分全面地考虑消费者的利益，秉承良好的商业伦理，使每一项商业活动都获得经济效益和社会效益的双丰收。

对于中国目前绝大多数商业企业来讲，急需补上的是营销伦理这一课。所谓营销伦理，指的是营销主体即企业在从事各种营销活动时，所应遵守的基本道德准则。世界著名营销学权威学者菲利普·科特勒就曾经说过："公司需要用最后一种工具来评价他们究竟是否真正实行道德与社会责任营销。我们相信，企业的成功和不断地满足顾客与其他利益相关者，是与采用和执行高标准的企业与营销条件紧密结合在一起的。世界上最令人羡慕的公司都遵守为公众利益服务的准则，而不仅仅是为了他们自己。"这就给我们指出遵守营销伦理的必要性和重要性，企业只有充分地考虑顾客和其他利益相关者的利益，才能在市场上获得真正的优势。

根据营销伦理原则，商家在制订营销方案及开展营销活动时，要妥善考虑下列各方面因素：其一，营销方案对消费者或其他利益团体产生的后果和影响；其二，该营销方案和活动开展时发生在消费者或其他利益团体上的可能性；其三，消费者对营销活动所产生后果的接受程度或排斥程度。

中国消费市场，与西方发达国家市场不同，具备独有的特点，即人口数量多且密集，消费者闲暇时间相对较多，消费者价格敏感度较高。因此，每一个企业在进行促销活动时，都要根据具体情况，妥善考虑到上述三方面因素，制订既积极有效，又稳妥可靠的促销方案，实施良好的促销行为。

在每年的元旦、春节等一系列节日来临之际，都是一个商家促销和市民消费的高峰时期，不少商家都在摩拳擦掌，积极准备抓住这一黄金时期开展促销活动，而消费者也将进入年终消费的高潮阶段。因此，在这一消费高潮到来之前，我们更有必要提醒每一个企业和企业领导人，在积极开展营销工作、抓好企业经济效益的同时，时刻牢记自己所肩负的社会责任，切记要以人为本、以消费者的根本利益为本，把握好营销活动的伦理准则和方式方法。只有这样，才能做到经济效益和社会效益双丰收，真正促进社会的和谐进步和繁荣发展。

资料来源：苏勇. 营销伦理：商家急需补上的一课 [N]. 文汇报，2007-11-20.

问题：

1. 企业在市场营销活动中是否要遵循商业伦理？

2. 企业在市场营销活动中如何兼顾经济效益和社会效益？

第一节 营销道德判定理论

在企业诸多伦理问题中，营销伦理呈现出高频次且极易被利益相关者感知的特点。在企业市场营销伦理问题研究中，道德判定理论为营销行为是否符合道德评判标准提供了理论依据。本章介绍与营销伦理行为分析相关联的伦理理论，用于分析营销行为的伦理属性。然而，除了一些显而易见的企业营销行为，还存在许多不能一目了然进行明确道德判定的企业营销行为，对于这些行为的"善"或"恶"进行判定时，现有研究并没有形成统一的道德标准。现有的关于道德的理论主要来自于西方学者的研究与贡献，代表性的理论除了在第一章介绍过的正义论之外，还有显要义务理论、相称理论。以上三个典型的道德理论虽然并不是纯粹的伦理学理论，并且各自构建体系的目标不同，但是，它们可以用于营销行为的伦理分析，并对企业伦理研究具有重要的借鉴意义。本节将对三个典型道德判定理论进行介绍，并结合企业营销活动说明其对企业营销行为的重要作用。

一、显要义务理论

罗斯（W.D.Ross）于 1930 年发表的著作《对与善》中明确提出了"显要义务"（the prima facie duty）这一概念，此概念的目的是为了确定在具体环境中个体的行为[①]，即它通过对实际情形的描述，试图把握理智正常的个体的行为，并且在此基础上形成一种道德义务。

在罗斯的观点中，它对显要义务的构成进行了分类，大体分为以下几种：第一，诚实，主要包括双方对所达成诺言的遵守、实际情况的明确告知、对失误行为的及时补救等，如企业做到信息宣布的真实性、不欺骗和误导；第二，感恩，主要包括对自己有所帮助的人的回报，实际就是指互惠性，常见的诸如对父母的报恩、朋友的关心等；第三，公正，即奖罚分明，在同样条件下不厚此薄彼，如企业不进行差别待遇等；第四，行善，简单讲就是扶危济困、乐于助人，如企业承担相应的社会责任，热心公益慈善事业等；第五，自我完善，即企业应最大化自己的潜力和发展，充分实现自我价值，如进行产品、服务以及技术等方面的创新，为消费者提供更有价值的选择；第六，不作恶，即不损人利己、不伤害他人，如不以次充好、不哄抬物价等。

通过对这些实际情形的论述，可以发现存在相互冲突的情况，比如当企业在短时间内倾向于进行自我完善的时候，可能会一定程度上影响它对行善的投入或支持力度。在这种情况下，应该如何进行行为选择呢？这里会涉及次序的问题。罗斯用一个简单的例子对次序的问题进行说明：比如偶遇一个突发车祸，导致不能如约参加某事的情况发生，那么是守约参加还是救助伤者，这两者就涉及上文所论述的显要义务。罗斯所给出的答案就是直觉，依照每个参与者在具体情形中的直觉做出相关决定，所以罗斯的观点本质上是直觉论。正如他在《对与善》一书中所提到的"归根到底，调节各种道德原则冲突的是'正确'的概念，是在一定场合对某一具体行为正确的直觉"。

罗斯的"显要义务论"并非完美无缺，和其他的思想一样，它也有自身的问题，最重要的问题就是它将实际情形的道德判断诉诸直觉，而直觉有很多的不确定性，它并不能形成统一的准则，并且个体的主观意愿也是不断变化的。但是此理论为企业伦理建构提供了很多的启示。首先，它为企业在实际情形的伦理决策提供了相关的理论依据，它能够提示营销人员应关注什么以及在亟须进行重要的决策时需要考虑的关键因素。其次，它对营销伦理的启示体现在更多地强调义务的存在。在决策过程中就强调义务，可有效地权衡义务和后果二者之间的关系。

---

① Ross W D. The Right and the Good. By R. Robinson[J]. Transactions of the Royal Society of Tropical Medicine & Hygiene, 1930, 50(6).

二、相称理论

加勒特（T.Garrett）在 1996 年提出了相称理论。该理论的提出也是用于判断某行为是否符合道德标准，它从更为全面的方面进行考察，即从目的、手段和后果三个方面对行为进行考察，以判断它是否符合伦理标准。

首先，从目的方面看，主要是考察行为者的动机，加勒特认为，只有了解个体的行为动机，才能够考察其伦理属性，即通过考察个体行为的动机作为判断行为是否符合伦理标准的依据。在营销伦理决策中，可以将这种观点应用到营销伦理问题分析中，如调研人员进行调研时，需要考察其背后动机的善恶，如果是好的意图，其目的是为了调查和预测消费者的购买行为，那么就是符合伦理标准；如果是为了其他坏的目的，则可以得出相反的结论。其次，对于手段的考察则是建立在目的的基础上，是指个体为了达到目的，实现最终目标所采取的主要实现方式。最后，关于后果的评价则建立在目的和手段均得以实现的基础上，且主要考虑两方面内容：其一，就行为主体而言，行为主体个体希望达到的目标；其二，是他人可以预料的结果。加勒特对此进行点评，他认为结果不能用于评价目的，也不能作为手段合理性的评判标准。

对于上述三个方面的具体实施过程，加勒特提出了几种实施原则：第一，在个体实施某种行为后，如果产生某种负面的结果，主体必须有足够相称的理由来解释此种负面结果，如果没有足够相称的理由，那么此种行为即是不伦理的；第二，若考察个体的手段或考察个体的目的属于极端恶行，那么可以将此种行为归于非伦理行为；第三，极端恶行对他人产生了极为严重的伤害，并且没有相称的理由去解释，同样也是非伦理行为；第四，非极端恶行如果没有相应的相称理由予以支撑，那么此种行为也是非伦理的。

这里需要注意极端恶行和非极端恶行的区别。其中，极端恶行，往往指的是对个体造成严重的危害，如对于个体生命的危害、金钱的损失等。非极端恶行则存在某种程度上的区别，诸如通过恶意的宣传方式对竞争对手造成损害，从而吸引消费者购买自己企业的产品。同时，还需要注意相称理由是通过对善的追求和对恶的追求两个方面来进行理解的。如果对善的追求的理由超过对恶的追求的理由，那么此种理由就是相称的。以药物销售为例，如果本国不允许销售此种药物产品，但是其他国家允许，当企业借此漏洞，去其他国家销售该产品，这很明显就是不道德的行为。如果本国的实验已经成功，并且相关的法律条款已经出现，那么在他国销售时，则是具有相称理由的。

当然，极端恶行和非极端恶行是一种程度上的区别，二者的界限异常模糊，具有主观意愿，不同的人看法是不一致的，这是此理论的主要缺陷。尽管相称理论具有缺陷，它对企业的实践仍具有现实意义。第一，此理论所提出的意图、手段、结果的分析思路和框架为营销人员提供了分析的基础，即营销人员在实施某一行为时，需要从这三个方面进行思考，进而对自身提出问题，诸如此行为的动机是否合理？是否违背道德行为？此行为所采取的手段是否正当？在实施过程中所产生的结果是否对他人造成损害？通过对这些问题的反思，可以使营销人员提高自身的行为素养。第二，该理论可帮助营销人员进行相关的道德决策，有助于规范营销人员的道德行为，即帮助营销人员判断哪些行为可以实施，哪些行为不可以实施。第三，通过此理论相关观点和问题的提出，可使营销人员对恶行的程度有更为详细的界定，从而有效地杜绝对他人产生极端严重后果的行为。

三、社会公正理论

在本书的第一章，已经论述到罗尔斯的社会公正理论即正义论，本小节将从正义论的视角探讨企业营销伦理的实践问题。

首先需要指明的是，正义论是针对整个社会提出的，因此正义论也被称为社会公正理论，它试图建构一种公平的社会。此理论是一个思想实验，在企业伦理中被作为主要的伦理体系引入到企业研究之中，社会公平理论在 1971 年由哈佛大学教授罗尔斯（John Rawls）在其出版的《正义论》一书中提出，在这部著作中，罗尔斯提出了正义论的主要论点，其思想实验的起始点就是"原初位置"（original position）。①

罗尔斯的正义论是在传统契约论的背景之下产生的，"原初位置"是一种思想的实验，即每一个参与者可以通过"角色的互换"，思考在以下情境中，会做何种选择，即个体不知道自己的经济状况、所处的位置，甚至不知道自己处于哪个代际。在此种情况下，每一个参与者都被假定为"理性人"，通过对他们做出选择的原则进行分析，罗尔斯以此种思想试验构建正义原则，即自由原则和差异原则。因此，正义论实际上是一种理论性非常强的体系，同时它对于现实社会制度的建构有很多的启发意义。简言之，"原初位置"的选择实际上可以视为最不利群体的选择。

罗尔斯的正义论对于企业营销人员的影响也具有重要意义。首先，正义论揭示了每个消费者的选择是自由的，并且对于产品信息的知情权也是必须具备的。其次，差异性原则要求企业不能为了自己的利益而损害他人的利益，特别是不能利用强势群体剥夺弱者的利益。最后，社会正义论再次肯定了从道德正义的角度建立营销理念的重要性和紧迫性，在企业进行相应的营销计划和决策时，不能将消费者的权利置于弱势地位。

本节提到的三个典型营销道德判定理论对于企业营销伦理研究和营销伦理活动的开展起到了重要作用，这些理论虽然不能成为解决营销伦理冲突的关键，但是提供了企业营销伦理判定的基本思想线索。伦理冲突在某种意义上反映了一种利益冲突，市场营销领域利

---

① Rieger, Günter. John Rawls, A Theory of Justice, Cambridge 1971. Schlüsselwerke der Politikwissenschaft. VS Verlag für Sozialwissenschaften, 2007.

益冲突的解决取决于企业在多大程度上建立什么样的营销理念。在现代社会营销理念的统治下，企业的伦理标准和伦理水平高于生产理念和销售理念，这在一定程度上有助于营销伦理冲突的缓和与解决。从长远发展看，如果公司能够将自身发展和整个社会的福利统一为一体，或在自己的伦理要求统治下从事社会责任的商业活动，那么，营销理念将被提升到一个新的高度，营销伦理冲突的解决也会迎来新的契机。

第二节　市场营销中的伦理问题

伴随着企业的出现，企业的营销活动随之产生，并且融入企业经营的每一个环节，是企业盈利和实现价值最大化的重要途径。随着企业营销活动的开展，各种市场营销中的伦理问题接踵而至。那么，市场营销中的伦理问题是哪些呢？

营销学中最著名的理论是"4P理论"，该理论最先出现在杰罗姆·麦卡锡所著的《基础营销学》中。"4P理论"包括以下四项内容：产品、价格、渠道和促销。对于以上这些因素，企业具有可以控制的能力，但是对于外部环境，企业不能控制，只能去适应。企业营销活动，实际就是对上述所提到的四个方面营销内容相关的各种营销策略的有效结合，而营销伦理与企业营销活动开展息息相关。简单来说，营销伦理指的是为了协调企业营销活动开展过程中各个利益相关者关系所需遵守的准则。现代企业的营销战略已经远远不是单一维度的市场份额所能反映的。因此，企业的营销侧重点不单是产品的销量好，市场的占有率高。企业不仅要关注数量的变化，更应该注重深层次的顾客需求，即从企业的整个供应链来看，在营销过程中，企业应该与上下游供应商建立稳固的合作关系，能够有效地对所生产的产品得到及时的反馈信息，有效地发挥经销商等环节的作用。因此，这就要求企业不仅要关注自身的产品状况，还应从整体的视角，特别是从更为广泛的上下游企业和消费者的角度来实施营销战略。因此，企业营销中的伦理问题虽然主要侧重于消费者的权利问题，尤其是生命权利、隐私权利等，但仍然涉及其他利益相关方的权利，如上下游企业等。

经济的发展导致市场竞争日益激烈化，一些企业为了实现利润最大化，会采取违法和违反道德标准的手段。在企业营销行为方面，基于"4P理论"可以对不道德行为从四个层面进行分析。企业营销的不道德行为即营销伦理问题，不仅会对企业产生极大的危害，而且从宏观层面和长远角度来看对整个社会的发展也会产生不良影响。

企业营销中的伦理问题是依据企业具体的营销职能划分的，因此在企业营销中的伦理问题方面，对企业提出了新的要求：首先，企业的领导者应建立合理的营销伦理规则，并且在企业中进行落实；其次，企业的领导者要把握消费者的需求，保障消费者的权益，进而将这种保障反映在企业的价值观层面。

一、产品伦理问题

提到企业营销活动，必然离不开产品。企业的营销伦理问题在产品方面主要表现在四个方面：产品设计、包装、质量安全和产品召回。

（一）产品设计中的伦理问题

产品设计中的伦理问题主要体现在两方面：第一，进行有缺陷的产品设计；第二，设计强制性淘汰的产品。

1. 有缺陷的产品设计

美国《第二次侵权法重述》（以下简称《重述》）对产品缺陷进行了详细的描述，以规制企业生产中所产生的各种产品缺陷问题。《重述》中关于产品缺陷的描述是："对使用者或消费者或其财产有不合理危险的缺陷状态。"《美国统一产品责任示范法》将产品缺陷具体界定为："产品制造、设计上存在不安全性，未给予适当警示或不符合产品销售者的明示担保致使产品存在不安全性。"那么从上述的描述就可以发现，产品缺陷最基本的特征就是对顾客的安全产生影响，所以判断产品是否存在缺陷的最显性的特征是：当产品投入市场之时，是否有顾客对产品安全进行投诉，是否对顾客的生命和健康造成影响。通过这种显性的指标，就可以明确的发现企业的产品缺陷问题。

2. 强制性淘汰的产品

强制性淘汰产品是很多企业使用的手段，其根本目的是让顾客再次购买产品。它有目的地使之前所生产产品的使用寿命缩短，以此完成产品的更新换代，从而使企业的生产一直处于运行之中。通过这种惯用策略，一方面企业能够再次改进所生产的产品，进一步提高产品的性能，并发现之前产品的问题；另一方面这也是一种非常有效的营销策略，它会吸引顾客，强调现有产品较之前产品进行了何种改进，以引发顾客对新产品进行广泛的讨论。然而，从伦理角度看，这种营销行为在最初的产品设计阶段就已经对消费者存在算计和欺骗，属于非伦理行为。

为了有效地解决产品设计中的伦理问题，在进行产品设计时，应该遵循人本原则。产品设计的人本原则强调协调和以顾客为中心。首先，产品设计的最终目的是为了满足顾客，如果一味的进行产品设计，却没有考虑顾客的实际需求，那么它就不会在市场上有真正的竞争力。如何真正了解顾客的需求呢？这就需要营销部门在与顾客交流的过程中，逐渐发现消费者的实际需求。这种设计的指导理念实际上就是在各个方面都需要满足消费者的需求，无论是对产品性能的需求，还是消费者心理方面的需求。因此，这种理念是将产品与人的完美契合作为设计目标，此目标的实现在很大程度上也反映了产品的好坏，以及消费者对产品的认同。依据这种理念也对产品的设计提出了两点要求：第一，产品一定要方便消费者的使用，因为产品的最终目的是为消费者服务，这是最基本的要求之一；第二，要体现用心设计，所谓用心设计，是真正的考虑不同用户的多样化要求，特别是弱势群体对产品的要求。

（二）产品包装中的伦理问题

企业生产经营活动的一个重要环节和必要过程就是包装过程，它对于产品具有重要的影响，一方面，适度、精致、有特色的商品包装对于产品的销量有很大的影响；另一方面，优秀的产品包装会给予消费者愉悦的精神享受和快乐体验，间接影响企业的形象和顾客的忠诚度。基于以上原因，企业十分重视和关注商品的包装，而且产品包装正在逐渐呈现一种由商品的附属物向重要组成结构演变的态势。企业认为包装是一个产品吸引顾客眼球的重要手段，甚至有些顾客会认为好的包装就代表着优秀产品。但是，当产品过度包装，消费者花费高价购买到的产品并没有达到其预期时，越来越多的消费者不会再次购买这种产品。作为企业产品生产流程中不可分割的一部分，包装的商业价值虽然十分重要，甚至能够直接影响企业的生产经营绩效，但是在产品包装过程中仍然需要注意包装中的伦理问题，避免过度包装、包装不当、包装欺诈等现象。

1. 过度包装

过度包装对消费者甚至整个社会都会产生负面影响。首先，过度包装会对社会造成危害，特别是对周边环境和整个自然生态造成危害。其次，过度包装使得消费者承担了不应该承担的成本，这对于消费者来说是一种欺骗或者侵犯，因为消费者需要的是产品的质量，而不是与产品没有太多关系的包装。最后，过度包装会使社会中形成相互攀比的浮夸风气，不仅在成年人中会形成攀比之风，甚至青少年都会受到这种风气的影响。

2. 包装不当

在讲到包装不当时，必须要提到一个与产品包装息息相关的概念——标签，即产品信息的载体。企业产品的许多误导性信息都是通过产品标签实现的。例如，在一款国内生产并在国内销售的产品包装标签上只印有外文，而没有中文，这种行为会给消费者传递一种进口商品的误导性信息。又如，随着消费者对食品质量安全的重视和对环保的关注，不少企业在产品标签上标有"绿色""无公害""非转基因"等字样，但其实评判标准并不严格且商家解释也各有不同。以上这些现象也许不属于违反法律规定的行为，但是作为一个有良心、有道德的企业，都是不可取的。

3. 包装欺诈

为了使产品包装合理，企业进行包装决策时应注意以下几点。第一，保护消费者的人身安全是最基本的前提条件。无论是在产品的搬运、储存还是使用和维护等方面，都需要注意将相应的安全事项应在包装上进行详细说明，同时，使用说明以及安全警示等也是必不可缺的。第二，重视质量。包装过程中不能具有欺骗性的介绍或者标志，而且包装需要把握尺度，任何过度的包装如果缺少良好产品质量的支撑，只会对消费者的购买体验产生负面影响。第三，尽可能地避免浪费。伴随着包装的产生，资源的消耗是一种必然。合理的包装能够起到"锦上添花"的作用，但是过度包装不仅会"画蛇添足"，甚至会造成资源的浪费。第四，包装要注重环保，材料选用须符合"3R"原则[①]。包装产生的垃圾一定程度上会对自然环境产生负面影响，为尽可能降低这种影响，在材料选取上应遵循"减量、再利用和再循环"原则，通过提高回收利用率降低对环境的影响。

（三）产品质量安全中的伦理问题

在产品设计与产品包装伦理问题的分析中，都强调了消费者人身安全的重要性。因此，在进行产品伦理问题分析时，产品质量安全是必不可少的一部分。产品的质量安全是企业运营的保障，如果不能保证产品质量安全，企业将难以顺利运营。因此，产品质量不仅对企业的财务绩效有影响，也关乎企业的伦理维度，主要涉及产品的安全性、信息是否歪曲等相关问题。

近些年，产品质量安全问题事件频发，虽然大部分事件集中于食品安全领域，但是在汽车、手机、家用电器等各行业的产品安全问题也时有发生。企业应对产品的质量安全承担责任并有义务妥善处理质量安全问题。常见的与营销相关的产品质量安全主要体现在区域产品提供的差异性上，一般在跨国经营的企业中表现更为明显，如一些企业在面对本土市场、发达国家市场以及发展中国家市场时，提供质量不一的产品和服务，甚至一些企业存在明显的违法行为，诸如进行污染转移，即在发展中国家采用一些污染较重且相对落后的技术进行产品生产与经营。除此之外，企业营销中的产品安全问题还表现在使用不合格、不合规的材料进行产品生产以及产品研发团队中存在低技术员工等，这些最终都会影响产品的质量。一些发达国家的企业甚至利用欠发达国家的法律制度、监管不严格的漏洞，刻意推销不合格的产品。

在进行产品质量安全伦理分析时，应注重安全评估的几个要点：首先，应明确产品质量的安全性有多大，生产者是否通过最大的努力去达到最大化的安全；其次，利益相关方（消费者为主）对安全性的要求程度以及可承受的风险范围；最后，依据安全性和风险承受度对产品安全进行判定。需要注意的是，要想合理地评估风险，一方面，消费者必须知晓风险的存在，企业有权将实情告诉消费者，消费者也具有知情权；另一方面，消费者也有权知道风险的性质、来源、避免方式以及相应的替代手段。

---

① "3R"原则，指的是减量化、再利用和再循环三种原则的简称。

（四）产品召回

无论是产品设计、包装还是质量，都特别重视消费者的安全。产品召回制度也基于合理的安全性这一判定标准对缺陷产品提出召回和补偿。由此可见，对于一个有社会责任感的企业而言，不生产、不销售危险产品，就是企业的重要责任。但是，在很多情况下，这一责任并不能够完全体现企业在产品安全等方面应该承担的责任。正如前面提到的缺陷产品、瑕疵产品和不合格产品存在差异一样，企业对于缺陷产品在进行召回，对于瑕疵产品和不合格产品也同样应负起相应责任。一方面，企业应尽可能地将产品危险性降低到"最低、最合理"的范围，尽可能地达到最大安全；另一方面，对于产品安全产生的一系列消费者损失，企业应承担相应责任，具体问题具体分析，并给予消费者相应的补偿。

产品召回固然是企业用来消除一些产品伦理问题的有效措施，但是在实际应用中，企业在实行产品召回这一活动时又会出现一定的伦理问题，如一些企业在产品赔偿和态度上，视地区或国家差异而采取不同的措施，对于本土市场上的产品问题，企业会进行及时有效的处理，而对于其他市场则可能采取推卸责任，甚至拒不道歉和拒绝赔偿等处理方式，这种双重标准严重侵害了消费者的利益。

二、定价伦理问题

在企业营销过程中，价格作为一个重要变量不容忽视，是企业营销业绩甚至是企业整体效益的一个重要保障，因此营销组合中需要考虑价格因素。一般来讲，定价伦理问题包括四个类型：歧视定价、串谋定价、掠夺定价和价格欺诈，其中前三种因其不正当竞争行为一般为国家法律所不允许，且其评估标准主要集中于对竞争的影响程度上；而价格欺诈属于颇具争议性的定价行为，其焦点在于对价格的合理性及其对消费者的影响。

（一）歧视定价

歧视定价指的是在营销过程中，通过对不同的消费者进行等级划分，以不同的价格销售同种类别的产品。此种行为很明显违背了伦理道德。首先，它没有公平地对待顾客；其次，这实际上是一种欺骗的行为，即没有对消费者提供完整的信息，以此歪曲商品的信息。歧视定价是企业的一种行为选择，即采取价格歧视的行为。

我国《价格法》将价格歧视定义为经营者之间的一种特定行为，其形成需要满足三个条件：第一，同样的产品或服务；第二，提供给两个及其以上的具有同样交易条件的经营者；第三，交易行为必须发生在大致一样的时间、地点。以上三个条件必须同时满足，否则就不能构成价格歧视。通过以上内容不难发现，我国关于价格歧视的规定存在一定的模糊性，在很大程度上为价格监管带来了困难，但是价格歧视的规定还是反映了我们关注的重点，即是否对正当竞争产生了影响。除此之外，歧视定价还会带来社会问题，如社会公平与公正问题，这也属于伦理问题的范畴。尽管歧视定价在很大程度上探讨的是经营者之间的关系和竞争关系是否失衡的问题，但在现实生活中，我们也会碰到很多针对消费者个人的价格歧视，如学校内的书店针对不同学历的学生采取差异定价，即博士 3 折、硕士 4 折、本科生 5 折等，虽然对于其是属于价格歧视还是商家促销的手段存在争议，但毋庸置疑的是，很多消费者还是感受到了学历差异造成的价格差异。

（二）串谋定价

串谋定价有时也被称为协议价格，指的是为了实现高额利润或攻占市场份额，不同的企业之间通过各种协议或者商谈而确定价格。串谋定价的实质是为了达成市场垄断，这种行为不仅不利于公平公正，还会伤害消费者的权益。除了有明确协议的协议定价之外，串谋定价还有诸多暗中达成的默契价格或由价格领导实行统一定价等表现形式，这些类型的串谋定价都是违反法律规定的，并且从伦理角度来看，这也是违背公平原则和伦理规范的，会对市场的良性竞争产生不利影响。

我国目前关于串谋定价的法律规定并不多，也没有形成成熟的法律体系对串谋定价进行严格的惩罚。现有的相关规定主要来自《价格法》（第 14 条）、《反不正当竞争法》（第 15 条）以及《制止价格垄断行为暂行规定》（第 4 条和第 5 条），对于经营者之间的串通行为进行了禁止，禁止操控市场价格形成垄断。总而言之，串谋定价是一种显而易见的不道德行为，它会造成价格信号失灵，意图达成市场垄断，严重阻碍了社会公平公正，损害了消费者权益并会阻碍经济的发展。

（三）掠夺定价

掠夺定价的最终目标是以过低的价格吸引消费者，试图侵占市场份额，将竞争对手置于不利的竞争地位甚至将竞争对手挤出市场。掠夺性价格具有短期性特点，其主要目的是挤掉竞争对手并获得"市场控制权"。在完成短期的目标后，企业可能会制定较高价格以获得高额利润。

无论怎样，企业的掠夺定价都是一种不道德行为，其主要判断依据是企业是否采取了不合理的低价或亏损低价进行竞争。掠夺定价的本质是寻求垄断，妨碍了竞争，这与歧视定价、串谋定价存在相同的特性。但掠夺定价与其余两者之间的最大不同在于歧视定价与串谋定价对价格的影响是价格升高，而掠夺定价呈现两阶段特征——短期下降，长期上升。在短期内，消费者并没有受到伤害甚至享受了好处，但长期来看则会损害消费者权益。

（四）价格欺诈

价格欺诈是指经营者利用虚假或误解的不当价格策略或手段欺骗、诱导消费者进行交易，损害客户利益的行为。与价格欺诈相似的另一个概念是误导性定价，其指的是企业通过一些易使消费者产生误解的说法进行价格宣传。二者之间的区别通常并不明显。毫无疑问，价格欺诈和误导性定价均属于不道德行为。这两种行为均破坏了公平公正原则，损害了消费者权益尤其是知情权，阻碍了市场交易的合理性和公平性。《中华人民共和国价格法》《中华人民共和国反不正当竞争法》都对价格欺诈和误导性定价进行了明确禁止，鼓励企业采取正当竞争行为。

价格欺诈行为有多种表现，常见的价格欺诈行为有：第一，商品的名称、来源、大小、等级、质地、定价单位、价格等，以及服务的标价、价目表、收费标准等与实际不符，并以此作为引诱或诱导消费者及其他经营者的手段；第二，对于处于同一交易地点的同一商品或服务采用两组价目表，如招揽顾客时采用低价，结算时采用高价；第三，在与他人进行交易时，采用具有欺骗性或误导性的文字、图片、语言或单位进行标价；第四，标明市场最低价格，出厂价、批发价、特价等价格标明无依据或无比较；第五，减价出售商品或服务，其折扣率与实际不符；第六，进行处理产品销售时，未对真实情况即相应价格进行说明；第七，售出货品及提供服务时，如有馈赠商品，未对其名称、数量如实标注或馈赠品为假货；第八，收购、出售货物或提供服务时若有价格附加条件，不标注或模糊标注附加条件；第九，虚构原价、虚假折扣、谎报价格或抬高价格，诱骗他人购买；第十，对于存在价格承诺的商品，不履行或未完全履行的；第十一，为诱导消费者交易，用或高或低的虚假价格进行欺骗的；第十二，商品质量、数量与价格不符，经营者以假乱真、以次充好、缺斤短两等行为；第十三，将商品价格变动谎称为政府定价。

三、分销渠道伦理问题

企业营销渠道也称分销渠道，是指企业产品的所有权和实体从生产领域（厂家）转移至消费领域（消费者）所要经历的过程。事实上，这一系列的分销渠道，就是帮助厂家将产品的所有权通过金钱交换的方式转移到其他个体或集体手中。企业分销渠道按照有无中间商参与这一标准可以分为两种类型，即直销和间接分销。因此，也可从直销和间接分销两个方面分别对其伦理问题进行讨论。

（一）直销渠道中存在的伦理问题

直销强调人对人的接触，由于时间、地点的不固定性，这种销售方式会呈现一定的弹性。虽然直销渠道模式具有较强的竞争性和生命力，但是其独特性也面临着诸多伦理问题，如侵犯隐私权、骚扰、欺诈、不公平等。

侵犯隐私权是直销中最高频、最棘手的伦理问题。由于销售人员直接掌握目标客户的信息与资料，并且很多机构愿意购买个人信息资料，消费者的个人隐私权很可能遭受侵犯。

尽管美国直销协会为了保护个人隐私制定了详尽的直销商伦理准则，如规定个人信息资料仅能用于营销、未经许可不可将客户资料出租、交换和售出等，但这些准则只能作为一个参考，且实际存在的伦理问题多种多样，并不能面面俱到。

骚扰问题的主要产生原因是信息泄露，即隐私权被侵犯造成的。一方面消费者会受到各种各样邮件、广告的骚扰，感到十分苦恼和厌烦；另一方面，消费者也可能会接到很多电话推销，甚至消费者还会遭遇上门推销。以上行为都是不道德行为，会给消费者带来很大困扰。

欺诈这一问题有两方面的体现：一方面，在面临直销员的上门推销时，由于与业绩直接挂钩，销售员在产品的介绍和功能讲解上可能会夸大其词或者隐瞒不利信息；另一方面，消费者在接到电话或邮件等广告宣传时，很可能会被一些广告误导或欺骗。

直销中的不公平问题产生的主要原因是信息的不对称。由于直销商掌握消费者信息，有利于对其进行区别对待。其中一个典型表现是针对不同收入的消费者进行不同的价格销售，另一个典型表现是针对不同收入消费者或者不同接触程度的消费者采取不同的优惠手段。

（二）间接分销渠道中存在的伦理问题

间接分销渠道涉及中间商的参与，在间接分销渠道的过程中，通过中间商的加入实现产品由厂商到消费者手中的转移。常见的中间商有批发商、零售商、代理商等，根据不同的中间商会形成不同的间接分销渠道。典型的间接分销渠道，如图 5-1 所示。

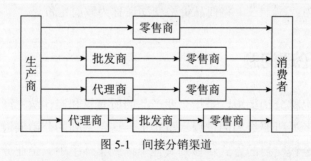

图 5-1　间接分销渠道

众多中间商参与形成的间接分销渠道具备独特优势，如通过中间商的联结，在一定程度上调节了产品从生产到消费的转移过程中时间、空间等方面的矛盾，提升了交易效率；缓解了生产者的营销压力，节约了人、财、物等资源。正所谓"金无足赤，人无完人"，间接分销渠道也存在一些缺点，如中间环节产生的耗损，通过价格转嫁到消费者身上，进而引发消费者的抵触情绪，生产商不能及时有效获取消费者意见和市场情况等信息，消费者也可能存在对产品信息了解不完全的情况。更为重要的是，中间商的增多意味着在更加复杂的环境下，分销渠道中可能面临更为复杂多样的伦理问题。

间接分销渠道中的各个中间商都在交易中追求自身的利益目标，从原则上讲，各个企业或组织都应保持目标一致，且这一目标最终必须着眼于消费者需求。当各个分销主体之间存在目标不一致时，就会产生相应的伦理问题。如图 5-1 所示，当生产商与零售商的目标不一致时、生产商与批发商或批发商与零售商之间的目标不一致时，伦理问题就会出现。间接分销渠道中的伦理问题很大程度上来源于分销渠道中的目标冲突。当渠道中的两个中间商主体出现目标冲突时，每个中间商都存在出现非伦理行为的可能。间接分销渠道中的伦理问题通常从以下两个角度进行阐述：一是从整体上来讲，普遍存在的伦理问题；二是零售环节和批发环节存在的伦理问题。

间接分销渠道普遍存在的伦理问题包含三个方面的内容：行贿、定价与广告、竞争。

零售环节可能产生伦理问题的部分有采购、定价和销售。

批发环节存在的伦理问题与我们前面提到的零售环节的采购、销售等方面相似，由于其在渠道中与消费者没有直接接触，所以显得很"隐形"。批发商的伦理问题更多是在与生产商进行接触的过程中产生的。

四、促销伦理问题

对于企业而言，要想实现最优化的企业效益，不仅需要拥有优质的产品、有吸引力和竞争力的价格以及有效的渠道，还需要与包含消费者、零售商等在内的利益相关方进行及时有效的沟通。这一沟通过程和手段被称为促销。促销实际上是为了吸引消费者，其最终目标是更多的销售企业产品，实现企业业绩。因此，在这个过程中包括吸引顾客和满足顾客两方面的内容。促销活动涉及人与人、组织与组织等之间的互动，在实践中主要存在广告中的伦理问题和人员推销过程中的伦理问题。

（一）广告中的伦理问题

商业广告可以被视为一种信息传播的媒介，是一种企业通过付费利用社会媒体、公众平台等非人员销售的形式向消费者单向灌输、传递并促销其产品与服务的过程。一般来讲，广告这种信息传播方式具有高公开性、多次传播性、表现夸张性以及非人格化等特点。正是由于广告的这些独特性，使得其成为营销领域备受争议的焦点。广告中存在的主要伦理问题有三种：广告的真实性、儿童广告问题、低俗广告问题。

基于对消费者权益的保护、对广告市场规范性的维护，我国《广告法》《消费者权益保护法》等分别对广告的真实性提出了要求，坚决杜绝和抵制虚假广告的存在，确保广告信息的真实性、合法性。对于广告人和企业来讲，无论是从专业角度还是从伦理道德角度，确保广告的真实性都是其应当遵循的最基本的准则。广告的真实性不仅仅需要国家法律法规的监管和要求，更需要依赖于从业人员、企业自身职业道德和素质的提高。然而，在现实生活中，由于并不是每一个企业和广告人都能够自觉遵守准则和法律要求。加之，我国《广告法》中关于虚假广告真实性等方面的规定还不完善，实际情况又更为复杂，执法人员有时很难进行依法追责。因此，实际生活中依然存在大量的虚假广告、欺诈广告，严重损害了消费者利益，破坏了社会公平与和谐发展。广告的真实性问题已成为营销伦理中最广泛和最具争议的问题。

电视和网络作为重要的信息传递载体，对个体价值观的形成具有重要的作用。过多商业元素的渗透，使广告并没有传递更为积极的价值观和道德认知，甚至部分广告商并没有考虑价值观的问题，更不会考虑不良广告对儿童价值观造成的影响。这种情况很容易对孩子产生负面的道德影响，如攀比心理、过度追求品牌等现象的出现。因此，儿童广告存在很大的伦理争议。

除了广告中的真实性和儿童广告问题，还存在低俗广告的问题。随着互联网的发展，低劣的广告内容会对企业造成极大的影响，不仅会影响产品的销售，也会影响企业的声誉。这类问题所引起的伦理问题已经成为一种社会现象，如网页的淫秽信息、游戏中人物的设计过于裸露，这些都会对社会产生重大的负面影响。

（二）人员推销中的伦理问题

人员推销的主要特点是直接的接触，它通过销售人员与潜在消费者的直接沟通，试图将产品出售给消费者。人员推销中的销售人员具有高压性、独立性和两难境地等特点，也正是由于这些特点的存在，会使销售人员在承受巨大压力的同时，也面临众多的伦理问题。从营销角度看，人员推销中最为严重的伦理问题与消费者息息相关，为此，我们重点讨论人员推销与顾客关系中的伦理问题。

推销本身就是一个经常被批评的行为，有学者认为推销本身就是向消费者推荐想卖出去的产品而不是消费者希望购买的产品，剥夺了消费者的更多选择，其本身就是一种非伦理行为。推销人员在与消费者的直接接触中，面临的伦理问题更加复杂，一般来讲，有四种伦理问题：高压劝说、顾客歧视、误导宣传和送礼。

常见的高压劝说形式是"限量销售"，即对一项产品的销售数量进行限定，制造出一种产品紧缺，错过之后就买不到的紧张感。若销售人员传递信息属实，那么这种行为不存在什么问题，若与实际情况不相符，只是为了通过施压诱导消费者做出购买决策，那么这种行为就是一种非伦理行为。顾客歧视指的是推销人员对顾客进行划分，造成了顾客与顾客之间的平等，使顾客没有享受到同等的产品优惠或服务，这种行为是不道德的。误导宣传有两种表现：不正确的产品与服务描述以及做出错误的承诺。误导宣传在一定程度上损害了消费者的自主选择，是不道德的。送礼也是一种常用的推销辅助手段。当礼物馈赠停留在合理的范围内时，可能是一种维护关系的有效方式，但是当礼物的价值超过一定的界限，送礼会变成行贿，这时

拓展案例 5-1

营销的道德底线

扫描此码 深度学习

候就是一种伦理问题。

第三节 绿色营销

在市场营销活动中，企业常常面临着各利益相关者的压力，比如来自社会媒体与公众的压力、政府的压力、消费者伦理信念提升带来的压力等，这些压力和企业自身发展、承担社会责任几方面共同作用，从而促使企业不断改进营销理念。在这种情况下，绿色营销的概念被提出并得到了广泛关注。学者们对绿色营销到底是什么、为什么重要以及应该如何推进进行了广泛的探讨。学术界普遍认为绿色营销是企业在利益相关者不断的"绿色"压力下的最优选择，它不仅涉及环境伦理方面的内容，越来越多的企业还将其扩散到产品与服务等各个营销活动层面中，实行绿色营销战略。绿色营销是我国企业在文化、伦理准则、可持续发展要求下的必然选择。本节将对绿色营销的内涵和发展历程进行介绍，并对绿色营销进行伦理分析。

一、绿色营销的概念和发展历程

（一）绿色营销的概念

大多数人认为绿色营销仅仅是指在产品方面和广告方面重视环境保护，如注重大气保护、材料的可回收和重复利用等。虽然以上内容确实是绿色营销的要求，但是绿色营销是一个更广泛的概念，适用于消费品、工业产品和服务等各个行业。绿色营销包含的活动也十分广泛，包括产品生产过程、设计、包装、定价、广告等各个方面。虽然在对绿色营销进行研究的过程中出现过不同的学术用语，如"绿色营销""环境营销"和"生态营销"，但其本质和实质是一样的。1975 年美国市场营销协会（AMA）举行了"生态营销"研讨会，这是关于绿色营销开展的第一个研讨会。在这个会议上推出了关于绿色营销的第一本书——《生态营销》[①]，该书在 1976 年正式出版，书中将生态营销定义为"研究市场营销活动在污染、能源与资源枯竭等方面的积极和消极影响"。绿色营销这一概念最初包含了三个关键信息点：涉及整体营销活动；检验积极和消极两方面的影响；落脚于对环境问题的影响。1994 年波隆斯基（Polonsky）给出了一个更为完善的定义，即"绿色营销包含传统营销的所有活动，旨在满足人类需求的同时实现对自然环境不利影响的最小化"。这个定义强调了企业及消费者的双方利益保护，还包括自然环境的保护，达到对环境有害影响

---

① Marketing N W O E, Henion K E, Kinnear T C, et al. Ecological marketing[M]. U.M.I.（University Microfilms International）Out-of-Print Books on Demand, 1976.

的最小化。需要注意的是，"最小化对环境的有害影响"，即绿色营销应该减少环境危害，而不一定消除它。随着对绿色营销研究的不断深入，其概念界定也越来越明确，绿色营销的定义也越来越强调在设计、推广、价格和销售产品的方式等方面注重对环境的影响，促进环境保护。由此，我们可以对绿色营销进行如下定义：

绿色营销是指企业秉持环保观念和顾客导向，在绿色价值观的指引下，为满足绿色消费需求而开展的一系列营销活动和制定的一系列营销策略。与传统营销活动相比，绿色营销涉及的营销活动并无不同，只是在开展"调研、市场选择、产品开发与设计、包装设计、定价、渠道选择、广告宣传和销售服务"等活动时，更加注重绿色与环保，推行绿色管理。

总而言之，绿色营销是现代企业可持续发展的关键行动。虽然企业主要关注的是利润，但若企业专注于自然生态平衡，则可以实现在营销活动中，注重环保的同时实现企业利润最大化，减少环境污染、保护环境。绿色营销有助于改善企业形象、声誉和产品形象，影响消费者的购买习惯，获得独特的竞争优势。

（二）绿色营销的发展历程

伴随着环境资源的不断恶化以及对绿色营销问题的深入研究，绿色营销理论也得以逐渐发展与完善，成为一种系统理论，被运用于企业营销活动中。2001年，英国的学者肯·皮迪系统地将绿色营销研究状况划分为以下三个阶段。

第一阶段是介绍生态系统的阶段。在20世纪60年代末到70年代初，欧美许多学者从生态环境系统的角度来思考社会市场营销的影响。这一阶段正处于工业大发展背景下，企业的高速发展，特别是工业型企业的发展更加影响了生态系统的平衡。这一阶段的研究发现了许多环境与资源的问题。由此，肯·皮迪提出生态营销的有关概念，他强调市场经济要以社会环境为基础，倡导"绿色市场"，即在追求高利润的同时兼顾企业对社会环境的保护。

第二阶段是介绍绿色的社会营销阶段。20世纪80年代，由于社会环境与资源被破坏得越来越严重，全社会更加关心和关注社会环境与资源问题。大量的研究与实践表明：社会环境与资源的问题主要是由社会经济问题所引发的。由此"绿色营销"的概念正式被提出。由于原始的生产方式会造成很多的污染与浪费，从而导致社会环境问题更加严重，因此，从企业角度出发，强调实行"绿色生产"，可减少资源浪费和环境污染；从消费者角度出发，强调"绿色消费"，并号召通过相应的"绿色教育"培养消费者的绿色消费观，从而在消费需求的源头上减少对于社会环境与资源的破坏与污染。虽然人们意识到了绿色营销的重要性和迫切性，但是由于这一理论的前提是要牺牲一定的企业利益，特别是"绿色营销"给企业带来相应投入压力的同时，还有可能降低相应的竞争优势。在实际的推进过程中，容易导致"绿色"与"效益"的冲突。因此，绿色营销提出的方案很难被现代企业所接受，实行的难度也较大。

第三阶段是介绍可持续发展的"绿色营销"战略阶段。"可持续发展"这个名词越来越成为全社会关注的话题。20世纪90年代，有学者就利用可持续发展理论的相关观点，提出可持续的绿色营销模式，主要内容就是在现代企业中推行"可持续发展"的理念，其核心在于考虑长远利益而不是追求眼前利益。在现代企业竞争中，产品更新日益交替，更新换代的时间越来越短，企业都意识到了追求创新的重要性。"绿色营销"发展理念正是创新精神的所在。因此，在可持续理念的营销模式下，企业会一直在发展中前进，因为它始终是企业创新的重要环节。

绿色营销的三个发展阶段在逐步推进过程中，由于企业自身存在短期成本高、收效时间长等缺陷，使得该模式不能短时间内在众多现代企业中得以实行。因此，如何更好地将"绿色营销"与身处激烈竞争中的现代企业相结合，仍是未来经济发展中要面临的一个大难题。

绿色营销是一种可以落实到企业发展中的新型营销模式。在绿色营销模式的理论下，现代新型企业已不再是单纯追求高利润的运转机器，而是建设和谐社会中的重要一环。在原有的模式中，企业通过加工原材料制成商品出售，赚取相应的差价，企业的主要工作就是生产产品以满足大众的需求，从而获得自身利润。但是在"绿色营销"理论的指导下，企业将为社会环境与资源的保护做出巨大贡献，特别是在可持续发展理论的指导下，企业也会逐步走上可持续的发展道路，并在日益激烈的市场竞争中保有自己的一席之地。"绿色营销"模式不仅是国家和社会的要求，更是企业保持自身先进性的必然道路。

二、绿色营销的伦理分析

绿色营销为企业发展提供了一条新的道路，不仅立足于企业自身利益，又兼顾了社会利益，是符合可持续发展和伦理准则的现代营销观点。

（一）绿色营销的特点

从整体来看，绿色营销传递了一种"绿色"理念，并将这一理念贯穿营销活动的各个环节。具体来讲，在实际的营销活动中，绿色文化价值观如影随形。绿色营销从营销活动最源头的调研阶段开始就重视对消费者心理的调查和预测，重视绿色消费的作用。在后期的产品设计、包装、定价、渠道推广、广告宣传和推销选择上，也更加注重绿色与环保，如使用环保材料、制定合理的价格、重视渠道关系维护、注重企业形象、推行绿色广告和追求责任销售等。绿色营销与可持续发展观念吻合。整体来讲，绿色营销的特点可归纳为三点，即综合性、双向性、协调统一性，其中综合性是针对其主要活动内容和发展内涵，双向性是针对其与最终消费者之间的互动关系，协调统一性是针对其最终作用结果。

（1）绿色营销具有综合性的特点。绿色营销是指企业在社会营销过程中，除追求企业自身利益和消费者权益之外，还需要注重社会的长期需求，平衡、协调短期利益和社会长期利益之间的关系。

绿色营销具有双向性特点。企业与消费者之间的关系从来都是双向流通与互动的。在这种有效互动中，企业的绿色产品才能够获得消费者的青睐，进而更加鼓励企业开展"绿色营销"。而对于那些有害于环境、社会的产品，消费者则会给予谴责、拒绝甚至抵制。在这种双向影响下，资源节约、环境保护和社会经济更快、更好的发展得以实现。

绿色营销具有协调统一的特点。绿色营销对经济、社会和环境三方面具有重大影响。绿色营销的综合性特点决定了其在内容和活动的开展上必须将企业自身发展、市场需求（消费者）与社会经济发展和自然环境有机结合，兼顾社会道义和环境伦理。绿色营销的双向性特点更是对绿色营销协调统一特点的重要保证，消费者与企业之间的互动流通关系决定了绿色营销具备实现经济、社会和环境效益有机统一的条件和实力。因此，企业在制定战略之初就可以将经济效益和社会效益纳入规划之中，在决策中充分考虑产品的经济效益、长远利益和公众健康，进而制定有效的产品战略，实现经济、社会和环境之间，企业、消费者和国家之间的多重互动和协调发展。

（二）绿色营销的伦理内涵

绿色营销是一种新的营销模式，它具有非常丰富的内容和伦理意义。随着绿色营销的传播以及消费者对它的关注，其应用将得到更大范围的推广。国内外企业在绿色营销实践上，都取得了令人瞩目的成果。绿色营销所蕴含的伦理思考包含四个方面：诚实不欺的伦理准则；"以人为本"的社会功利观；可持续发展与社会责任伦理；"天人合一"思想和生态伦理原则。

1. 诚实不欺的伦理准则

"诚实不欺"要求企业在营销及交易活动中保持诚信，这也是绿色营销内容最基本的体现。在绿色营销模式下，企业将自身利益、消费者利益与社会整体利益进行了有机结合与统一，恪守"诚实不欺"准则，有效地消除了"营销近视症"，即不仅关注眼前的、短期的利益，更为消费者和社会的长远利益考虑，有效地消除了损害长远利益的营销活动，树立了企业良好的形象和声誉。

在诚实不欺伦理准则的指导下，企业应充分有效地利用营销活动，灵活地进行营销策略组合，使得各个环节的"绿色活动"相互配合、共同作用。诚实不欺的伦理准则倡导企业不误导、不欺骗消费者，从而持续经营与发展，促进企业、消费者和社会的和谐发展。

2. "以人为本"的社会功利观

绿色营销追求消费者、企业、社会、环境多重利益的兼顾统一。因此，绿色营销体现了以人为本的思想。绿色营销不同于传统营销的最大特点就是其以人为本的人文关怀，即在营销活动的开展中，注重产品与服务对消费者安全的影响、身心健康的影响、生活质量的影响以及生活方式的影响等。绿色营销满足了消费者当前或未来的产品需求、服务需求、健康需求、安全需求、生活质量和生活方式的需求以及对社会和谐关系的需求。

3. 可持续发展与社会责任伦理

随着资源与环境问题的日益严重，可持续发展观念被提出并得到高度重视。可持续发展所关注的实际就是代际问题，体现可持续观点的绿色营销努力降低着资源消耗和浪费、减少污染和环境破坏，力图平衡人类短期与长远利益。绿色营销有利于减少未来可能产生的代际冲突，注重生态平衡，预防个体与自然之间的严重对立，这正是可持续发展与社会责任伦理观念的重要体现。

4. "天人合一"思想和生态伦理原则

绿色营销不仅是一种营销模式，它也逐渐发展成为了一种理念，体现了人与自然和谐相处的"天人合一"思想以及重视自然规律的"生态伦理准则"。具体来讲，绿色营销讲求对消费者需求的合理引导、发现和满足，企业不仅在营销活动中尊重自然和注重环保，在对消费者的引导上，也应鼓励其树立正确的消费和伦理观，避免由于不合理的需求造成资源浪费和环境污染，对消费者的需求也不应盲目迎合、来者不拒。在企业生产和消费者行为给生态环境造成压力的背景下，绿色营销模式为企业提供了一种新的营销方式和观念，是实现人与自然、社会和谐发展的重要路径。

三、构建企业绿色伦理机制

绿色营销是一种蕴含伦理观的思想与观念。纵观绿色营销的伦理内涵，其实质是对绿色环境伦理的体现与阐释。但是，绿色营销在现实中的应用会面临各种阻碍。为了促进绿色营销的实施和企业绿色环境伦理的培育，企业应构建绿色营销伦理机制，具体包括以下内容。

（一）营销观念的变革

企业应做到消费者、企业、社会、环境多重利益的兼顾统一。追求自身利益是企业的根本目标，社会利益、环境利益的实现最终都是为了更好地为全社会服务。企业应该转变营销观念，实行营销观念变革，秉持环保观念和顾客导向的宗旨，在绿色价值观的指引下，为满足绿色消费需求而开展一系列营销活动。

（二）构建营销道德评价体系

企业营销活动的开展是否注重道德标准和伦理规范、重视的程度如何以及哪些内容有待改进，需要凭借营销道德评价机制来进行考量。营销道德评价机制是判断企业营销活动是否遵守营销道德规范和准则的重要依据，是市场营销管理的重要组成内容。营销道德评价机制的评估相对客观，然而，随着新问题和新内容的增多，传统营销伦理管理机制已经不能够适用于当前的企业营销活动，因此，企业需要构建新的营销道德评价机制。根据现代营销活动中出现的主要营销伦理问题和营销重点，新体系中应该加入对环保和自然生态和谐发展等内容的衡量。借鉴绿色营销的主要内容，新的营销道德评价中应关注企业营销活动对环境破坏的减弱和对资源的节约，如产品设计和包装中是否使用环保材料、是否节约资源，生产技术上是否创新等。

（三）加强环境道德教育

我国的绿色环保活动晚于西方国家，在绿色发展和环保宣传、环保意识教育方面也相对滞后。"绿色运动"的开展使许多西方国家很早就开始了环保教育。为了进一步向更多人宣传环境保护，号召更多企业自行遵守生态伦理准则，政府和企业必须重视环境教育，将其纳入教育体系中并作为重点进行宣传和普及。与此同时，社会公众以及各类组织需加强对企业环保和绿色发展的监督，重视对环保知识的宣传。环境道德教育的加强，有助于企业将环保理念自主纳入营销决策中，在符合可持续发展的要求和"以人为本"的思想下为消费者提供无公害、健康、环保的产品。

（四）重塑社会伦理准则

企业绿色伦理机制不仅需要企业自身进行构建和完善，也需要依赖政府和社会公众等利益相关者的力量。除此之外，还需要另外一个"看不见的手"，这里所谓"看不见的手"是指在伦理角度上的社会伦理准则。社会伦理看不见、摸不着，却又存在于每个人的心中和社会的各个角落。绿色营销要求企业秉持环保观念并以顾客为导向，在绿色价值观的指引下为满足绿色消费需求而开展一系列营销活动，制定一系列营销策略，推行绿色管理。与此同时，在新观念的指引下，要求企业应充分有效地利用营销活动，灵活地进行营销策略组合，使各个环节的"绿色活动"相互配合，共同作用。在这一过程中，绿色营销可以促进新价值观的形成，激发新的社会伦理的产生和发展，进而约束企业的非伦理行为，促进企业、社会、环境的可持续发展。

本章小结

（1）企业营销道德判定理论包括显要义务理论、相称理论和社会公正理论（正义论）。

（2）市场营销中的伦理问题可从产品、价格、渠道和促销四方面进行分析，即产品伦理问题、定价伦理问题、分销渠道伦理问题和促销伦理问题。

（3）绿色营销是指企业秉持环保观念并以顾客为导向，在绿色价值观的指引下为满足绿色消费需求而开展的一系列营销活动和制定的一系列营销策略。与传统营销活动相比，绿色营销涉及的营销活动并无不同，只是在开展"调研、市场选择、产品开发与设计、包装设计、定价、渠道选择、广告宣传和销售服务"等活动时，更加注重绿色与环保，推行绿色管理。

（4）绿色营销的特点包括综合性、双向性和协调统一，其中综合性是针对绿色营销主要活动内容和内涵发展来讲的，双向性是针对其与最终消费者之间的互动关系，协调统一性是针对其最终作用结果。

（5）构建企业绿色伦理机制的四方面内容包括营销观念变革、构建营销道德评价体系、加强环境道德教育和重塑社会伦理准则。

思考题

1. 市场营销中有哪些伦理问题？
2. 企业营销道德判定理论的内容有哪些？
3. 阐述"绿色营销"的主要内容及伦理内涵。
4. 怎样看待企业市场营销中的产品伦理问题？
5. 绿色营销的概念是什么？它有哪些特点？

案例讨论 宝洁：绿色营销方法论

"爱自己，也爱地球"活动是与"太湖水资源保护"环保项目同时开展的一项为期4个月的全民环保行动，由宝洁、联合、华润万家等数十家零售商在全国3 000多家零售门店推广，号召消费者选择环保产品并支持绿色消费。

联合国环保大会通过的《21世纪议程》认为"环保教育对于促进可持续发展和公众有效参与至关重要"。宝洁发布的可持续发展报告表明：工厂使用100%可再生能源作为动力；所有产品和包装均使用100%可再生或可循环使用材料；彻底摒弃生产和消费者废弃物的填埋处理方式；设计能够带给消费者更多愉悦，并最大化避免生产浪费资源的产品。

从全球市场来看，如今的消费者比以往任何时候都更加支持环保，乐于选择环保产品。在选择产品时，消费者既希望绿色环保，又希望绿色附加值溢价在合理的范围内，同时不因为追求环保属性而让产品在质量和功能上有任何妥协。通过绿色消费，消费者把支持和购买环保产品的意愿充分反馈给市场。对于中国消费者来说，这种自下而上的参与和推动让环保生产企业保持生命力，有助于形成良性发展的社会环境，对加快绿色产品的进程非常关键。

企业从关注社会和环境出发，以较高的道德标准承担社会责任，不仅关系到企业本身"软实力"的增强，更是保证进一步发展的"硬道理"。宝洁大中华区品牌运营副总裁 Jet Jing 表示: "环保在中国是一个非常热的话题,消费者的环保意识已经得到很大提升,我们希望能以一种'绿色营销'的理念,为消费者的环保选择提供解决方案。"

相关的研究资料表明,追求可持续发展是企业创新与技术创新的源泉,这些创新既能提高利润,也能增加销售收入。毕竟,努力回报社会、树立良好形象、创造丰厚利润,对于企业来说,其实是环环相扣、互为因果的行为。Jet Jing 说,正因为宝洁旗下有众多的品牌,拥有丰富的产品线,才得以推出跨品类、多品牌的联合市场推广活动。"爱自己,也爱地球",这种全新的营销模式是针对最新的消费需求趋势和购买习惯而设计的,它能够给门店带来巨大的生意增长机会,其中包括:通过跨品类销售提高单价;通过产品的关联性销售提高门店的盈利水平;通过长期而持续的门店推广降低人力成本;基于购买行为研究进行设计,持续提升门店形象。因此,相对于单一品牌市场推广活动,跨品牌联合市场推广活动能够为门店创造更多的价值。

在宝洁,所有的品牌建设都贯穿着公司的宗旨,即亲近和美化全世界消费者的生活。作为回报,宝洁将获得领先的市场销售地位、不断增长的利润和价值,从而让其员工、股东以及生活和工作所在的社区共同繁荣。这个宗旨是宝洁所有品牌背后的"灵魂"。因此,在公司宗旨引领下的增长战略指引公司发展,也引导着公司的可持续发展战略。宝洁坚持创新产品研发设计和管理运营遵从环境保护原则,在给消费者带来惊喜的同时,最大程度地节约资源,让消费者在享受优质超值产品呵护的同时,更多地支持环保,关爱地球。

在此次环保活动中宝洁倡导大家支持环保产品,引导绿色消费,倡导乐活方式。宝洁将通过店内环保产品选购、官网消费者互动活动、品牌明星代言等发出相关号召。同时充分利用新媒体的力量,通过活动官方微博和消费者及时分享生活微环保,积极参加讨论的网友有机会赢取绿币和宝洁环保产品。除此之外,幸运消费者还将参与和世界自然基金会共同举办的湿地公益之旅,期待更多的消费者参与"爱自己,也爱地球"环保行动。

国外关于环保教育有一句谚语:只有看到,你才会有意识;只有意识到,你才会行动;只有行动,世界才会改变。因此,环保教育传播非常重要。宝洁创新采取线上和线下、传统媒体与新媒体相结合的传播方式,特别注重与消费者直接沟通和互动。除此之外,还特别设计了店内推广活动、活动官网和微博互动、志愿者太湖湿地公益之旅等,通过多种形式和渠道广泛传达绿色消费信息,帮助消费者做出选择,为改善环境做出自己的努力。

从公益营销或企业社会责任(CSR)的角度讲,企业的社会责任只有与企业的长期发展战略和竞争优势有机结合才能真正发挥作用。在进行绿色营销和消费者环保教育方面,宝洁认为品牌建设应关注品牌宗旨,同时要注重可以引发受众参与的创意。基于对品牌宗旨和消费者的认知,宝洁得到了许多出色的创意。关注消费者最关注的话题,吸引消费者参与，能够提升品牌形象，并让品牌在人们的生活中占据重要的地位。不管是公关活动中的口碑宣传以及 YouTube 视频，还是邀请 Facebook 上的粉丝参与项目、为慈善事业捐款或者购物，其重点都在于让消费者与品牌的关系变得更加紧密，让他们成为品牌和话题的一部分，引发人际传播，当然，还有更多地购买产品。

环保主题既是宝洁可持续发展所关注的重点领域，也是消费者最关心的社会话题之一，两者可以有机统一。通过市场调查，宝洁发现面向消费终端的教育太少，这需要政府、媒体、企业、非政府组织、社会公众等共同努力。宝洁在为消费者提供超值优质品牌产品的同时，也会传播环保教育。成功的案例有 2009 年与 UNDP 及周迅 OUR PART 共同发起的"绿动中国项目"，强化中国消费者的环保意识，在市场营销方面也取得了很好的成绩。

资料来源：叶文东.宝洁：绿色营销方法论 [N].经理日报，2012-01-13.

问题：

1. 宝洁开展以"爱自己，也爱地球"为主题的环保营销活动和"太湖水资源保护"环保公益项目，是如何体现宝洁的品牌价值观以及营销理念的？

2. 宝洁此次发起的活动如何引导消费者进行绿色消费？

3. 宝洁是如何将环保融入品牌营销等商业活动中的？

第六章　企业人力资源管理中的伦理

学习目标

● 了解现代企业人力资源管理的特点

● 理解人力资源管理与伦理的关系

● 掌握人力资源管理中的伦理问题

导入案例　企业低计件计时工资问题

在岁末年终，返乡职工团体中有这样的现象，不少职工为了多拿钱，愿意去订单多、加班多的企业工作，因为他们坚信"打工主要是为了挣钱"。

在工作时间和加班时间的问题上，中国相关法规表明，工作时间关系到劳动者的休息与健康，国家执行每天不超过8小时，每周不超过44小时的工时制度。对于综合工时和不定时工时制的，原则上也要安排集中休息、轮休调休，保证劳动者的休息休假。在标准工时制下，《劳动法》对加班有比较严格的规定，一是限制加班时间，应保证劳动者每周至少休息一日，同时规定每天加班不超过三小时，每月不超过三十六小时；二是加班需要支付高额的加班费用，延时加班按1.5倍计算，休息日加班按2倍计算，法定节假日加班按3倍计算。但不少企业拿出"职工自愿加班"的理由回应劳动部门和工会对超时加班涉嫌违法的指责。

换言之，如果企业安排的加班符合上述的两个条件，满足最低时间和额外待遇的标准，即不算作违法。但其中存在争议的是，职工自愿加班导致超出了《劳动法》最低规定的工作时间该如何判断，这一问题在就业能力不高、可替代性强的中低层工人中尤为明显。

多名返乡职工表示，他们自愿超时加班的原因可能是多方面的，有增加收入，提高工作能力的原因，也有为了保住工作而被迫加班等原因。工人一般会对是否支付加班工资的问题提出意见，但对超时加班一般是"忍气吞声"甚至自愿超时。

《劳动法》对延长工作时间有着明确规定："用人单位由于生产经营需要，经与工会和劳动者协商后可以延长工作时间，一般每日不得超过一小时；因特殊原因需要延长工作时间的，在保障劳动者身体健康的条件下延长工作时间每日不得超过三小时，但是每月不得超过三十六小时。"

"工时制度和延长工时制度，应当明确规定出单个劳动者每日、每周、每月的工作小时数，而非是以天为单位粗略统计"。劳动法律学研究员张喜亮表示，不少用人单位在没有细则，不和劳动者以及工会商量的情况下，擅自安排"六休一"，甚至自认为任意条件下"六休一"都是合法的，这是不懂法的表现，工时的常态是"五休二"。除此之外，超时工作必须给职工补休，保障职工休息权，有充分法定理由不能补休时，才可以依法予以加班工资补偿，这是法律原则，也是法律常识，不是给"钱"就能了事的问题。

在广东，不少制造业工人发现，即使在劳动法规不断强化的今天，"六休一"和超时加班也并不鲜见。"计件计时工资，要想多挣钱必须多加班。"广东一大型鞋厂的工人表示，赶工期的时候企业还会通过口号来宣传，激励工人多加班以便为自己创收。有的企业通过做低计件计时工资来诱导工人自愿超时加班。有的企业，甚至将多加班、超时加班作为职工上进奋斗的企业文化和常规管理措施。

"当小时工资率过低而难以改变时，劳动者为维持其基本生活，只能延长工作时间，在这种情况下，所谓劳动者加班的愿望只能是一种无奈和被迫。即便是劳动者有加班的愿望也并不能掩盖企业超时加班和加班常态化管理的违法性。"研究劳动关系的李强老师认为，当劳动者因其生活所迫而以低于劳动标准的条件提供劳动时，整个劳动力市场的标准最终都会被降低，并不意味着效率的提高或者资源配置的优化，只能说明用人单位劳动权益状况的恶劣。就像不少工人反映的那样，在劳动力十分充足，工作可替代性强等不利于工人的现实条件下，如果有工人或者企业工会敢站出来跟企业大胆说不，恐怕也只会被企业辞退。

张喜亮表示，不能假借职工的"希望、自愿"来冲击劳动法律的底线。经历两个世纪的工业化，劳动条件的恶化会导致劳动者身体、精神状况的恶化已成定论。严格执行法定的工时和劳动标准，也是一个负责任的企业严守伦理道德底线的表现。

资料来源：罗娟．做低计件计时工资，是企业诱导工人自愿超时加班吗 [N]．工人日报，2015-02-10．

问题：

1. 低计件计时工资制损害员工权益吗？
2. 为什么企业会存在自愿超时加班的现象？

第一节　人力资源管理的特点

一、人力资源管理的意义

科学技术的快速发展和经济合作的全球化，给企业带来了很多的机会和挑战，企业如何在日益复杂的环境中生存，并且树立自身优势，需要企业的每一个职能部门通力合作，从而形成一种整体优势。因此，企业需要多种技能的提升，即企业要重视其生产技能、营销技能、人力资源基础等多方面能力的培养。而这些技能的培养都离不开人力资源的支持，因为人力资源是企业团队建设、项目实施、营销决策、战略制定的起始点。在企业所涉及的各种资源中，人力资源始终居于核心位置。把握人力资源的优势，企业其他的资源才能得到更好的利用。

企业的人力资源是一个综合概念，它不是简单地指向生理意义的个体，而是具有各种知识、专业技能的综合个体，通过个体知识技能的应用，使得企业能够顺利地完成各项业务。人力资源不是财务资源或者企业的其他有形资产。如何充分地调动员工的积极性，发挥个体的长处，将个体的知识、技能在企业的运营中有效发挥，都是企业的人力资源所亟须解决的问题。

现代企业必须大量招揽适应市场竞争的人才，将人力资源提升到公司的战略高度，还需要建立适合本企业的人力资源体系。同时，伴随着社会经济的发展，现代企业之间的竞争已经从产品、价格之间的竞争逐渐发展到人才之间的竞争。因此，现代企业一定要推行"以人为本"的策略，才能更好地留住人才、利用人才，从而为公司带来更大的利润。由此可见，企业更要加强对自身员工素质和业务的培训。良好的职业素养有利于完善生产过程，从而生产出质量更佳的产品，提高市场竞争力。

人力资源是现代企业发展中最重要的资源，我们所熟悉的通用电气、海尔集团、联想集团等企业人才培养的成功经验为中国企业的经营和管理提供了宝贵的经验。人力资源管理工作最主要的对象就是企业的员工。从某种意义上来说，企业员工的综合能力决定了企业的生存和发展。人力资源管理的重要任务之一就是要选拔适合企业的人才，并激发人才的主动性和创造性。

二、现代企业人力资源管理的特点

著名的管理学大师彼得·德鲁克认为，21世纪企业的关注点是人力资源和知识的管理。其实，这两点实际上都是围绕人来谈的。德鲁克希望表明的是，如何实现人与知识之间的有效互动，将是21世纪人力资源管理的重点。在新的时代背景下，人力资源管理也被赋予了新的特点。

1. 战略规划与人力资源管理相结合

随着市场经济的发展，人力资源已逐渐被提升到了战略的高度以获取相应的竞争优势。通过将人力资源管理与战略规划相结合，在企业内部会更加注重人力资源的管理，特别是高素质的人力资源将得到企业更多的重视。战略人力资源管理是为了实现企业战略目标而进行的一系列有计划的人力资源配置和实践活动。

（1）对企业环境的分析。从国家有关人才的法律和法规、政府政策的改变、人才市场的流向、国家市场经济的发展态势等外部环境中，可以发现企业的机会与威胁。通过分析企业人力资源和能力等内部环境，可以发现企业自身的优势和劣势，并据此提供可行性的战略人力资源管理策略。

（2）根据企业战略目标来确立企业行动的规划，并在国家法规、政策框架下，确保企业策略和相应人力资源的合理配置。

2. 管理方式创新

柔性管理是人力资源管理的一种重要形式。在 21 世纪的知识经济时代，知识型员工已成为人力资源管理的重要内容。此类员工通常具有强大的工作自主权，因此，员工管理方式也发生了新变化。相应的灵活管理方式主要包括：

（1）完善员工参与机制，使得员工建言能够在整个决策过程中得到体现，从而提高员工的参与意识，这对提升员工忠诚度，以及员工个人能力的发展有积极的意义。

（2）建立更能体现员工综合能力的评价体系，使员工能够更了解自己，积极提升自我能力。

（3）加强对员工的关注，主要体现在：积极的双向交流，及时关注员工的各种具体需要，从而巩固员工与组织之间的认同关系。

（4）寻找合适的激励方式。应充分考虑作为个体员工的多样化特征，依据这种多样化的需求，尽可能对员工提供相应的激励方式。

企业应该针对自己的特点，在人力资源管理方式上不断创新。日本企业的管理风格值得我们借鉴，家族主义及"以和为贵"的思想是日本企业精神的核心。在日本，企业一般采用终身雇佣制，成员间互相关心，风雨同舟。上下级之间和同事之间关系密切，企业内合作意识强，由于企业内部上下级平等相待，关系融洽，因而容易促成企业内部全员的高度合作。家族主义成为了日本企业人力资源管理的文化特色。许多高层管理者放弃特权地位，身体力行。同时，员工参与意识强，团队意识较浓，确保了决策的迅速贯彻。在企业内部，员工之间形成了以和为贵、互相谦让的人际氛围。特别是近年来，日本企业吸收西方文化的精髓，比如以民主、协商、创新等方式提高企业效率。例如，企业推行工会制，企业工会制是日本企业特有的制度形式。日本的工会仅限企业范围，故称企业工会。按日本规定，科长以上的管理人员不是工会会员，其余职工进入企业即自动加入工会。全体员工以合作的方式实现企业的不断开拓和成功。同时，日本企业部门之间是流程与协作的关系，每个雇员不仅要认真完成自己的任务，还要对影响本人工作的上一道工序的工作负责。企业内部员工对于自己隶属的集体有较强的献身精神。

3. 合理构建职业管理体系

随着现代企业组织的发展，人力资源管理体系也面临相应的变化。首先，引入全面激发员工能力法，可以使企业应对更为复杂的市场变化；其次，尊重员工的个人价值、培养员工的企业公民意识，引导员工如何有效地制订自己的职业规划方案，以培养企业人才的稳定性和忠诚度。美国著名的芝加哥大学教授曾经提出这样的观点：中国教育的回报程度已经达到了 30% ～ 40%，同样在企业运行中提高相应的员工素质是十分有利于企业发展的长久之策。提高员工的素质可以大大提高企业的文化水平，同时也利于统一员工思想，全心全意为企业服务。拥有高素质的企业员工是企业持续发展的源泉。许多中国大型企业已经意识到了这一问题，越来越多的企业开始注重员工的学习，强调对员工进行再教育，甚至有的企业开始组织军训，着重培养员工的个人品质。这样的学习并不是盲目的，而是针对企业中员工所从事的工作性质而进行的针对性学习，这有利于员工在工作过程中能够更好地掌握工作技巧，从而为企业带来收益。构建企业职业管理体系可以从以下几方面进行：

（1）切实地对员工深入了解，包括兴趣、爱好、个人情况等方面。只有对员工进行深入的了解，才能对员工的职业规划有更为清晰的定位。

（2）将现代科学的信息管理技术引入职业规划发展中，从而使员工能够及时地了解自身职业发展的状况，及时调整自我能力发展的方向，保持一种动态的发展状态。

（3）组织的支持不可或缺。因为员工处于组织之中，如果组织不能对其成长提供合理和坚实的基础，员工职业的合理发展就不能够实现。

（4）组织内部员工结构的调整。在完成上述几方面后，企业将进入员工评价和结构调整阶段，这对构建企业职业管理体系是至关重要的。结合员工和组织的调整，最后可以对员工产生有效的激励。

第二节　人力资源管理与伦理

随着市场竞争的日益激烈，现代企业的人力资源管理也面临了诸多挑战，在企业中，一个普遍存在的观点是企业为实现利润最大化的目标，将员工视为达成目标的重要手段和工具，员工具有明显的工具属性的特征。侵犯员工权益以及权益不平等的事件普遍存在，如招聘选拔过程中的就业歧视、聘任自由等问题；在薪酬设计中的高管薪酬、同工同酬等问题；在劳资关系中的个人隐私、利益冲突等问题，以及在工作时的工作压力、人身安全、骚扰等问题。企业人力资源管理中存在的这些问题，严重影响了员工的工作满意度与组织承诺，损害了员工对于企业的信任度与忠诚度，不利于发挥员工的工作积极性与创造性。这些问题实际上都是人力资源管理中企业所面临的伦理挑战。

伴随着社会经济的发展，现代企业之间的竞争已经从产品、价格之间的竞争逐渐开展到人才之间的竞争。德鲁克认为，如何通过企业良好的氛围和规章制度，将个体的能动性完全发挥出来，将是21世纪企业管理的重点。企业若想留住人才、利用人才、创造更大价值，就要将人力资源提升到公司的战略高度，其中应该着重关注人力资源管理中的伦理部分。在现有研究中，已经有学者将员工视为和股东、消费者同等重要的主要利益相关者。根据弗里曼的利益相关者理论，企业的目标不单是实现股东利益最大化，还要响应与企业经营相关的各利益相关者的诉求，追求利益相关者整体利益的最大化，员工作为企业内部的重要利益相关者，其忠诚度、满意度与工作效率会直接影响企业的绩效，因此应该得到充分的重视。因此，人力资源管理应该关注人本身，不仅要充分利用人力资源，还要开发人力资源，企业有帮助员工发展、关注员工身心健康、满足员工合理诉求的责任。

一、以人为本的伦理理念

在人力资源管理过程中，要有伦理理念。第一，要有"以人为本"的思想，尊重人的个性，进行高尚人格和人格尊重的个性管理。企业满足员工的自尊需求和其他高级需求，有利于提升员工的满足感，增强其满意度和组织承诺，有助于提升企业内部的凝聚力和向心力，从而有助于企业长期的发展。在商品交易的过程中，"客户是上帝"这一观点几乎已经成为了所有从商人员的共识。但是近些年来，国外商界又出现了另一观点："没有满意的员工就没有满意的客户"。在国外许多著名的企业之中，员工管理都是企业人力资源管理的核心。企业发展的指导思想就是"以人为本"。大多数企业都确定了管理的核心，即"员工第一，销售第二"。第二，通过提高相应的企业设施来满足员工的物质与精神需要，创造优越的工作环境有利于提高员工的劳动积极性，从而提高员工的工作热情，在生产过程中投入更多的精力，相应的产品质量也会得到提高，最终也会给企业带来较大的收益。第三，企业设施的完善也可以吸引更多的工作者前来就业，有利于企业美誉度的提高，也有利于企业在对外交流中获得更多的赞赏。第四，企业应创造条件满足员工自尊和自我价值的需求，擅于激励员工使其具有成就感。凝聚力和向心力是企业成功的保障。

二、和谐人际环境的伦理理念

越来越多的企业发展实践表明，企业人力资源管理不仅要以人为本还要培育以和为贵、诚实守信、情感维系的基本伦理理念，这是当代企业管理和实践的发展趋势。

管理是一个组织为了实现特定的目的而计划、组织、领导、协调、控制的过程。协调是管理的重要特征，它能够使企业的各职能部门互相配合，共同实现企业的目标。儒家思想强调人际和谐的重要性，企业只有做到上下协调一致才能提高管理的效率。以和为贵有两个含义：一是要求企业将价值观、经营理念融入公司的管理工作中，营造一个和谐的关系；二是形成企业内部合作的基础，它需要领导者加强与员工的沟通，形成和谐的人际氛围，还需要员工和员工之间的和谐以及开诚布公，通过内部的合作精神，加强企业的凝聚力。

诚信作为一种道德哲学，被用于企业管理之中，已成为各项管理工作的前提，包括两种含义：第一，诚实守信，具有信仰和真诚热情的企业才能够吸引顾客；第二，企业内部员工之间的互相信任，只有互相信任，员工们才能安全和快乐地完成本职工作。在一个健康而开放的企业文化氛围中，员工才能充分展现自己的才能，为企业做出贡献。领导者对下属的信任可以减少企业管理中各种各样的摩擦，提高生产效率，成为工作成功的保障。

情感管理是近年来企业管理中的一个颇有效果的管理模式，良好的情感维系是企业提高管理效率、完成企业管理目标的一个驱动力。情感交流能够减少人与人之间的隔阂感，提高他们对企业的适应能力。通过这种方式，企业可以培育一个和谐的、有凝聚力的企业文化氛围。

三、企业员工的伦理责任

企业员工的伦理责任也是企业伦理研究的热点问题。员工由于熟知企业的运营规则和防范体系，更容易通过利用企业漏洞来为自己谋取私利。在实践中，员工会涉及欺诈、内幕交易、盗取商业机密等非伦理行为，例如内部欺诈，由于其具有隐藏性和破坏性，在发生初期不易被发现，但会对企业造成严重的损害，这种行为在银行业和金融业造成的损失更为严重，已经成为相关行业防范的重点。内幕交易是企业内部人员通过不正当手段盗取、泄露内部消息以谋取利益的行为，常常发生在证券业，这种利用特殊手段获取内幕消息的行为严重违反了"公平、公开、公正"的原则，侵犯了公众的知情权与财产权，损害了企业的形象，严重扰乱了证券行业的正常秩序。因此，员工应有基本的伦理责任，如诚实守信、不消极怠工、不做损害企业利益的事情、不利用职务之便谋取私利、自觉遵守企业规章制度和行业道德准则等。

员工作为企业重要的组成部分，其工作满意度、组织承诺的程度会显著影响其工作的积极性和效率，对企业绩效有着直接的影响。当员工组织承诺较高的时候，他对企业会产生组织归属感和组织忠诚，在心理上和企业产生某种联系，因此会在工作时投入更多的精力，有利于形成企业内部良好的组织氛围，提升企业的运行效率。

第三节　人力资源管理中的伦理问题

一、人力资源招聘的伦理问题

（一）雇佣自由的伦理问题

雇佣自由意味着雇主和雇员之间是双向自由选择的关系，即雇主可以选择雇佣或者解雇雇员，而雇员同样拥有自由选择雇主的权利，双方根据自己的意愿，自由地选择达成或解除合同。而关于雇佣自由的缺陷，主要有以下三点。

（1）雇员和雇主间的不平等。虽然从表面来看，雇员与雇主之间遵循着自由选择的原则，雇佣关系对双方来说都是公平的，但是，雇员和雇主之间的关系从一开始就是不公平的。一方面，雇员必须通过持续的劳动来获得生活必需品；另一方面，雇员还可能会担心被雇主解雇，失去工作。这就决定了他们无法像雇主或者企业老板那样自由的规划自己的职业生涯。而对于用人单位来说，发布招聘启事，就会有大量的求职者前来应聘。用人单位还可通过调整就业条件来吸引不同人才。即使有雇员选择离开公司，用人单位也会有大量的机会去选择可以替代该雇员的求职人员补充进来。因此，所谓的"雇佣自由"，并不是一种平等互利的关系。

（2）外部条件的限制。只有在没有外在因素胁迫，双方经过真诚的沟通，在完全自愿的情况下，达成的交易才能被称为公平的交易。但是，在现实世界里，由于劳动力的过剩和员工面对的各种外部条件的制约，使得他们不得不跟用人单位签订不公平的合同。比如，由于生活所迫，亟须找到一份工作糊口，从而使得自己无法做出更多的选择和拥有更大的谈判余地。

（3）不道德的雇佣。一些用人单位会因为求职者的性别、种族、宗教信仰等与工作无关的标准而拒绝求职者。这种不道德的雇佣行为，是一种歧视行为，违反了雇佣自由的原则。

（二）虚假招聘问题

随着市场经济的不断发展，以及企业对人才的日趋关注，人才市场可以为求职者提供更多的就业机会，从而帮助其实现更高的职业追求，同时能够使企业具有更多选择人才的机会，保证人才的质量。但也有可能产生诸多问题，虚假招聘就是人才市场中存在的最常见问题。企业在进行招聘的时候，经常采用的虚假招聘形式如下：

（1）假招聘。在一些企业中，普遍存在使用廉价劳动力的现象，这种现象在受教育程度低的求职者之中比较普遍，这些求职者由于具有相对较弱的竞争力，更容易受到用人单位的诱骗，在买方市场的形势下，这些用人单位通常采取的假招聘手段是：以试用期考核失败为借口，不断炒鱿鱼，实现对廉价劳动力的剥削。

（2）借招聘名义进行宣传。有些企业以招聘为借口，实际上是企业宣传的一种手段。借招聘之由，宣传自己的企业，实际上是对求职者的欺骗。

（三）就业歧视问题

在买方市场形势下，企业具有较多的用工选择权，雇佣者和求职者处于不平等地位，因此，企业在招聘员工的过程中会产生各种歧视行为。

（1）性别歧视。《中华人民共和国宪法》和《中华人民共和国劳动法》都强调了男女平等，每一个成年个体都有基本的平等就业权。但是现实情况往往与法律、法规有较多的出入。相当多的企业出于利益导向，在招聘过程中实行男女性别歧视，女性在求职、收入、晋升等方面都会受到差别待遇。特别是处在哺乳期的女性求职者，在现实就业的状况中会面对很多的阻碍。

（2）健康歧视。按照有关法律规定："劳动者享有平等的就业机会。"但是，在现实招聘中，用人单位存在大量的健康歧视问题。有些企业在选择员工时，设立了对招聘员工健康方面的内部规定，例如乙肝患者、艾滋病患者等求职者，经常被拒之门外。

（3）年龄歧视。目前在中国的劳动力市场上，相当多的企业在聘用求职者的时候，都十分注重求职者的年龄。在实际聘用过程中，很多企业都将 35 岁设立为年龄界限，这就使得不符合年龄界限的求职者受到歧视。

（4）户籍歧视，是指在劳动力市场上，用人单位会根据求职者拥有的户籍种类，对求职者划分为城乡两种不同的户籍，从而会产生两种不同的待遇。这种现象在北京、上海、广州等大城市中尤为明显。户籍歧视现象的存在，不仅是企业管理领域需要探讨的话题，还应从法学和社会学等其他学科进行深入的研究。国家户籍制度所导致的资源分配不公也是户籍歧视问题的根源之一。

拓展案例 6-1

美团网上了国际媒体 BBC 但却是负面消息

扫描此码 深度学习

二、薪酬管理中的伦理问题

薪酬是企业给予员工的劳动报酬，是员工付出劳动后通过货币和非货币形式所得到的补偿。薪酬管理是企业人力资源管理的一项重要职能，在实践中存在着拖欠或压低员工工资等伦理问题。按照劳动法的规定，企业应当按时支付员工工资，但在实践中，相当多的企业员工被不同程度的拖欠工资，不能按时领取工资。也有部分企业没有正当理由克扣工资或以低于地方最低工资标准发放工资等。

（一）薪酬分配不公平

薪酬管理中还有一项重要的伦理问题就是薪酬不公平，很多企业缺乏合理有效的工资奖励制度，致使企业出现收入差距过大问题。比如，高管薪酬问题和普通员工薪酬问题。企业高管薪酬问题一直是全社会关注的重点，由于人的工作能力存在差异，在企业中，工作职位不同，承担的责任也不同，因此对企业的业绩贡献也存在不同。高管是企业的高层管理者，如果企业高管的薪酬和他对企业的付出不能相匹配，就很难调动其积极性。因此，高管较普通员工可以获得较高的薪酬，也有上市公司的高管会得到股权激励。实践中要注意避免给付员工薪酬和奖金的随意性和盲目性。奖酬制度的公平应该与员工工作的积极性相关。人力资源管理部门应当通过公平的奖酬制度来激励企业员工积极地提高经营生产管理水平，增强企业的竞争力。

（二）同工同酬的伦理问题

同工同酬一般是指雇主对从事同样工作，完成同等劳动的劳动者应给付相同的劳动报酬。"同等"包括在相同的工作（或工作内容）和相同表现情况下，支付同等工资，防止出现歧视行为。"报酬"包含货币化薪酬以及心理薪酬，如工资、奖金、参与决策权、晋升等。同工同酬是社会发展的必然趋势，企业必须重视这个问题，建立健全用工制度。

由于员工身份的不同，如正式与非正式工、合同工与劳务工、新老职工之间，不同企业在支付薪酬方面会存在很大的差异。同工同酬不仅体现在工资、补助等货币报酬上，更应该体现在其他利益分配上，比如参与决策、升职机会、教育培训等。企业应该在同工同酬的原则下，建立完善的劳动聘任制度和合理的薪酬制度。

三、工作中的伦理问题

（一）工作场所安全健康问题

保证员工的生命安全与身体健康是企业的义务，因此在招聘过程中，应该将工作场所的状况、工作职务的完整信息进行披露，使得员工对所从事的工作有较为全面的了解。一些公司的生产车间，都不同程度的存在半成品混乱、地面脏、垃圾积累、通道堵塞、操作面窄等种种混乱的情况。在工作场所中要对员工的身体健康提供必要的保护措施，当接触到有毒、有害物质时，必须设置相应的安全防护装置或者用机器代替人工来操作。同时需要注意，员工的安全不单纯指身体的安全和健康，同样也包括精神的健康，也就是精神状态。近年来，虽然中国对生产现场的立法较之前更为严格，但是生产现场所出现的安全事故并没有减少。因此，生产现场的条件应该引起企业和政府机构的重视。鉴于很多企业将经济效益置于员工的生命之上，实际上已经触犯了员工的权利和法律的底线。企业关于生产现场的规章制度流于形式，甚至很多企业根本就没有关于生产现场的安全制度。

拓展案例 6-2

泰达化工厂的物料泄漏事故

扫描此码　深度学习

（二）工作压力问题

工作压力不仅存在于工作过程之中，也存在于工作过程之外。因为工作压力的这种延伸性特点，使得很多企业并没有觉察到此种状况的存在。鉴于工作压力的隐性存在和对于员工精神状态的重要影响，更应引起企业的重视。因为工作压力往往会引发员工对所从事业务的厌烦情绪。长期的工作压力使员工对组织产生抵触情绪，因此，营造良性的工作氛围，缓解员工的工作压力对提高企业的经济绩效是至关重要的。近年来，全社会对工作压力的关注也越来越多，很多年轻员工过早死亡、频繁传出的跳楼事件等，通过媒体的广泛传播，引起了人们的重视。以下几点是造成工作压力大的重要原因：

（1）外部环境快速变化的压力会转换成工作压力，因此处于这种多变的环境下，员工不得不面对此种不确定性所带来的风险，因此，员工的工作压力变得更大。

（2）环境变化对员工业务提出了更多要求，因为不确定性增多，进而导致工作的弹性和变化也更多，因此，为了保证效益的优先性，员工就会面对很多的工作压力。

（3）当代企业组织结构变化更为快速，不同的企业组织中的员工角色一直处于不断变化之中，之前的角色还没有完全适应，又需要面对新的工作环境和工作职位，这种角色的变化也是工作压力的主要源头之一。

（4）企业内部工时制度、加班加点都会给员工带来压力感。按照法律规定，我国实行每周五个工作日，每日实行 8 小时的工作制，但实际上，加班加点，工作时间过长，员工工作负荷过重的情况非常普遍，严重侵犯了员工的合法权益。

（三）隐私问题

隐私是企业伦理的重要研究问题之一，隐私权是员工权利的一项重要内容。从企业角度来看，为了保证企业经济利益的安全，需要采用电话监控、计算机监控、电子邮件监控、全球卫星定位等措施，对员工进行监管。企业在工作场所监控，主要用于以下目的：

（1）出于监督的目的。为监督员工在工作场所的工作效率，防止员工消极怠工、渎职以及私用企业设备谋取私利等行为的发生，企业会采用监控等措施，一方面可以在以上行为出现时及时处理，将损失降到最小，维护企业的经济利益；另一方面可以对员工起到警示作用，以减少上述行为的发生。

（2）出于保护员工的目的。一方面企业可以通过安装监控的生产设备和安全设施来更迅速地找出安全隐患和漏洞，从而有效降低安全事故发生的概率；另一方面，员工因为安全意识不强或者操作不当导致事故发生时，可以及时地对此种情况进行监控，并做出妥善处理，可以说监督员工的工作行为在某种程度上也为员工提供了一定的安全保护。

（3）出于提高员工效率的目的。一个企业的经济效率在很大程度上取决于员工的效率。管理者认为监控可以视为判断员工工作效率的客观依据，以此为基础对员工进行奖励或处罚。同时，监控可以作为一种无形的压力，督促员工提升工作效率。

虽然以上三点对监督或监控给出了较为合理的解释，但是由于每个员工都享有隐私权，员工的人格尊严应该受到保护，而各种监控手段使得员工的隐私权也存在一定程度上的侵害。如果员工受到过于严格的监控，会使员工产生心理压力，导致工作效率下降。因此，需要有一个合理的监控制度保证双方的权利得到保护。

拓展案例 6-3

惠普："电话"断线

扫描此码 深度学习

（四）骚扰问题

骚扰通常发生于企业的工作场所之中，是违反伦理标准的一种行为，在当今社会，众多国家已经立法禁止骚扰行为，骚扰属于侵犯个体权利的行为。虽然已经立法，但并不意味着骚扰行为已经得到了明确的界定。由于此种行为的隐性特征，使得其边界并不容易确定。在所有的骚扰行为中，与企业伦理关联较为密切的是性骚扰，需要明确的一点是，骚扰是一种特殊的歧视，同样性骚扰也是一种特殊的歧视。围绕着权利的被侵犯，可以很明确地认定骚扰行为为不符合伦理规范。

性骚扰的对象更多是女性，由于女性在职场中往往属于弱势群体，女性在工作环境中遇到此种行为，会给其带来精神和肉体的双重伤害。除了极少数受害者敢于抵制，绝大多数受害者出于对工作机会与自身的荣誉考虑，常常选择沉默，因而受害人往往会承受身心的巨大压力。性骚扰会造成心理焦虑，情绪和精神上的挫败。

性骚扰也会对企业产生负面影响。以美国为例，性骚扰的发生不仅会使企业承担一大笔赔偿，还会影响企业公众形象，降低员工与企业之间的信任感，降低员工工作效率，致使生产力下降，同时增加员工流失率以及替代员工所造成的成本等。骚扰作为一种暴力行为，极大地影响了员工的工作状态和整个企业组织的氛围，最终会影响企业的整体声誉和组织绩效。因此，要创建一个健康良好的组织氛围，制定相关的企业条例，预防性骚扰事件的发生，保护员工的身心健康，提高员工的工作效率和积极性。

性骚扰问题在中国屡禁不止的原因有以下几方面：

首先，法治不健全。虽然在 2005 年《中华人民共和国妇女权益保护法》中加入了反性骚扰规范，但是目前仍然存在各种执法监督机制不完善的问题，未能给实施者以有效的震慑以及惩罚措施。

其次，企业相关制度与监督机制不完善。企业对于骚扰问题不重视，未能建立相关的企业规范，没有明确指出要反骚扰，未能在真正意义上倡导人权价值。当企业内部出现骚扰事件时，由于不良的企业氛围，使得骚扰事件难以得到有效的解决与疏导。相较于大型的正规企业，组织结构松散、管理不规范的小企业更容易出现骚扰事件，由于这类企业没有处理骚扰事件的规章制度以及标准化流程，因此骚扰事件会不断发酵，对受害者和企业均会造成负面影响。此外，由于企业没有建立完善的监督机制，无法尽早监督此类情况的发生，难以做到早预防、早处理。企业的监督人员大多是由高层管理者选拔的，因此当骚扰事件涉及管理者时，由于利益冲突，很难起到公正的监督作用。

最后，未形成成熟的社会氛围。由于受到中国传统的价值观以及思想的影响，每当涉及性骚扰事件时，大部分受害者由于害怕、羞耻等心理会选择沉默，从而助长了侵权人的不法行为。因此，应该在全社会范围内普及反性骚扰知识，加大宣传力度。

本章小结

（1）企业的人力资源是一个综合概念，它是具有各种知识、专业技能的综合个体，而个体的这些知识技能的应用，使得企业能够顺利地完成各项业务。同样，人力资源的概念也是动态的。

（2）现代企业人力资源管理的特点：战略规划与人力资源管理相结合；管理方式创新；合理构建职业管理体系。

（3）人力资源管理与伦理的关系包括，以人为本的伦理理念、和谐人际环境的伦理理念和企业员工的伦理责任。

（4）人力资源管理中的伦理问题主要体现为人力资源招聘的伦理问题、薪酬管理中的伦理问题以及工作中的伦理问题。

（5）人力资源招聘的伦理问题体现在雇佣自由、虚假招聘、就业歧视等方面，其中雇佣自由是指雇主和雇员之间是双向自由选择的关系，即雇主可以选择雇佣或者解雇雇员，而雇员同样拥有自由选择雇主的权利，双方根据自己的意愿，自由的选择达成或解除合同。

（6）薪酬管理中的伦理问题包含薪酬分配不公平和同工同酬的伦理问题。其中同工同酬一般是指雇主对从事同样工作，完成同等劳动的劳动者应给付相同的劳动报酬。"同等"包括相同的工作（或工作内容）和相同表现的情况下，支付同等工资，防止出现歧视行为。"报酬"包含货币化薪酬以及心理薪酬，如工资、奖金、参与决策权、晋升等。

思考题

1.现代人力资源管理的特点有哪些？

2.人力资源管理与伦理的关系是什么？

3.企业人力资源管理中主要伦理问题有哪些？

4.如何理解同工同酬？

5.怎样理解企业歧视问题？

案例讨论 SOHO 办公现象的伦理审视

"SOHO"最初是美国纽约一个小镇名字的缩写。在20世纪80年代这个小镇里聚集着一批艺术家，他们一般喜欢在家里独立从事艺术创作活动，后来人们将以此方式工作的人称为"SOHO族"。随着电话、电脑、打印机等设备的普及，到20世纪90年代，这种方式逐渐扩展至自由撰稿人、会计、律师等职业领域，因此SOHO被进一步解读为小型办公与居家办公。

21世纪初，随着移动互联网技术的发展，各种网络办公软件的大力开发和广泛运用，越来越多的传统职业从"线下"搬到"线上"，出现了如网络保姆、网络翻译、网络家教、网络砍价师、网络秘书、网络钟点工、网店装修师等新型网络职业。与此同时，一些规模不大的公司，如广告公司、设计劳动室、律师事务所、会计事务所等也都开始逐步SOHO化，甚至一些大型公司基于高昂的办公费用也考虑在公司内部推行SOHO模式。SOHO的含义从传统的"小型办公"和"居家办公"进一步扩展为"移动办公"，即3A办公模式——在任何时间、任何地点处理与劳动相关的任何事情。

这种办公模式现在已经在北京、上海、广州等一线城市成为一种潮流，例如，北京朝阳区就有规模宏大的SOHO社区。而且现在越来越多的年轻一代也开始愿意选择放弃朝九晚五的稳定职业，加入到SOHO一族中来。随着信息技术的进一步发展，SOHO办公方式将会更加普及，因为与现代的劳动方式相比较，SOHO劳动方式更符合人们追求自由的天性，更能彰显人在劳动中的价值，更合乎劳动的伦理要求。

一、SOHO 办公与劳动自主

在工业革命之前，农民、牧民以及手工业者等普通劳动者对于自己所从事的劳动具有一定的自主权，可以自由支配和决定自己的劳动。但是自从工业革命以后，传统的劳动方式被以"机器化""流水线"以及"泰勒制"为代表的现代劳动方式所取代，虽然整个社会的劳动效率获得了空前的提升，物质财富得到了极大的增长，但是越来越多的普通劳动者却丧失了劳动的自主性，失去了对自己所从事劳动的基本支配权。根据马克思的观点，他们的劳动内容被分割成不同的小块，只是被要求完成劳动任务中极小的一部分；不能对劳动目标自由设定；也不能够左右自己的劳动节奏，对整个劳动过程茫然不知；也根本看不到自己的成果，成果对于他们而言完全是陌生的存在。因此，也就感受不到自我价值的实现，人的劳动就是完成目前机器还不能做的事。不仅如此，甚至他们自身都成为被监控的对象，强制性使得人们厌恶职场。肉体的强制或其他强制一旦停止，人们就会像逃避鼠疫那样逃避劳动。这种强制性给劳动者身心的健康造成极大的损害，使得劳动变成了一种避之不及的"恐惧"之事。卢卡奇说："人无论在客观上还是在他们对劳动过程的态度上都不表现为是这个过程的真正主人。"这一现象从工业革命之后一直持续到今天。虽然社会进步了，劳动的强制性得到了极大程度的降低，但是普通劳动者的劳动自主性并没有因此得到根本性的改变。根据卢卡奇的看法，这是自近代以来，以可计算化为特征的经济理性成为社会的主流观念，以肯定人主体精神为特征的人本主义观念遭到压制的结果。在劳动领域中就体现为以能否实现利益最大化为衡量一种劳动方式好坏的唯一标准。这样普通劳动者就以人力资本和经济成本的形式存在于劳动中，被视为实现利益最大化的工具，沦为劳动的客体。

如果普通劳动者丧失了劳动的自主性，劳动成为束缚人和强制人的工具，那么这种劳动就很难说是道德的。一种合乎道德的劳动应当是赋予普通劳动者以自主性的劳动。在马克思看来，自主的劳动就是人能够通过劳动实现人的自我价值，通过劳动实现人的全面发展。自主的劳动应该给人以自由而不是压制人的自由，给人以希望而不是毁灭人的希望，这样的劳动才能为人所乐意接受。SOHO这种劳动方式给劳动赋予了人性的色彩，让普通劳动者获得了劳动的自主性。

第一，在SOHO办公中，劳动不再具有强制性，而成为一种自发自觉的活动。①在整个劳动过程中，SOHO族对劳动场所可以自由选择，既可以选择居家办公，也可以选择去咖啡厅、公园等户外场所办公，一切根据劳动要求和自己的意愿而定。②SOHO族对劳动时间也具有自由支配权，"我的时间，我做主"，何时劳动，何时休息以及是否需要加班，完全由自己决定，不必再依照朝九晚五的固定作息时间安排生活。③SOHO族对劳动节奏也具有自由控制权，既可以采用高效率的劳动模式，也可以采用轻松、舒缓的劳动节奏，而不必担心老板的监视。④SOHO族对劳动目标和劳动内容具有自由设定权，SOHO族能够自主决定做什么、不做什么以及如何做，能够自主设计和创作体现自身独特创意的作品。⑤SOHO族对劳动成果具有分配权，不必再依赖于他人的施舍与奖励。

这种强制性的消解对劳动者具有十分重要的道德意义，它使得个体能够根据自己的想象创造劳动，将"游戏"精神镶嵌到"劳动"中去，从而剔除劳动中的"痛苦"成分。托马斯·爱迪生曾说："我自己一辈子连一天都没有'劳动'过。对我来说，每天都是在玩"。当劳动不再具有强制性时，劳动就会越来越像是一个游戏，投身于其中，而不觉得枯燥无趣。当劳动像"游戏"一样时，对于劳动者而言，无论是对劳动的投入专注还是对自身的创造性都将得到极大程度的提升。

第二，在SOHO中，谋生不再是劳动的唯一目的。尽管SOHO族也是通过劳动谋生，但是谋生不再是他们追求的唯一目的，SOHO办公的价值不只在于谋生，而在于帮助SOHO族点亮人性的光辉。理查德·唐金认为："伟大的劳动不在于办公室设计是否符合人体工程学；也不在于办公室色调的搭配；不在于人力资源管理的种种细节；也不在于领导力的强弱——至少不在于自上而下的领导体制；更不在于技术的新旧。真正决定它是否伟大的关键，要看它能否点亮人性的光辉，使人们实现自身价值。"SOHO族在劳动中追求的是个性的展示、自由意志与创造性的表达，期望获得一种"畅快"的内心体验。在 SOHO 族看来，劳动的过程是彰显他们自我价值的过程，是生命意义的实现。SOHO 族在追求谋生的同时，更渴望的是自己的梦想和自我潜能得以实现，能够在自己的劳动中有一种实实在在的成就感和获得感。不是为了取悦于他人，也不是为了某个外在目标，而是对自我超越意义的追求。所以谋生内在地融合到自我价值实现中去了，换言之，他们在实现自我价值的同时也实现了谋生，二者不再处于割裂状态。

综上所述，在 SOHO 办公中，劳动者不再是从前那个被奴役、被压制，只需要按部就班地服从命令，为谋生而劳动的劳动者，通过 SOHO 办公，劳动者的主体地位得以确立，劳动自主性得以实现，劳动在 SOHO 族这里真正成为了自我价值实现的舞台。

二、SOHO 办公与劳动平等

制度化的平等在人类社会中已经推行数百年之久，我们已经在种族平等、性别平等甚至动物平等方面取得了骄人的成就。但是在劳动领域中平等观念的推进却尤为艰难。

就劳动文化而言，劳动等级观念根深蒂固。尽管我们一再强调，职业没有高低贵贱之分，但是传统的职业等级观念在今天依旧深刻地影响着我们对劳动的认知和行为。特别是官本位的观念对职业影响最为显著，比如同样是雇佣性质的劳动，人们却习惯于将吃财政饭的劳动叫"正式工作"，将在民企、私企里劳动称作"打工"。人因为劳动类型的不同，被贴上相应的道德标签，给予人格尊严上的区别对待，由职业歧视导致人格歧视，甚至阶层隔阂与对立。

就劳动关系而言，现代化的劳动关系本质上是一种雇佣关系。在这种关系中，老板、组织是雇佣者，普通劳动人员是被雇佣者。这种被法律所保护的关系好像是平等的，雇佣者与被雇佣者都具有在任何时候自由解除和改变雇佣关系的权利。被雇佣者不满意劳动，可以随时解除雇佣关系，但是实则不然，由于雇佣者是处于优势地位的资源拥有者，雇佣者离开被雇佣者可以生活，然而在就业压力紧张的年代，被雇佣者为了获得维持生活的资源，必须依附于雇佣者的雇佣。这就形成新的人身依附关系。

就劳动组织而言，正如社会学家彼得·布劳所说："在当今社会，科层制已成为劳动管理组织制度，并在事实上成了现代性的缩影。"科层制将劳动组织设定为一个个等级森严的金字塔结构。在较大型的组织中，每个劳动者都被分配到这个金字塔的某个位置上，除非处在金字塔的最顶端，否则必然要处在一定的上下级关系中，无论是在行政官僚系统中，还是在企事业单位中。在这种上下级关系中，下级最重要的任务就是服从上级命令，贯彻上级意志。当上级的权力无法受到约束时，这种不平等往往就会演变成新的人身依附。

平等理念在劳动领域中的实现尤为困难。传统的做法是试图通过劳动关系、劳动组织方式和劳动文化推进劳动平等理念，这在以前看来是一项规模庞大的难以实现的计划。但是伴随着 SOHO 这一新型劳动方式的出现，这一问题的解决出现了新的转机。

第一，SOHO 办公打破了传统的劳动关系性质，构建了一种平等的劳动关系，传统的劳动关系是一种雇佣关系，而 SOHO 却不是雇佣关系，在 SOHO 办公的初级形态中，一些组织将自己的业务直接外包给 SOHO 族，分别与 SOHO 族签订劳动合同，只要 SOHO 族在固定时间内按照要求完成劳动就好，至于在哪里、以何种方式完成劳动倒无所谓，因此，这些 SOHO 族与公司之间的关系不再是传统的雇佣关系，因为他们现在成为公司独立的"外包商"，每个人都是自己的老板，因此，SOHO 族与公司之间是一种业务委托合同关系。在 SOHO 的更高级形态中，SOHO 族之间完全可能是一种临时性的合伙关系。当召集人决定要完成一项劳动时，就会通过网上发帖，招聘志同道合的同事，组建团队，团队成员可能彼此都处在"无知之幕"之下，甚至彼此都未曾谋面，但是大家可以在群里自由广泛讨论，分工合作，劳动任务完成之后，团体也就随之解散。

由上可见，SOHO 中所蕴含的劳动关系迥异于现代劳动雇佣关系，它是一种完全平等的劳动关系，消除了雇佣者与被雇佣者之间的身份差异。这种新型关系的出现意味着雇佣关系的终结。雇佣关系的终结对于劳动者具有革命性的意义，"如果人不再'被雇用'，那么他的劳动过程的性质和特征就将改变。劳动将成为人类力量的有意义的表现形式，而不是毫无意义的苦差事"。

第二，SOHO 办公不是建立在以现代科层制为代表的金字塔型的组织模式之上，而是一种扁平化的网络组织模式。在 SOHO 办公中，金字塔型的等级组织结构没有存在的必要，也没有存在的空间，SOHO 族主要依赖于互联网工作，而网络世界是一个扁平化的世界，SOHO 族由一张横向平行的网络所连接，SOHO 族都可以自由平等地和互联网上的任何个体建立平等的合作关系，构建平等的劳动组织。SOHO 族也可以同时从事多份劳动，只要自己愿意并且也具有这样的能力。因此，在这种劳动方式中，"上下级"在劳动中的核心地位将会遭到极大冲击，同事间的平级关系将会成为劳动组织的主流。

第三，SOHO 办公倡导的是一种平等的劳动文化。SOHO 办公倡导的是一种追求个性、自由、独立、共享、多元的劳动文化。SOHO 文化相信每一个人都是独特的个体，具有无限的潜能，容许个体选择自己所喜欢的工作；反对将职业作为区分人高低贵贱的标签，反对将劳动完全手段化；更看重的不是劳动的结果，而是劳动的过程，以及劳动者是否能够在劳动过程中获得生命的意义；衡量工作好坏的标准不是来自外界，而是来自自我的体验。

综上所述，当人们选择 SOHO 劳动方式时，一旦他们按照这一劳动方式劳动，那么平等就会不自觉地渗透在他们的行为中，进而改变他们不平等的观念。以平等的身份进行劳动，使得平等的理念在人类社会中得以不断巩固和深化，这就是 SOHO 办公之于平等理念的重要意义。

三、SOHO 办公：劳动与生活的融合

劳动与生活有一个清晰的界限，比如在原始社会，狩猎对于原始人而言，既是一种劳动也是一种休闲生活。在农业社会，人们过着男耕女织、日出而作、日落而息的田园

生活。但是自从人类进入工业社会之后，现代社会组织化的劳动方式在劳动与生活之间划出了一道清晰的界限，这一划分尽管很大程度上提高了劳动效率，但是给人们的生活也带来了诸多问题。

一方面，使得劳动与家庭生活相分离，必须要在固定时间、固定地点，按照统一标准劳动的这种被严格组织化的劳动方式，使得劳动不得不从家庭生活中剥离出去。这种剥离意味着一部分已婚女性不得不放弃劳动的愿望，留在家中照顾老小，那些挣钱的劳动被限制在 60 岁以下的男性和部分妇女中。而这些挣钱的人则需要将自己的时间和精力分配给劳动和家庭两大领域，并常年奔波于二者之间。这样，人的一生就被规定为一种周期性的循规蹈矩的紧张生活：前二十年读书，中间四十年劳动，最后的时间退休，这被贝斯特称为"线性的人生计划"。这种生活计划的设计实际上是当代中国社会问题产生的重要原因之一，比如中国农村的留守儿童、"空巢"老人、女性就业歧视、大城市交通堵塞等重大社会问题的发生，与劳动与家庭的割裂具有某种内在的关联。

另一方面，使得劳动与休闲相分离。休闲已经被彻底视为是劳动之外的事情，二者完全是不同的生活领域。在休闲中，个体拥有自我主宰的自由，可以是优雅的精神状态。在现代劳动中，原本的"游戏"成分被剔除，人们在劳动中失去了原本享受闲暇的机会，劳动被严肃、紧张的氛围所笼罩，具有了被动性特征。这种分离越深入就越意味着劳动是处于自由意志之外的事情，个体因被身外之事所控制，而失去自由，也就越加意味着"休闲"仅仅是少数人的专利。

在现代社会的劳动方式中，劳动与家庭、劳动与休闲在时间和空间上被严格区分开来，这是现代许多社会问题产生的原因之一。问题解决的关键在于促进劳动与生活的融合。SOHO 劳动方式则有助于促进这一融合的实现。

一方面，就劳动与家庭的融合而言，SOHO 最早的形式就是"居家办公"。居家办公可以有效缓解劳动与家庭的冲突，实现"鱼与熊掌"的兼得，劳动者不再需要在二者之间来回奔波，在照顾家人或与家人相处的同时，又可以在轻松愉悦的家庭氛围中完成劳动任务，这也能够在极大程度上解决女性在家庭和工作中面临的诸多难题。这也使得人不必再分裂为"职业人"和"家庭成员"，实现自身人格与行为的完整统一。劳动与家庭的融合从根本上解决了上述中国社会面临的重要问题。

就劳动与休闲的融合而言，SOHO 劳动方式的意义就在于它在一定程度上减少了普通劳动者在劳动关系中的依附性，他们在整个劳动过程中都是劳动活动的主宰者，可以尽情发挥自己的创造性，使工作按照自己的意愿进行，可以自由地与其他劳动者自由平等地进行交往。在 SOHO 中，劳动是"优雅"的劳动，休闲是创造"价值"的休闲，休闲与劳动在 SOHO 中获得了统一。

通过 SOHO 办公方式，劳动与生活的紧张关系得以调和，劳动者从生活的分裂状态走向和谐，诸多社会问题也可以得到解决。

四、对 SOHO 办公合道德性的质疑与回应

尽管 SOHO 办公的合道德性在学界尚未被广泛讨论，但是可能的质疑依然存在。第一个质疑是怀疑 SOHO 办公的影响力。这种观点认为 SOHO 办公在劳动领域的影响力是有限的，它只能适用于与互联网相关的劳动，社会中一些像工业生产、农业种植等基础性劳动是 SOHO 所无法取代的。第二个质疑是否认 SOHO 是一种好的生活方式。该观点认为 SOHO 族长时间面对电脑工作，不规律的生活作息会严重影响到他们的身体健康。另外，由于他们缺少同事，缺少社会心理支持系统，面对成功得不到精神鼓励，面对失败得不到安慰，无法应对难以克服的孤独和寂寞。第三个质疑是认为 SOHO 模式在提升劳动效率、保证劳动质量与完善售后服务等方面的作用是十分有限的，因为好逸恶劳是人的本性，在一个缺乏监督的安逸环境中，要保证个体能够按质按量完成劳动任务并不是一件容易的事情。

上面所提到的问题是客观存在的，但是如果我们能够以发展的视角看待它，这些问题都是可以迎刃而解的。就第一个质疑而言，SOHO 模式的确目前还处于起步阶段，主要局限在艺术创作、高科技以及与互联网密切相关的职业中，但是，随着信息技术的飞速发展及其在劳动领域中的广泛应用，SOHO 办公的普遍化将是一种必然趋势。事实上，如今在法国，一些工程专家正在试图将卫星定位系统、手机无线网络与田间灌溉机器连接在一起，以帮助农民实现居家种植。第二种质疑也是对 SOHO 模式的误解。事实上，在写字楼办公并不比居家办公和移动办公对身心更为健康，往往企事业单位对员工言行举止的要求比员工在家里更为严格些。与在企事业单位工作比较，SOHO 族有更多的时间和自由与家人朋友团聚。影响身心健康的关键不在于 SOHO 办公而在于 SOHO 族自身是否具有高度的自律能力，在没有监督的环境中，依然能够自觉地高质量完成工作任务。第三个质疑也是欠妥当的，因为在 SOHO 办公中工作是个体自由选择的结果，是自我价值的实现，是真正属于自己的事情，工作的好坏与自己的荣誉直接挂钩，这决定了 SOHO 族必然会以高度负责的态度对待工作。

即便对上述问题的回应还有待完善，我们也不能因此就否认 SOHO 办公的合道德性。因为 SOHO 办公对普通劳动者的尊重和对劳动自主性的肯定，对平等理念在劳动领域中的积极促进和对现代工作与休闲紧张关系的改善，都已充分证明了 SOHO 办公是劳动方式上的一次道德进步。

资料来源：刘永春 .SOHO 办公现象的伦理审视 [J]. 伦理学研究，2017（5）.

问题：

1. SOHO 办公方式有哪些特点？

2. 平等理念是如何在 SOHO 办公模式下实现的？

3. 怎样理解 SOHO 办公的合道德性？

第七章　企业会计工作中的伦理

学习目标

- 掌握会计伦理的概念
- 理解会计伦理的特点
- 理解会计活动中主要的伦理问题
- 了解会计职业道德规范

导入案例　我国将建立会计人员诚信档案

2017年6月9日，财政部发布通知称，为推动会计诚信建设，提高会计人员诚信水平，根据《会计法》以及社会、个人信用体系建设相关指导文件的精神，财政部研究起草了《关于加强会计人员诚信建设的指导意见（征求意见稿）》（以下简称《意见稿》）。

会计诚信有待提升

2014年6月，国务院发布了《社会信用体系建设规划纲要（2014—2020年）》，要求加强会计从业人员职业信用建设，建立人员信用记录，推广使用职业信用报告，引导职业道德建设与行为规范。2016年12月，国务院发布《关于加强个人诚信体系建设的指导意见》，提出"要加快建立和完善会计审计人员个人信用记录形成机制，及时收集有关人员在相关活动中形成的诚信信息，确保信息真实准确，实现及时动态更新"。

同时，《会计法》也要求会计提供的信息必须真实、可靠、完整，在会计人员诚信问题上做出了更加严格且详细的规范。财政部会计司有关人士表示，"随着市场经济的快速发展和经济业务的复杂多变，会计失信行为有所抬头，在一定程度上影响了会计信息质量，对经济社会产生了负面影响，引起社会普遍关注。在这种情况下，加强会计人员诚信建设，对营造良好会计诚信氛围具有重要意义"。《会计法》还规定，从事会计工作的人员必须取得会计从业资格证书。现有会计人员管理模式的基础是会计从业资格，而根据此前国务院常务会议精神，会计从业资格行政许可即将在《会计法》修订后正式取消，会计人员管理将失去原有基础，面临转型升级。

在这一情况下，我们应当意识到，会计诚信是会计人员工作的重要基础，信用信息是会计人员管理的关键环节，因此有必要制定《意见稿》。

《意见稿》提出了会计人员诚信建设的三大基本原则。

一是政府推动，社会参与：充分发挥财政部门和业务主管部门在会计人员诚信建设中的组织管理和督促推动作用，争取得到审计、税务、工商、人民银行以及其他银行、证券、保险监管等部门的支持，引导社会力量广泛参与，共同推动会计人员诚信建设。

二是健全机制，有序推进：建立健全加强会计人员诚信建设的体制机制，有序推进信用档案建设，规范信用信息采集和应用，推动信用状况逐步与专业资格晋级、职务晋升等挂钩。

三是加强教育，奖惩结合：把教育引导作为提升会计人员诚信意识的重要环节，发挥行为规范的约束作用，使会计诚信内化于心，外化于行，成为广大会计人员的自觉自愿行为；加大会计人员诚信激励与失信惩戒力度，推动信用信息的应用，规范引导会计人员的诚信行为。

开展会计人员诚信教育，加强信用档案建设

《意见稿》提出的第一项工作任务是增强会计人员诚信意识，主要包括完善会计职业道德规范和加强会计诚信教育两条具体措施。

有关人士称："根据会计工作特点，我们将进一步完善会计职业道德规范，引导会计人员自觉熟悉法规、勤勉尽责、参与管理、强化服务，不断提高专业胜任能力；督促会计人员坚持客观公正、诚实守信、廉洁自律、不做假账，不断提高职业操守。"

《意见稿》还提出，财政部门、业务主管部门和会计行业组织要采取多种形式，广泛开展会计诚信教育，大力弘扬会计诚信理念，不断提升会计人员诚信意识；要将会计职业道德纳入会计人员继续教育内容，作为会计专业技术人员继续教育的必修课；要充分发挥新闻媒体对会计诚信建设的宣传教育、舆论监督等作用；财会类专业教育应当开设会计职业道德课程，努力提高会计后备人才的诚信意识；鼓励用人单位建立会计人员信用管理制度，组织签署入职诚信承诺书，强化会计人员诚信责任。

据悉，《意见稿》提出的第二项工作任务是加强会计人员信用档案建设，包括建立信用信息管理制度、建设信用档案、规范信用信息使用三条具体措施。

有关人士透露，财政部将明确会计人员信用信息的内容、采集方式、归档要求和使用条件，形成统一要求、分级负责、综合利用的会计人员信用信息管理制度；研究建立会计人员信用信息纠错、修复机制，探索建立会计人员信用记录分级管理制度。

《意见稿》还要求，以在职会计人员为对象，以会计人员执业活动为依据，以会计人员有效身份证件号码为基础，及时采集、如实记载会计人员的信用信息，逐步形成信用档案，作为评价会计人员履职和遵循会计职业道德情况的重要依据；选择部分地区进行会计人员信用档案建设试点，取得成效后再全面推开。

此外，《意见稿》指出，省级财政部门和业务主管部门要充分利用信息化技术手段，推动建设信用信息管理系统，在此基础上逐步形成全国统一的会计人员信用信息平台；探索提供会计人员信用信息查询服务，明确查询的程序、方式和内容；加强与其他部门合作，推动实现会计人员信用信息的互换、互通和共享；研究将会计人员信用信息推送至全国信用信息共享平台的方式方法；建立健全并严格执行保障会计人员信息安全的管理制度，做好安全防护工作，防止信息泄露。

完善激励及惩戒机制，强化组织实施

《意见稿》提出的第三项工作任务为完善会计人员诚信激励和失信惩戒机制，具体包括为诚信会计人员提供更多机会和便利、对严重失信会计人员实施约束和惩戒、加强对会计人员信用情况监督检查的三条措施。

有关人士表示，今后，会计人员信用记录将作为先进会计工作者评选、会计职称考试或评审、高端会计人才选拔等资格审查的重要依据；对具有良好诚信记录的会计人员，相关部门将在教育、就业、创业等领域给予重点支持，尽力提供更多的便利服务；用人单位被鼓励依法使用会计人员信用信息，优先聘用、培养、晋升具有良好诚信记录的会计从业人员。

"同时，在先进会计工作者评选、会计职称考试或评审、高端会计人才选拔等资格审查过程中，我们将对严重失信会计人员实行'一票否决制'；对于已经取得会计专业技术资格的严重失信会计人员，吊销其已经取得的会计专业技术资格。用人单位也将根据严重失信会计人员的专业技术资格情况，对其进行降职、撤职或解聘。"相关人士称，有关部门还将探索建立会计人员严重失信行为披露制度，依法向社会公开披露会计人员严重失信信息。

《意见稿》还要求，财政部门应当结合会计监督工作，加强对会计人员遵守国家统一的会计制度和会计职业道德规范等情况的检查，并将检查结果记入会计人员信用档案；争取审计、税务、工商、人民银行以及其他银行、证券、保险监管等部门的支持，将有关检查中涉及的会计人员严重失信情况纳入会计人员信用档案；支持会计行业组织依据法律和章程，加强对会员信用情况的监督检查。

《意见稿》提出的第四项工作任务是强化组织实施，具体包括"高度重视，加强组织领导""试点先行，有序稳妥推进""加强宣传，营造良好氛围"三条措施。

会计人员诚信建设工作涉及人员众多，社会影响面广，必须慎重对待。"接下来，我们将对会计人员信用档案建设、信用信息管理系统建设以及信用信息查询服务进行试点，及时研究解决试点地区存在的问题和不足，及时总结提炼试点地区可复制、可推广的经验做法，形成制度后在全国进行推广。"

《意见稿》强调，财政部门、业务主管部门和会计行业组织要充分利用报纸、广播、电视、网络等渠道，在校园、企事业单位、公共场所等地方加大对会计人员诚信建设工作的宣传力度；要大力发掘、宣传会计诚信模范等会计诚信典型，深入剖析违反会计诚信的典型案例，教育引导会计人员不断提升会计诚信意识。

资料来源：沈漠.我国将建立会计人员诚信档案[N].财会信报，2017-06-19.

问题：

1. 企业会计活动中有哪些伦理问题？

2. 会计人员诚信建设有哪些原则？

第一节　企业会计与伦理的关系

一、会计与伦理

现代会计制度的前身在半个多世纪前就已经出现，早在古罗马和古巴比伦时期，人们就运用原始的会计制度来评估税收，促进经济贸易。在进行经济资源配置时，会计信息发挥着至关重要的作用。投资者、债权人、企业、政府及其他社会部门都会使用会计信息来帮助自己制定决策。比如，从投资者角度，资本市场运行效率取决于投资者对信息的信赖程度。经过外部审计师审计的会计信息，能够极大地提升财务报告的真实性和可靠性，从而有效减少资本市场的信息不对称问题。然而，会计能否在经济体系中发挥其应有的职能，很大程度上取决于会计伦理的建设和完善。

美国注册会计师协会（American Institute of Certified Public Accountants）会长公开表示，"职业声誉是我们最宝贵的资产"（Melancon，2002）。[①]加拿大特许会计师协会（Canadian Institute of Chartered Accountants）的使命宣言是，"作为可信赖的金融领袖，我们时刻注意行为的正直"。同样，国际会计师联合会（International Federation of Accountants）设立了一个国际道德标准委员会来专门制定高质量的伦理道德准则，从而服务于公共利益。

会计伦理是指建立在会计关系上的伦理要求，处理与会计相关的利益主体的原则和准则，该原则和准则要反映会计服务中各利益相关者的要求和利益。会计服务对象包括政府部门、投资者、债权人、企业等。

二、会计伦理准则

美国注册会计师协会（AICPA）和国际会计师联合会（IFAC）认为，从美德伦理的视角，专业会计师需要遵循五大基本美德，包括正直、客观、勤勉、忠诚和专业行为。当代会计伦理的相关规范基本是围绕这五大准则展开的。

以下我们对这五大美德的含义、要求等内容进行详细介绍：

（一）正直

在会计专业背景下，正直的概念包含两个要素：诚实和勇气。会计师本质上是沟通者。他们首先与数据进行沟通，将其加工成可读的会计信息，然后用会计信息与企业的内部和

---

① Melancon B C. A New Accounting Culture[J]. Journal of Accountancy, 2002.

外部利益相关者进行沟通。因此，作为一个会计师的首要原则是要"讲真话"。这里的"讲真话"具有两层含义：其一，会计师具有足够的业务能力来展现真实的数据和信息；其二，会计师具有足够的勇气来展现和传达真实的数据和信息。因此，作为一个沟通者，会计师在信息交流中所面临的最大的诱惑就是对信息进行夸大或其他形式的歪曲。更多的情况下，会计师会选择性地披露一些有利信息，而对不利信息进行回避。

在实际工作中，保持正直的美德可能需要掌握平衡的艺术。通常不诚实的行为会导致不充分的，或者误导性的，甚至是虚假的财务信息。而过于诚实的行为又可能透露过多的信息。例如，可能泄露企业的商业秘密或其他不应披露的信息。因此，对于专业的会计师而言，其需要找到一个"平衡点"来进行适度的披露，从而在避免不恰当披露的同时最大限度地保持信息的透明度。

（二）客观

客观性是指存在一个外部标准来衡量会计师的工作。例如，在会计准则中，财务报告的客观标准是，对某一组织的特定业务的经济实质进行公允列示。会计准则是衡量财务报告质量、可靠性和有用性的客观原则。遵循这些标准不仅是一个技术问题，也是一个伦理问题。

在实际工作中，客观性原则要求会计师尽量避免偏见和利益冲突，并保持判断的独立性和专业性，不能屈从于他人的观点。在适当的情况下，会计师的职业判断会允许他适当补充、修改甚至偏离原有的会计准则。但是，需要强调的是，这些背离既定标准的做法必须进行透明的披露，并给出充足的理由。可见，会计的客观性不仅意味着遵循会计准则，更意味着会计师努力达到一种理想的信息呈现状态，即便有时这种理想的信息呈现状态没有在准则当中完美体现，但通过不懈努力去寻找最优状态后，会计仍可以体现出真正的客观性。

（三）勤勉

在会计方面，勤勉是通过不懈努力去寻求真理来表达的。会计师只有成为真理的"探索者"，才能成为真理的"代言人"，而成为真理的"探索者"不仅需要具有良好的意图，还需要具备实现意图的能力；不仅需要对数据进行关注，还需要时刻准备识别会计信息中潜在的欺诈信息或其他风险信号。具体而言，会计师需要确保他们的工作能充分体现其专业能力，具有应有的专业关注，具有合理的计划和监督，收集到充足的相关数据，提供全面、及时、透明的会计服务。

在实际工作中，勤勉原则要求会计师一方面要尽力去避免疏忽，另一方面又要避免陷入"过度完美主义"。会计工作是一门艺术，而不是一门精确的科学。完美的财务会计或审计是不存在的，因为在实际工作中往往要考虑成本效益原则，客户不会支付高昂的会计或审计费用，以保证发现会计系统中每一个可能的缺陷。因此，勤勉原则也需要会计师去找寻一个关于成本与收益的平衡点。

（四）忠诚

对于专业会计而言，忠诚包含两层含义：第一层含义是对雇主或客户的忠诚，第二层含义是对社会的忠诚。具体而言，对雇主或客户的忠诚是指，会计师或审计师需要对其所在企业或所承接的客户负责，主要包括与雇主或客户进行恰当的沟通，在沟通过程中注意对信息进行保密。对社会忠诚是指会计师或审计师需要呈现负责任的信息，以免外部利益相关者的利益受到损失。这是因为专业会计师的工作往往涉及财务报表、纳税申报表等重要信息来源，而这些信息是投资者进行投资决策、债权人做出债权债务决策、消费者做出消费决策、雇员建立和维持雇佣关系、政府制定相关政策和做出奖惩措施、供应商建立和维护合作关系的重要参考。

在实际工作中，忠诚也同样涉及平衡的艺术，即会计师或审计师往往需要在对雇主或客户的忠诚与对社会的忠诚之间寻找平衡点。他们既需要向社会提供真实的信息，又不能在此过程中泄露企业的机密。如果会计师或审计师在"说真话"的过程中泄露商业机密，那么此时"说真话"也可能构成一种非伦理行为。实际上，最常见的情况是会计师或审计师出于对雇主或客户的忠诚，而伤害了对社会的忠诚。为了避免这种情况的发生，AICPA和IFAC守则允许在某些情况下，会计师或审计师可以搁置保密义务，比如当会计师对法庭传票做出回应或公开在法庭上做证时。

（五）专业行为

如果会计师或审计师只遵从前四种美德，那么他的工作依然可能被认为是不值得信赖的。因此，需要将第五种美德——专业行为加入其中。例如，如果会计师对于相关的税收漠不关心，不注意合理避税，那么他不足以成为一个值得信任的会计师。

在实际工作中，专业行为并不是要求会计师或审计师尽力去满足任何人的专业标准，而是需要他们注意职业声誉和信赖程度，在工作中时刻反映出他们的专业精神。在专业行为当中，有一个重要的原则是保持独立性。当会计师与所在组织的管理层关系过于亲密，或审计师与被审计单位的关系过于亲密时，将可能导致其提供的会计信息或出具的审计意见显失公允，从而使意见不具备决策有用性。

三、伦理视角下的会计职业道德特点

会计职业也应遵循会计职业道德，它反映了会计职业特征、调整会计职业关系的行为准则和规范。因此，在复杂的社会、政治、经济环境条件下，会计职业道德建设可以概括为会计人员处理个人与企业、企业与社会、经营者与投资者等之间的利益关系时遵循职业行为准则和行为规范的活动。

会计职业道德建设包括以下三个特点：

（1）需要有廉洁自律的素质。会计人员作为会计活动中的主体，其工作与金钱紧密相关。具有伦理道德素养的会计人员会在会计工作中坚持秉公执法、廉洁自律，把国家集体利益放在个人利益之上。企业会计工作中会出现会计信息失真、虚假账户、企业作为一个整体性能较低的现象，这一切问题都会对社会和企业造成严重的危害。这就要求企业加强对不道德现象的监管，同时加强对会计人员职业道德的建设。

（2）具有利益相关性。会计从业者基于职业特点，需要平衡职业道德规范和企业的经济目标。由于会计个体的利益关系是复杂的，当经济利益和道德规范冲突的时候，会计人员会引发道德的困惑，也容易引起道德失范。

（3）遵守职业道德准则。会计从业人员更多地面对财务的业务处理，因此极易受到金钱的诱惑，从而违背企业的道德标准。首先需要明确的是，会计人员需要为企业的目标服务，不能为个人私利服务。一旦越过此标准，不仅触犯道德界限，甚至会越过法律界限，承担相应的法律责任。会计人员必须有明确的道德底线，在企业伦理的影响下，不断提高个人道德水平。

企业伦理视角的会计职业道德建设具有客观必然性。社会的大环境要求企业重视会计伦理道德的建设。好的环境能够对会计伦理道德起到良好的促进作用，因此，不能忽视外部环境的重要作用。特别是在强调反对腐败的今天，更应该加大会计职业道德建设的力度。在企业会计道德冲突越来越严重的情境下，企业必须加强对不道德行为的监管，尽量避免和防止不道德现象的发生。

在全球化的今天，各国的经济交流日益密切，信息工具日益发达，任何企业的不良会计伦理都可能会对其他国家的企业造成负面影响，此种影响不会单纯的集中于企业的内部，它会对整个经济系统造成负面影响。因此，企业会计伦理标准的建立不是单个企业自己的事情，而是整个国家经济系统，甚至全球经济系统都必须重视的事情。纵观历史上因违反会计伦理道德而发生的各类事件，已经对现代企业发出了警示，特别是为人熟知的安达信、毕马威等类似会计事件，都要求管理者重视会计职业伦理道德的培养。

第二节　会计活动中的伦理问题

一、会计信息披露的伦理问题

会计活动中的伦理问题之一主要体现在会计信息披露方面。会计信息披露是指企业按照相关法律法规，对公司的财务状况和经营成果以及其他有关会计信息向证券监督管理部门报告的行为。在上市公司的经营活动中，全面、及时、有用、真实的会计信息可以作为投资者进行理性投资决策的基础，也是社会资源有效配置的基础，以及社会主义经济发展的重要保证。

（一）会计信息披露存在的伦理问题 [①]

1. 会计信息造假

会计信息造假体现为披露虚假的信息或误导性的信息，严重时为财务欺诈或舞弊。会计信息造假的典型手段是盈余管理。盈余管理是指为了达到战略目的而故意操纵会计数字，以达到主体自身利益最大化的行为，盈余管理在企业中是非常常见的，其目标也往往具有多样性。例如，有的高管利用盈余管理来达到预期收益。参与盈余管理损害了会计师的职业道德和财务报告的真实性，从而误导了外部利益相关者。造成这种情况的原因也可能是会计部门未能遵守会计职业道德准则，内部管理存在严重问题等。

2. 信息的披露过程过于缓慢

正是由于这种信息的延迟，给企业和个体造成了很多可乘之机，利用这些延迟可以达到自己的私人目的。信息披露过程过于缓慢不仅为企业增加了很多风险，也会使外部的投资人员不能获得有效的会计信息。由于上市公司的会计信息披露不及时，也可能导致内幕交易和其他操纵市场的欺诈性交易。因此，会计信息披露的及时性是维护社会主义市场经济持续健康发展的保证。

3. 会计信息披露不充分

募集资金的使用和披露信息不充分，特别是企业的负债披露不充分，会导致很多企业以商业秘密的保护为由，存在大量的应收账款或隐瞒的对外担保。会计信息披露不充分还导致了选择性的信息披露，即夸大对自身有利的信息，回避对自己不利的信息。

4. 会计信息披露不规范

会计信息披露不规范，即没有按照准则的规定来披露信息，如随机披露行为缺乏信息披露的严谨性；自由调整利润分配；中期报告过于简单，不提供重要数据与去年同期数据；营销策略和宏观经济政策未披露等。

（二）会计信息披露问题的成因

1. 规范会计披露的相关法律法规缺失或不完善

中国虽然改革开放已经近四十年，但是自身的经济系统和法律仍旧有很多需要完善的地方，对于会计信息的披露也不例外。现阶段，中国关于会计信息的披露多是依据西方的

---

① 资料来源：齐晋. 上市公司会计信息披露存在的问题与对策分析 [J]. 会计之友，2009(10).

经验。但是由于中国国情和各方面的具体情况与西方国家存在差异，这就导致相关的法律仍旧需要不断地完善。

2. 上市公司内部治理结构不合理

中国的很多上市公司，存在机构设置烦琐、股权结构不合理以及监事会监督不力等问题。这些问题的存在会导致公司内部无法形成有效的内部控制，从而导致会计信息披露的不真实。同时，也会导致股东大会流于形式，这样自然削弱了会计信息的真实可靠性和决策的有用性。

3. 会计信息披露的相关内容不规范且在企业内外部缺乏健全的指导原则

正是由于这个原因，中国很多企业的信息披露质量参差不齐，十分随意。由此导致的后果是：企业可能隐藏一些不良信息，或者刻意将关键信息遮蔽起来。

4. 外部机构对企业的监管流于形式或根本没有第三方会计监管

第三方会计监管是判断一个市场是否成熟的重要标志，第三方机构实际上就是指那些具有监管能力的机构，比如具有注册会计师资格的会计师事务所，此类机构就可以作为第三方机构对企业的会计信息披露进行相关的监督和管理。审计的结果具有很多的作用，比如，它可以有效地发现企业中所存在的财务问题，预防重大风险事件的发生，从而对企业的正常运行起到非常积极的作用。

（三）应对会计信息披露伦理问题的方法

1. 建立完善的会计信息披露法律制度

随着中国经济的迅速发展，市场规模变得更为庞大，这也对会计信息披露提出了更为严格的要求。只有更为严格的监管和信息披露制度才能在一定程度上更好地适应新形势的发展。现阶段，中国已经有了相关的法律，如《会计法》《企业会计制度》《证券法》《公司法》《股票发行与交易管理暂行条例》和《公开发行股票公司信息实施细则》。这些法律大多涉及披露制度内容，或者在某一方面提及了披露的相关情况，但是这些法律并不是关于信息披露制度的。完整的关于披露信息的相关法律在中国并不存在。因此，可以从以下几个方面提高会计信息的披露程度。首先，对相关的披露法律进行更为详细的解释，力图将这些法律所涉及的细节更为详尽化。其次，尽快建立统一的会计信息披露政府主管机构，在此基础上出台相关的指导原则，这样可以使整个管理流程更为规范。

2. 加强企业的内部治理

目前，中国上市公司往往存在缺乏有效内部控制的情况，这将导致会计信息披露的不准确。改善上市公司的内部治理结构，明确政府职能的转型可以从以下几方面着手。首先，优化股权结构，改变某一股东占主导地位的现象，使股东积极参与业务管理活动，避免股东大会流于形式，这也有助于共同开发业务，从系统角度保护真实有效的会计信息披露。其次，提高监事会的监督能力。监事会并不是一个纯粹的形式，应该让监事会独立监督，扩大监管范围，以便其发挥真正的作用，这有利于上市公司信息披露的正确和有效。最后，完善公司内部会计信息化建设，提高会计信息的流动性。完整的信息流动在上市公司信息化建设过程中，不能脱离与硬件、软件、人员和系统安全方面的联系。此外，会计电算化是一个有效提高公司会计和资本运作效率的手段，也是一种内部会计监督和会计信息披露的有效保证。

3. 加强会计信息披露的外部监管

会计信息的外部监督主体包括第三方中介机构的外部监督，外部监督独立董事和公众舆论。首先，第三方中介机构，包括会计师事务所、信用评级公司和证券市场自律组织以及其他机构。第三方中介机构的外部监督是指上市公司的外部监督，通过上市公司的外部监督和会计资格第三方监督权力来实施。给第三方中介机构更多的监管权力，以充分发挥其作为第三方监督的作用。同时，也应该引入相应的法律、法规来规范这些第三方中介机构，从而实现会计信息披露的规范。其次，所谓的独立董事，是指独立于公司的股东且在公司内部不工作，和公司管理者没有重要的业务联系或专业联系，对公司的事务做出独立判断的董事。独立董事制度的实施应该受到管制，使独立董事真正发挥"独立仲裁"的角色。因此，有必要加强独立董事在我国的应用，特别是在公司外部治理方面让其发挥真正的作用。最后，公众舆论应成为上市公司外部治理的重要手段，这种手段能够有效地促进公众对上市公司信息披露的监控。舆论不仅有利于加强公众对上市公司现状的理解，也有利于促进信息披露，保证上市公司和证券市场的健康发展。

阅读材料 7-1 **美国资产证券化信息披露制度监管改革经验与启示**

中国从 2005 年就启动了信贷资产证券化试点。历经十多年，中国资产证券化市场步入发展的快车道，制度框架逐步成型，市场规模持续扩大，产品类型日益丰富。2015 年 5 月 13 日，国务院常务会议决定，新增 5 000 亿元信贷资产证券化试点规模，同时要求继续完善制度、简化程序，鼓励一次注册、自主分期发行，规范信息披露，这为中国信贷资产证券化深入发展指明了方向。近期，中国银行间市场交易商协会发布《个人汽车贷款资产支持证券信息披露指引（试行）》和《个人住房抵押贷款资产支持证券信息披露指引（试行）》，更加系统、全面、标准化的资产证券化信息披露规则体系搭建工作正在加快推进。在此背景下，借鉴国外经验来优化国内资产支持证券信息披露制度、进一步提高市场透明度和运行效率具有重要意义。

金融危机后，美国资产支持证券的发行规模一度急剧下降，但从 2009 年之后逐步回升，其在金融市场中的地位依然稳固。截至 2014 年，美国资产支持证券存量 10.7 万亿美元，占整个债券市场的四分之一。美国资产支持证券市场强大的生命力与其监管制度安排的持续完善密切相关，其中，信息披露机制的作用不可或缺。金融危机后，美国进一步加强资产证券化业务监管，提高资产证券化信息披露要求，希望通过更加详细、标准化的信息促进投资者更好地理解和管理证券化产品的风险。总的来看，美国资产支持证券信息披露制度有以下几方面值得参考和借鉴。

第一，系统设计资产支持证券信息披露规则体系。在资产支持证券发展过程中，美国监管部门逐步探索建立了一整套资产支持证券信息披露规则体系。首先，1933年《证券法》、1934年《证券交易法》等对资产支持证券进行统领式规定，授权美国证监会制定和执行实施细则，明确信息披露的法律责任，赋予信息披露相关规范以强制执行力和威慑力；其次，作为第一个有关资产证券化信息披露及其他事项的专门规定，美国证监会制定并在危机后修订的AB条例对于资产证券化信息披露作出具体规定；最后，在长期的市场实践和磨合中，机构类抵押贷款证券化（MBS）和私募发行资产支持证券等不具有强制信息披露义务的证券化产品也逐步形成系统的信息披露惯例，与公募产品的披露尺度和内容基本趋同。

第二，厘清资产支持证券信息披露的工作思路，具体来看包括三个方面：一是确保投资者能够及时、准确、完整获得对于投资决策具有实质性影响的信息，且相关信息通俗易懂，便于投资者使用；二是实行差异化信息披露，对机构类MBS和其他信贷资产证券化（ABS）产品、公募ABS和私募ABS赋予不同的信息披露义务；三是在信息披露成本和收益方面寻求最佳平衡点，对于关键信息要求强制披露，对于不必要的信息自愿披露，减轻发行人的压力。

第三，明确不同证券化产品的信息披露要点。从内容来看，传统的证券信息披露主要围绕证券发行人整体经营状况和财务状况进行信息披露，而资产支持证券的信息披露着重于特定资产状况和现金流分配状况。上次全球金融危机后，美国监管部门积极推动完善资产支持证券信息披露，大幅增加信息披露内容，以单独的表格体系列出不同产品的信息披露要点。同时，美国明确对住房抵押贷款支持证券（RMBS）、商业抵押贷款支持证券（CMBS）、汽车贷款证券化、汽车租赁贷款证券化、再证券化、债务证券化六类产品实行基础资产逐笔披露。

第四，完善资产支持证券注册表格体系和相应的信息披露载体。一是针对资产支持证券新设了单独的注册表格体系，即SF-3（储架式发行）和SF-1（非储架式发行）。二是进一步完善信息披露载体，以标准化的数据附件形式提供相关信息，提高基础资产的透明度。资产支持证券在发行阶段和存续期分别使用不同的信息披露载体：发行阶段主要通过注册登记声明和募集说明书披露相关信息，采取储架式发行，在每次发行时需单独提交补充性的募集说明书；存续期间信息披露主则以定期报告和重大事件临时报告形式呈现。三是在信息披露工作中更加重视对于投资者利益的保护，为投资者提供更多的时间进行投资决策。

第五，借助信息系统提高信息披露监管效率和质量。随着资产支持证券信息披露内容的不断增加，尤其是基础资产实现逐笔披露，如何利用信息系统推进数据的标准化和便利化已成为监管部门的重要课题，而美国证监会建立的证券信息电子化披露系统（EDGAR）值得借鉴。资产支持证券信息披露系统能够为投资者和监管机构提供更加便捷、透明、高效的证券信息收集和分析工具，便于投资者进行决策判断。

从国外资产证券化市场的发展经验来看，标准化、规范化的信息披露制度有利于减少信息不对称，降低市场交易成本，提高市场的透明度、流动性和运行效率。同时，真实、准确、完整、及时的信息披露有助于完善价格发现机制，降低市场波动性，防范风险，促进资产证券化市场的发展。中国在推动资产证券化常态化发展过程中，应统筹设计信息披露制度安排，明确信息披露的监管尺度和着力点，进一步强化信息披露的评价机制和约束机制，抓紧建立资产证券化信息披露系统和信息分析平台，提高证券化产品信息披露质量。

资料来源：潘紫宸，杨勤宇，美国资产证券化信息披露制度监管改革经验与启示 [N]. 金融时报，2015-05-25.

二、注册会计师的伦理问题

由于会计信息造假被认为是最严重的会计伦理问题，而财务欺诈又是会计信息造假中影响最恶劣的问题，因此，我们以财务欺诈为例对会计伦理问题进行了分析。在过去几十年间，许多会计和财务报告系统的欺诈行为严重损害了全球经济体系。安然、世通、南方保健、美国科泰、雷曼兄弟、曼氏金融等公司财务欺诈丑闻不仅给企业造成了巨大的损失，还使公众信任受损，甚至导致了全球范围的经济衰退。

在对人类行为的研究中，哲学家和心理学家对人类行为产生的诱因一直存在争论，其中有两种被普遍接受的观点：一种观点认为某种行为的产生是内部力量和外部力量综合作用的结果；另一种观点认为要改变某种行为必须改变操纵这种行为的情境因素。结合这两种观点，克雷西（Cressey）于 1953 年在《关于盗用公款的社会心理学研究》一文中提出了著名的"欺诈三角模型"。根据"欺诈三角模型"，当会计师具有相应的机会、动机和借口时，财务报告舞弊就会发生。财务欺诈产生的诱因如下：

（一）机会

在完美约束下，会计师的道德风险问题是不会发生的。然而完美的约束是不存在的。企业的监管层和证监会等监管机构往往没有足够的资源来全面监控财务报告的生成，所以在监测和发现风险较低的地方就存在很多财务舞弊的机会。首先，不完美的约束导致信息不对称问题的出现。由于信息不对称，会计师的行为无法被完全观察，监管机构往往处于严重的信息劣势中。其次，不完美的约束导致了权力不对称问题的出现，相比管理层而言，企业的监事会和外部的监管机构没有足够的权力来干涉会计师的实际工作。比如，企业的财务会计往往受到管理层的直接领导，如果管理层向会计师施加伦理压力，要求其做出虚假财务报表，而会计师考虑到薪金、晋升、与领导的关系管理等，往往很难拒绝。内部审计师往往是作为企业监督者的身份出现的，但是在实际工作中又会受到管理层的直接领导，并且内部审计师往往与被审计的机构人员具有同事关系，从而非常容易出现内部审计师与被审计单位串通的情况。此外，会计准则允许会计师在财务工作中运用职业判断，这也为会计师操纵财务报告结果提供了机会。

（二）动机

在本书第四章第一节曾提到的科尔伯格（Kohlberg）的道德发展阶段模型认为，人类的道德发展要经历三个主要阶段：第一阶段为道德成规前期阶段，处于这一阶段的人们主要受经济利益的驱动，他们是以自利为导向的；第二个阶段为道德成规期阶段，处于这一阶段的人们主要受合规驱动，他们是以法律法规和社会规则为导向的；第三个阶段为道德成规后期阶段，处于这一阶段的人们主要受到道德责任和道德义务的驱动，他们是以伦理规则为导向的。当会计师处于道德成规前期阶段时，他们很容易受利益驱使而做出违规行为。这些利益包括经济利益、晋升承诺等。例如，作为外部审计机构的注册会计师往往被认为具有相对较高的独立性，然而，为了迎合被审计单位、避免合作关系终止、防止审计费用降低，注册会计师很可能为有问题的企业出具无保留意见的审计报告。需要注意的是，道德激励往往是内在的。例如，个人对他们认为错误的事情感到厌恶，而经济利益激励则是外在的。人们很容易受到外在的诱惑，而对内在的标准进行妥协。

（三）借口

借口也称合理化，它是个人对外部机会和激励做出的一种心理反应。它是指人们为自己的不道德行为找一些理由，以使这些行为看起来更为合理。因此，合理化是人们试图在心理上消除现实行为和理想之间差距的一种手段。例如，在道德意识层面上，一个典型的合理化解释是，会计人员声称自己的欺诈行为是出于无知。他们给出的解释是，"我没有意识到这是一个道德问题"。

第三节 职业道德规范

一、会计职业道德规范

（一）爱岗敬业

1. 热爱会计工作，敬重会计职业；
2. 严肃认真，一丝不苟；

3. 忠于职守，尽职尽责。

（二）诚实守信

1. 做老实人，说老实话，办老实事，不搞虚假；

2. 实事求是，如实反映；

3. 保守秘密，不为利益所诱惑；

4. 执业谨慎，信誉至上。

（三）廉洁自律

1. 树立正确的人生观和价值观；

2. 公私分明，不贪不占。

（四）客观公正

1. 依法办事；

2. 实事求是，不偏不倚；

3. 保持独立性。

（五）坚持准则

1. 熟悉准则；

2. 遵循准则；

3. 坚持准则。

（六）提高技能

1. 要有不断提高会计专业技能的意识和愿望；

2. 要有勤学苦练的精神和科学的学习方法。

（七）参与管理

1. 努力钻研业务，熟悉财经法规和相关制度，提高业务技能，为参与管理打下基础；

2. 熟悉服务对象的经营活动和业务流程，使参与管理的决策更具针对性和有效性。

（八）强化服务

1. 强化服务意识；

2. 提高服务质量。

二、注册会计师职业道德基本原则 [①]

中国注册会计师协会自 1988 年成立以来，一直非常重视注册会计师职业道德规范建设。1992 年颁布了《中国注册会计师职业道德守则（试行）》；1996 年 12 月 26 日，经财政部批准，颁布了《中国注册会计师职业道德基本准则》；2002 年 6 月 25 日，为解决注册会计师职业中违反职业道德的问题，颁布了《中国注册会计师职业道德规范指导意见》，并于 2002 年 7 月 1 日起施行。

《中国注册会计师职业道德规范指导意见》分为两个层次：一是基本原则，二是具体要求。基本原则包括注册会计师履行社会责任，恪守独立、客观、公正的原则，保持应有的职业谨慎，提高专业胜任能力，遵守审计准则等职业规范，履行对客户的责任以及对同行的责任等。具体要求包括独立性、专业胜任能力、保密、收费与佣金、与执行鉴证业务不相容的工作、接任前任注册会计师的审计业务，以及广告、业务招揽和宣传等。

注册会计师为实现执业目标，必须遵守一系列前提或基本原则。这些基本原则包括独立、客观、公正，专业胜任能力和应有的关注，保密，职业行为和技术准则。

（一）独立、客观、公正

独立、客观、公正是注册会计师职业道德中的三个重要概念，也是对注册会计师职业道德的最基本要求。

1. 独立

独立性是注册会计师执行鉴证业务的灵魂，因为注册会计师要以自身的信誉向社会公众表明，被审计单位的财务报表是真实与公允的。在市场经济条件下，投资者主要依赖财务报表判断投资风险，在投资机会中进行选择。如果注册会计师与客户之间不能保持独立，存在经济关联关系，或屈从外界压力，就很难取信于社会公众。那么，什么是独立性呢？较早给出权威解释的是美国注册会计师协会。美国注册会计师协会在 1947 年颁布的《审计暂行标准》中指出："独立性的含义相当于完全诚实、公正无私、无偏见、客观认识事实、不偏袒。"传统观点认为，注册会计师的独立性包括两个方面——实质上的独立和形式上的独立。美国注册会计师协会在职业行为守则中要求："在公共业务领域中的会员（执业注册会计师），在提供审计和其他鉴证业务时应当保持实质上与形式上的独立。"国际会计师联合会职业道德守则也要求执行公共业务的职业会计师（执业注册会计师）保持实质上的独立和形式上的独立。根据国内外有关文献，我们给出独立性的定义："独立性，是指实质上的独立和形式上的独立。实质上的独立，是指注册会计师在发表意见时其专业判断不受影响，公正执业，保持客观和专业怀疑；形式上的独立，是指注册会计师保持形

[①] 资料来源：中国注册会计师协会 . 审计 [M]. 北京：经济科学出版社，2009.

式上的独立，避免出现使得拥有充分相关信息的理性第三方合理推断会计师事务所或鉴证小组的公正性、客观性或专业怀疑受到损害的重大情况。"

2. 客观

注册会计师应当力求公正，不因成见或偏见、利益冲突和他人影响而损害其客观性。注册会计师在许多领域提供专业服务，在不同情况下均应表现出其客观性。注册会计师在提供专业服务时，需要遵循客观的职业道德规范时，充分考虑以下因素：

（1）注册会计师可能被施加压力，这些压力可能损害其客观性；

（2）在制定准则以识别实质上或形式上可能影响注册会计师客观性的关系时，应体现合理性；

（3）应避免那些导致偏见和受他人影响，从而损害客观性的关系；

（4）注册会计师有义务确保参与专业服务的人员遵守客观性原则；

（5）注册会计师既不得接受，也不得提供可被合理认为对其职业判断或对其业务交往对象产生重大不当影响的礼品和款待，尽量避免使自己专业声誉受损的情况。

3. 公正

注册会计师提供专业服务时，应当坦率、诚实，保证公正。公平不仅指诚实，还有公平交易和真实的含义。无论提供何种服务，担任何种职务，注册会计师都应维护其专业服务的公正性，并在判断中保持客观。

（二）专业胜任能力和应有关注

1. 专业胜任能力

注册会计师应当具有专业知识、技能或经验，能够胜任承接的工作。"专业胜任能力"既要求注册会计师具有专业知识、技能或经验，又要求其有效地完成客户委托的业务。资本市场的发展和完善，为注册会计师提供了广阔的发展机会。进入注册会计师职业的人士，并不需要大量的资本投入，一支笔或一台计算机就能开始职业生涯，但必须具备相当的教育程度和一定的能力。为何要把专业胜任能力提高到道德层次呢？这是因为，注册会计师如果不能保持和提高专业胜任能力，就难以完成客户委托的业务。事实上，如果缺乏足够的知识、技能和经验，就构成了一种欺诈。当然，注册会计师依法取得了执业证书，就表明在该领域具备了一定的知识，但能否保持专业胜任能力只有自己才清楚。这意味着，一个合格的注册会计师不仅要充分认识自己的能力，对自己充满信心，更重要的是，必须清醒认识到自己在专业胜任能力方面的不足，不承接自己不能胜任的业务。如果注册会计师不能认识到这一点，承接了难以胜任的业务，就可能给客户乃至社会公众带来危害。注册会计师作为专业人士，在许多方面都要承担相应的责任，保持和提高专业胜任能力就是其中之一。

2. 应有关注

注册会计师提供专业服务时，应当保持应有的职业关注、专业胜任能力和勤勉的工作态度，并且随着业务、法规和技术的不断发展，使自己的专业知识和技能保持在一定水平上，以确定客户能够享受到高水平的专业服务。应有的关注是指专业人士对其所提供服务履行的勤勉尽责的义务。具体到审计服务而言，注册会计师应当以勤勉尽责的态度执行审计业务。在审计过程中，注册会计师应当保持职业怀疑态度，运用其专业知识、技能和经验，获取和客观评价审计证据。

（三）保密

注册会计师能否与客户维持正常的关系，有赖于双方能否自愿而又充分地进行沟通和交流，不掩盖任何重要的事实和情况。只有这样，注册会计师才能有效地完成工作。如果注册会计师受到客户的严重限制，不能充分了解情况，就无法发表审计意见。另外，注册会计师与客户的沟通，必须建立在为客户保密的基础上。因此，注册会计师在签订业务约定书时，应当书面承诺对在执行业务过程中获知的客户信息保密。这里所说的客户信息，通常是指商业秘密。一旦商业秘密被泄露或被利用，往往会给客户造成损失。因此，许多国家规定，在公众领域执业的注册会计师，不能在没有取得客户同意的情况下，泄露任何客户的秘密信息。

（四）职业行为

注册会计师的行为应符合本职业的良好声誉，不得有任何损害职业形象的行为。这一义务要求注册会计师承担对社会公众、客户和同行的责任。

1. 对社会公众的责任

注册会计师应当遵守职业道德准则，履行相应的社会责任，维护社会公众利益。注册会计师行业的一个显著标志是对社会公众承担责任。社会公众利益是指注册会计师为之服务的人士和机构组成整体的共同利益。注册会计师作为一个肩负重大社会责任的行业，应当以维护社会公众利益为根本目标。

2. 对客户的责任

注册会计师对社会公众履行责任的同时，也对客户承担着特殊的责任，包括：

（1）注册会计师应当在维护社会公众利益的前提下，竭诚为客户服务；

（2）注册会计师应当按照业务约定承担对客户的责任；

（3）注册会计师应当对执行业务过程中知悉的商业秘密保密，并不得利用其为自己或他人谋取利益；

（4）除有关法规允许的情形外，会计师事务所不得以收费形式为客户提供鉴证服务。

3. 对同行的责任

对同行的责任是指会计师事务所、注册会计师在处理与其他会计师事务所、注册会计师相互关系时所应遵循的道德标准，包括：

（1）注册会计师应当与同行保持良好的工作关系，配合同行工作；

（2）注册会计师不得诋毁同行，不得损害同行利益；

（3）会计师事务所不得雇用正在其他会计师事务所执业的注册会计师，注册会计师不得以个人名义同时在两家或两家以上的会计师事务所执业；

（4）会计师事务所不得以不正当手段与同行争揽业务。

4. 其他责任

能否争取到业务、拥有较多的客户，关系到一家会计师事务所的生存和发展。因此，在业务承接环节也最易发生败坏职业声誉的行为。

（1）注册会计师应当维护职业形象，不得有可能损害职业形象的行为。

（2）注册会计师及其所在会计师事务所不得采用强迫、欺诈、利诱等方式招揽业务。

（3）注册会计师及其所在会计师事务所不得对其能力进行广告宣传以招揽业务。

（4）注册会计师及其所在会计师事务所不得以向他人支付佣金等不正当方式招揽业务，也不得从客户或通过客户获取服务费之外的任何利益。

（5）会计师事务所、注册会计师不得允许他人以本所或本人的名义承办业务。

（五）技术准则

注册会计师应当遵守相关的技术准则以提供专业服务。注册会计师有责任在执业时保持应有的关注和专业胜任能力，并在遵守公正性、客观性要求的范围内提供优质服务；在执行审计时，还应当遵守独立性要求。注册会计师应当遵守以下技术准则：

（1）中国注册会计师执业准则；

（2）企业会计准则；

（3）与执业相关的其他法律法规和规章。

本章小结

（1）会计伦理是指建立在会计关系上的伦理要求，处理与会计相关的利益主体的原则和准则，该原则和准则要反映会计服务各利益相关者的要求和利益。会计服务对象包括政府部门、投资者、债权人和企业。

（2）会计伦理准则包括正直、客观、勤勉、忠诚、专业行为。

（3）会计职业道德特点：需要有廉洁自律的素质；利益相关性；遵守职业道德准则。

（4）会计信息披露是指企业按照相关法律法规，对公司的财务状况和经营成果以及其他有关会计信息向证券监督管理部门报告的行为。

（5）会计信息披露存在的伦理问题有会计信息造假、信息的披露过程过于缓慢、会计信息披露不充分以及会计信息披露不规范。

（6）应对会计信息披露伦理问题的方法有，建立完善的会计信息披露法律制度、加强企业的内部治理以及加强会计信息披露的外部监管。

（7）会计职业道德规范主要内容包含爱岗敬业、诚实守信、廉洁自律、客观公正、坚持准则、提高技能、参与管理和强化服务。

思 考 题

1. 什么是会计伦理？

2. 会计伦理准则有哪些？

3. 会计职业道德建设的特点是什么？

4. 什么是会计信息披露？会计信息披露可能存在哪些问题？产生的原因是什么？有哪些解决办法？

5. 会计职业道德规范是什么？

案例讨论 东芝会计造假丑闻与审计的质量

据外媒报道，日本证券交易监督委员会将向当地检察官提交文件，指控东芝3年间误报盈利400亿日元（3.48亿美元）。报道中指出，当局发现东芝在2012年至2014年财政年度报称电脑业务取得盈利，实际上这期间并未盈利。两名担任东芝主席及行政总裁的人士被指涉及有关欺诈行为，调查结果或导致针对公司及前高层进行刑事检控。

股价受损获银行"有条件"财务支持

东芝遇上了一系列的麻烦事。不过，继披露可能对旗下能源部门进行数十亿美元资产减损之后，东芝董事会主席贺重典（Shigenori Shiga）于2017年1月5日表示，公司的借贷方已准备有条件地向其提供财务支持。同时，银行方面也会提供支持，但需要东芝向他们提供有关资产减损的"合理解释"，以及财务状况的改进方案等。

即便如此，这种有条件的财务支持也并不能扭转当前东芝股价受重压的局面，或者说，受此影响，东芝股价已受到极大的影响。这使得投资人当前主要聚焦于与东芝业务相关的利好因素，如公司的半导体业务表现等。

实际上，早在2015年，东芝就曝出过会计造假的丑闻，并直接导致3位社长辞职，使公司陷入巨大亏损，以及裁员和出售资产。此次，东芝方面称，公司将会在2017年2月中旬确定资产减损的实际数值。不过，继上一年度167亿日元（1.45亿美元）的赔偿要求使东芝成为会计丑闻引发的最大规模单宗索赔案之后，不少投资者因蒙受损失而提起诉讼。有专家指出，东芝目前会采取出售更多资产或与工会进行协商等紧急措施来稳定局面；此外，东芝还需要同借贷方进行紧密合作，以进一步获得支持。

据悉，东芝首席执行官岗川智（Satoshi Tsunakawa）已拜访了公司的主要借贷方三井住友金融集团和瑞穗金融集团，而银行方面目前不满东芝接二连三的会计问题的情况。一位匿名的银行业高管公开表示："在我们向东芝提供财务支持之前，这家公司应当完全查清旧账，确保不再发布让市场感到震惊的消息。"

天健会计师事务所（特殊普通合伙）合伙人钱仲先表示："东芝这种规模的企业造假很难发现，但是从一定程度上应该会有线索，我们这几年在上市公司并购审计中就发现了不少造假的情况。在企业规模小、业务简单的时候，异常因素很容易发现；规模越大越复杂，造假行为就越难被发现。"

企业造假，在全球市场上时有所闻

为何企业要造假账？其最终目的必然是希望通过粉饰业绩，来获得较佳的评级。

香颂资本董事沈萌指出："企业财务造假特别是上市公司财务造假，简单看似乎只是篡改业绩，但因为业绩的造假会使该企业的股权价值建立在不真实的业绩基础上，导致外部股东持有价值'注水'的股票，同时企业业绩具有连续性，一次造假就需要后面不断为其圆谎，形成用造假掩饰造假的恶性循环。这就会导致企业股票的价格长期严重偏离其真正价值，而原本应由管理层承担的责任则变相转化为股东的负担。"

这一现状十分明显，一般投资者对上市公司的了解，大多数情况下只能通过上市公司披露的财务报告，那么如何能获悉企业的业绩是不是经过粉饰过的呢？若管理层有意造假，外界又怎会知道真实的财务状况？一些公司更是在完成收购后，才得知对方是否夸大业绩。

以多年前美国"矿务机械巨人"卡特彼勒（Caterpillar）为例，该公司于2011年斥资8.5亿美元，收购当时在香港创业板上市的年代煤机。这一收购案完成后，卡特彼勒才发现年代煤机的子公司账目造假，结果在2012年第四季，公司需要做出5.8亿美元拨备。如此大规模的企业，在收购时都没能做出有效的甄别，更无法预计其他投资者误入陷阱的概率。

一般情况下，企业不外乎通过关联交易方进行交易以虚增收益或盈利，或者通过少计成本等小伎俩来粉饰报表。这些事件都会引起广泛关注，再加上企业进行收购时会对目标进行尽职审查以了解账目的可信性，看似可以最大程度地降低造假风险。然而事实上，许多企业在进行并购前，并没有深入开展尽职调查。钱仲先还表示，"即便是全面尽职调查，对系统性的造假也比较难发现"。

披露负责合伙人信息有助于提高审计质量

"引入第三方外部审计的重要性就凸显出来，由于管理层不存在利益关系的外资审计机构对管理层进行财务审计，有利于企业真实财务状况的客观反映，也是股东了解企业价值的最重要依据。"沈萌给出了答案。

即便如此，仍然不能完全规避掉夸大业绩的危机，而是还需要最大限度地降低发生假账的风险。有研究发现，在接受同一家会计师事务所审计的几家公司中，如果某个公司的审计委员会委员同时在其他公司担任相同职务，那么，披露负责合伙人的信息特别有助于提高审计质量。

美国公众公司会计监督委员会（PCAOB）要求会计师事务所明确公司审计业务的主要负责合伙人。一项新的研究表明，这项规定应该能为投资者和监管机构提供有效的帮助。

目前，公司会披露负责其财务报表审计工作的会计师事务所，但不会披露负责合伙人的相关信息。发表在美国会计学会（AAA）出版的《审计：实践和理论》杂志最新一期季刊上题为《网络客户的经济重要性对审计质量的影响》的研究发现，如果某个合伙人同时负责几家公司的审计业务，而其中某个公司的审计委员会委员在其他一家或多家公司担任相同职务，形成了所谓的"连锁网络"，那就特别容易发生审计师利益冲突。该研究揭示了自20世纪70年代以来，澳大利亚要求披露负责合伙人信息所带来的益处。除了披露审计委员会委员和审计费用之外，披露负责合伙人信息能让投资者和监管机构识别出可能损害到审计质量的连锁网络。

"如今，也需要事务所合伙人承担无限连带责任了。"钱仲先说。

"对企业来说，可以实行财务人员委派制，建立健全企业内控制度；对审计机构来说，内部可以实行轮流审计，建立完善审计质量内控体系；而对于监管部门来说，企业审计应实行事务所及审计师轮换，并加强对企业会计及负责人的造假处罚力度。"浙江韦宁会计师事务所董事长于友达补充道。

总之，除了不断提高会计主体道德水平、完善监管审计制度之外，会计行业已经不断实践出行之有效的方法来降低造假发生的概率。而对于投资者来说，投资前要擦亮眼睛，货比三家。

资料来源：何欣哲.东芝卷入会计造假丑闻，加强审计质量一直在路上[N].中国会计报，2017-01-20（9）.

问题：

1. 东芝为什么会发生造假丑闻？
2. 结合会计伦理有关内容，分析东芝怎样减少造假行为的发生。

第八章　可持续发展的伦理观

学习目标

- 掌握可持续发展概念
- 了解可持续发展伦理观的内容和原则
- 理解可持续发展伦理观

导入案例　瑞典汉堡店的小标签、大启示

——责任创造价值的又一成功案例

1968年创立的瑞典本土MAX汉堡店以其独特的经营理念，受到了全球的瞩目。MAX汉堡店之所以成为焦点，源于2008年MAX成为世界上第一家对其提供的全系列产品进行二氧化碳排放量披露的公司。在MAX店里，菜单上的每款菜品都贴上了碳标签，注明了在其生命周期内温室气体的排放量。

MAX汉堡店的碳标签行动，源于2006年店主兄弟Richard与Christoffer对全球环境变化产生的深深担忧。

面对气候变换的种种讨论与预测，与众不同的是，MAX没有做旁观者，而是马上采取行动。店主Richard与Christoffer兄弟重新审视自身所处的餐饮业，立足于要把MAX做成世界上最好的汉堡连锁企业的共同理想，开始了大刀阔斧的改革创新。

从2007年开始，MAX公司对快餐行业碳排放量进行测算并评估其对气候变化的影响，8个月后初见成效。具体措施包括，将所有煎炸过的剩油用于生产生物柴油；对于选择绿色交通方式出行的员工给予经济奖励；不在儿童套餐中提供需要安装电池的玩具；将餐厅使用能源全部改为绿色能源；制订绿色行动计划，将产品在生命周期中排放的温室气体短期内无法显著减少的部分，通过在非洲开展由专业机构认证的造林项目进行碳平衡；使用可自然降解的清洁与洗涤化学物品；尽量采购自然农耕或有机农产品，以减少杀虫剂可能对消费者造成的负面影响；避免使用转基因产品；只采购经专业认证生态管理良好的鱼类；餐厅使用的大部分纸类是经过FSC认证的木材（即环保纸张）加工而成。

与此同时，MAX还制定了一套与众不同的人力资源管理政策，以最大程度提升人力资源的潜能和社会价值。MAX以更大的包容性面对社会多元化的挑战。雇佣、培训和鼓励残障员工发挥最大潜能的实践表明，人们普遍高估了残障员工带来的负面影响，而完全没有考虑到这些特别的员工对于企业和团队带来的巨大的直接与间接效益。MAX努力创造条件让每位员工都感到自己存在的重要性和竞争力。这种兼顾了社会目标的人力资源管理体系取得了前所未有的成果。

MAX 最大的成功还在于为可持续发展支付的费用等虽然增加了企业成本，但也带来了良好的经济效益和社会效益。目前，MAX 不断加开连锁店，不仅收入连年增长，更在快餐业微利时代，超越大牌同行，成为"多赢"典范。

与此同时，MAX 的可持续实践也受到了国际社会的高度认可，2009 年 11 月，MAX 因在可持续发展方面成绩突出而荣获了国际绿色大奖。联合国环境规划署财务创新高级顾问 Takejiro Sueyoshi 评价说："MAX 的可持续性涵盖了商业可持续的所有内容。我希望 MAX 的可持续发展模式不仅是快餐行业的世界典范，还能够为其他行业树立榜样。"

MAX 在自己的产品上增加了一个小碳标签，但给我们带来了许多启示。

资料来源：李文.瑞典汉堡店的小标签、大启示 [J]. WTO 经济导刊，2014-02（125）.

问题：

1. MAX 公司的可持续发展观是什么？

2. MAX 公司是如何应对气候变化和对员工进行负责任管理工作的？

MAX 公司的成功，为当今世界正面临的经济、社会、环境危机的挑战做出了一个颇具效果的新尝试。

传统企业在面对气候变化、温室效应、员工多样化等社会问题的时候，应如何在经济效益、社会效益与环境效益之间进行取舍呢？ MAX 的选择是让自己融入社会当中，将企业可持续发展的愿景与社会可持续发展的使命有机结合，主动参与社会议题的解决中。

虽然在可持续发展理念指引下，企业的经济成本会增加，但 MAX 汉堡店的实践证明，企业兼顾经济效益、社会效益和环境效益不仅使公司的盈利能力得到了提升，同时品牌形象和声誉也得到了大幅的改善，助推了公司的商业运行。

可持续发展已经成为一个具有深远意义的世界性研究课题，也引起了其他企业及其所有利益相关者的广泛关注。可持续发展是战略问题，也是伦理问题。

第一节 可持续发展问题的提出

毋庸置疑，可持续发展观的提出，是历史发展的必然。在人类历史的发展长河中，人类不断向赖以生存的地球索取资源。随着经济的发展、技术的进步，这种索取的速度和程度也不断增加，使得地球不堪重负。与此同时，企业及其利益相关者开始深谋远虑，为子孙后代的生存环境考虑。尊重自然规律、合理利用和保护环境，是所有人和组织都应该具备的观念。

科技的迅猛发展，既推动了人类文明的进步，也造成了难以挽回的灾难。原子物理科学的进步，带来了广岛核爆；化学科学的进步，带来了火药和炸药；化学合成技术的进步，带来了白色垃圾和氟利昂；科学技术的迅猛发展，虽然改善了人类的生活水平，但也引发了一系列的问题，例如，战争问题、安全问题、环境问题、伦理问题等。

可持续发展观的提出，可追溯到 1968 年。当时有 100 多位来自世界各地的学者云集在意大利的首都罗马，为了共同探讨人类面临的种种问题，并寻找解决方案，而成立了"罗马俱乐部"。罗马俱乐部发表了一系列研究报告，例如《增长的极限》《人类处于转折点》和《未来的一百年》等。

1972 年 6 月，在《联合国人类环境宣言》中，对全球环境保护提出了七项共同观点和二十六项原则。七项共同观点包括：随着科技的迅速发展，人类获得改造环境的能力、保护和改善人类环境、人类是否能够明智的改造环境、发展中国家和工业化国家的环境问题、人口的自然增长、一切行动对环境产生的后果、国际之间的合作。在此基础上，提出了二十六项原则，包括人权和责任、管理和保护资源、保护再生资源、不可再生资源的使用、反对污染等。《联合国人类环境宣言》是历史上第一个保护环境的全球性宣言，它对激励和引导全世界人民保护环境起到了积极的推进作用。

1980 年 3 月 5 日，在《世界自然保护大纲》（World Conservation Strategy）中首次提出可持续发展（Sustainable Development）的概念。《世界自然保护大纲》（以下简称《大纲》）是由世界自然保护联盟（International Union for Conservation of Nature and Natural Resources，IUCNNR）、联合国环境规划署（United Nations Environment Programme，UNEP）、世界自然基金会（World Wild Fund for Nature，WWF）联合发表的一项保护世界生物资源的纲领性文件，目的在于使全社会人们认识到人类在谋求经济发展和获得自然财富的过程中，自然资源具有有限性，必须考虑到后代的需要。《大纲》包括引言，保护自然资源的目标和实现这些目标的必要条件，需要国家采取的行动，需要国际采取的行动，共四章二十节。《世界自然保护大纲》提出五个要素的可持续发展，即实现大自然、人类社会、生态环境、经济发展和自然资源的可持续发展。几十年来，世界各国陆续接受《大纲》的思想，并依据《大纲》精神制定本国自然保护大纲。中国于 1985 年制定和颁布了《中国自然保护纲要》。

1981 年，美国学者布朗（Lester R. Brown）在《建设一个可持续发展的社会》中，指出资源是有限的，过度的人口增长不利于可持续发展的实施，应该尽量保护资源和开发可再生能源。

1987 年 4 月，《我们共同的未来》（Our Common Future）中提到的可持续发展可以理解为在满足当代人需求的同时，也要考虑到子孙后代的发展，为他们的发展留下必要的条件和资源。其实，该定义中主要包含两层含义。一层含义是需求，在这里指的是世界各国人的最基本需求，这点不容忽视，并不是指所有人的所有需求。有些物质条件好的人的需求可能超过了最基本需求，因此，这里指的是满足生存的基本需求。另一层含义是限制性条件。科学技术水平和社会上的各组织对人类生存环境的限制，限制的目的是确保自然环境能够满足当代人的发展需要和后代人的生存需求。我们在消耗后代人的资源，而他们也将会消耗他们下一代人的资源。因此，当我们使用今天的资源时，我们要加倍珍惜，减少浪费。

1992 年 6 月，联合国环境与发展大会（United Nations Conference on Environment and Development），又被称为"地球首脑会议"在巴西里约热内卢召开。这次会议最重要的意义就是，它标志了可持续发展观的形成。与会人员来自 180 多个国家，代表官方或者国家组织。有超过 100 位政府首脑，其中，时任中国总理李鹏应邀出席会议。1994 年 3 月，中国政府发表《中国 21 世纪人口、资源、环境与发展白皮书》，在中国的经济和社会发展战略规划上，第一次提出了可持续发展战略的概念。

1997 年 6 月 23 日至 27 日，在纽约召开了第十九届联合国特别会议，简称特别联大（Special Sessions of the U.N. General Assembly）。会议的主题是全面审视全球可持续发展的《21 世纪议程》执行情况。截至 1997 年底，已有超过 100 多个国家或地区成立了和可持续发展相关的国家机构或者民间组织。联合国已收到超过 70 个国家提交的《21 世纪议程》。

2002 年 8 月 26 日至 9 月 4 日，在南非的约翰内斯堡举行了第一届可持续发展世界首脑会议（World Summit on Sustainable Development，WSSD）。本次会议的重要成果就是通过了《可持续发展世界首脑会议实施计划》。

2012 年 6 月 20 日，巴西可持续发展大会主要有三个目标和两个主题。三个目标分别为：重拾各国对可持续发展的承诺、找出目前我们在实现可持续发展过程中取得的成就与面临的不足、继续面对不断出现的各种挑战。两个主题包括：绿色经济在可持续发展和消除贫困方面的作用，可持续发展的体制框架。

2015 年 9 月 25 日，联合国可持续发展峰会在纽约总部召开，联合国 193 个成员国将在峰会上正式通过 17 个可持续发展目标。联合国可持续发展目标（Sustainable Development Goals，SDGs）是一系列新的发展目标，将在千年发展目标到期之后继续指导 2015—2030 年的全球发展工作。可持续发展目标旨在从 2015 年到 2030 年间以综合方式彻底解决社会、经济和环境三个维度的发展问题，转向可持续发展道路。

自 20 世纪末开始，中国一直积极致力于可持续发展的研究与实践。作为一项具有全局性、根本性和长期性的战略规划，可持续发展与民族和子孙后代的幸福密切相关，力求实现人与自然的和谐发展，寻求经济发展与人口、资源和环境发展相协调。总之，在满足当代人需求的同时，也要考虑到子孙后代的幸福。2017 年中国继续以 SDGs 具体目标为准则，在 2016 年发布了相关的中国落实 SDGs 可持续发展目标的方案后，进行深入研究，积极参与到实现 SDGs 的实践活动中。

从可持续发展的历程来看，可持续发展问题的研究越来越深入，已成为现代社会的重要议题，对整个社会的发展有着重要的意义。可持续发展研究的范围由经济发展扩展到了社会和环境。约翰·埃尔金顿提出了"三重底线"的概念，他认为企业在发展过程中，也需要满足经济、社会和环境三方面的平衡与协调，为社会创造持续发展的价值，三者之间互相配合、互相影响。

阅读材料 8-1　2030 年可持续发展目标（SDGs）[①]

当今世界促进可持续发展义不容辞。新的可持续发展议程提出了一个旨在消除贫困，促进繁荣和人民福祉的愿景。作为联合国的发展部门，开发计划署在支持环保方面发挥关键作用，帮助各国将这一愿景成为现实，将社会置于可持续发展的道路上，降低管理风险，增强抵御力，促进繁荣和福祉。

联合国开发计划署与联合国发展集团合作制定了一项战略，以"MAPS"（主流化、加速和政策支持）作为有效和协调一致的方式来支持新的可持续发展议程。

该战略中概述的服务涵盖了广泛的领域：减贫，包容性增长和生产性就业，性别平等和赋予妇女权利，艾滋病毒和健康，获得饮水和卫生，适应气候变化，可持续管理陆地生态系统，海洋治理以及促进和平与包容性的社会环境。

（1）消除贫困：①现在的收入衡量标准（每人每天收入达到 1.25 美元）需要根据社会保障体系和资源公平分配等因素向上调整，重新评估，不能以现在的标准来衡量 2030 年的实际情况。②根据 2030 年的目标，用调整性别比例来克服极端贫困，要实现这一目标，需要系统分析各个国家对于贫困线的定义，并且需要确保各个国家和国际社会达成共识，国际社会之间具有一定的可比性和一致性。③要实现 2030 年社会保障体系全覆盖这一目标，需要壮大和发展中产阶级，只有这样才能提供足够的税收来支持全覆盖的规模。④要实现经济、资源、所有权等的公平获取，需要结合社会保障、医疗保障、教育服务等系统多方面的完善才能实现。⑤减少极端气候事件对于社会、环境和生态的冲击，要实现此目标，关键在于要协调各个方面，例如减少贫困、执行各种应对气候变化的积极措施与落实联合国气候变化政府间专家委员会（Intergovernmental Panel on Climate Change，IPCC）的各种举措。

（2）消除饥饿、食品安全并且营养均衡和持续繁荣的农业发展：①根据目前情况，应该使"确保到 2030 年消除饥饿，使所有人能够获得安全、营养和充足的食物"这一目标得以实现。②到 2030 年，应该消除一切形式的营养不良和肥胖，并实现微量元素的均衡。③在目标期内持续提高农业生产率，重点关注小规模的生产者，并且减少不利于农业生产的各种因素，例如气候和各种生态环境等，很多因素会影响这一目标的实现。④保护物

---

① 联合国开发技术署官网，http://www.cn.undp.org.

种多样性和植物多样性这一目标应该可以实现，因为关于遗传多样性，包括植物栽培、养殖及其相关的野生物种的保护已经成为各国法律的一部分。⑤粮食市场的安全运行和粮食安全的保障应该在多哈回合谈判的落实下得到实现，确保食品和大宗商品市场的正常运行。

（3）确保健康的生活和所有年龄段的幸福：①对于减少因营养不良、卫生条件恶劣等因素导致的可以预防的传染病，包括腹泻和呼吸道疾病的目标是可以实现的。②对于克服传染病的目标更加清晰明了在2030年之前通过预防措施、免疫或者治疗等手段彻底克服可以预防的流行病，并对于新型传染病和流行病有切实可行的预防举措。③对于健康的心理和有幸福感的目标需有安全舒适的生活环境、清洁的空气和优化的交通设施。④女性生育的压力需要良好的医疗和健全的医疗保障体系，以避免她们发生贫血、营养不良等情况。

（4）确保公平的教育和包容性的终身学习的机会：①提高和保障中小学的教育质量是其中最为关键的一项。②需要更加细化绿色社会、绿色办公方面的目标，给出确定的百分比。③教育的可持续发展目标定得过于模糊，需要细化。

（5）实现性别平等，尤其对于妇女和女童：①消除对于女性的不平等待遇，建议一些国家将现行法律中有关女性"歧视"这个描述面较窄的词替换为"不公"。②需要建立相关机制、策略和工具来监控相关歧视的情况。③缺乏女性的声音，这一目标需要更为细化。④保证妇女和女童经济上的独立，应该建立妇女实现其应有权利的保障机制。⑤需要更加关注、关心生活在穷困边缘女性的生活现状并保障其权利。

（6）确保安全的饮水和卫生设施：①应该建立安全的饮用水监测机制和可持续的供水保障。②提高废水监测和利用的技术研究，这一目标较为复杂，需要系统考虑。③建立健全国家水权和许可制度。④需要制定相应的激励策略来鼓励水利基础设施建设的投资项目。⑤建立相应机制让社区参与到水资源管理和规划中，实现这一目标需要细化管理和运行机制。

（7）确保可负担得起的能源价格和持续供应：①要实现这一目标，要细化对于能源以及信息沟通、贸易等多方面的协调。②要对国际能源结构进行量化分析，尤其对于可再生能源的技术研发和成本核算。144个国家制定了可再生能源目标，并致力于加大力度完成这些目标。③能源效率的提高需要制订更为详细的相关计划和行动，确保落在实处。

（8）确保经济和就业的可持续：①减少不平等的收入，经济的增长要考虑包容性，确保国家的财富（包括自然资本）不下降。②整合资源的利用效率，实现环境的可持续发展。③保护劳工权利，提高工作环境的安全性和舒适度，尤其保护移民工人和女性移民的工作权利。④到2030年制定完善的实施政策，确保旅游创造大量就业机会，促进文化和产品的交流。

（9）建立包容、可持续发展的工业，促进工业创新：①建立"可持续的工业基础设施"

这一目标应更为细化，开发量化的指标。②建立循环经济体系和循环经济考核目标。③建立完善的金融服务体系，这一目标制订得较为模糊，需要量化。④基础设施的完善重点在于建立公路网，支持公共交通，发展中国家需要更加量化这一目标。

（10）减少各个国家内部和国与国之间的不平等：①到2030年逐步实现和维持收入的持续增长，尤其对于发展中国家，社会底层人口的收入要大幅提高。②确保儿童要得到平等的学习、健康的权利，消除歧视性法律和政策。

（11）构建人类和城市的协调发展：①建立可持续的城市发展目标，需要更为完善的分解目标，制订可行、可量化的计划，要实现这一目标对于发展中国家而言困难很大。②城市的选址与社会、经济以及环境等方面的协调，这是涉及政治、财政和制度等各种因素的目标，完成目标较为困难。③建立可量化的人居环境评价指标体系，包括城市发展的预算和计划（监管措施、基础服务、交通等），但是想要实现这一目标在获取数据上具有一定难度。

（12）确保可持续的消费和生产方式：①需要制订详细的消费和生产计划以及评价指标，并且需要一个可以量化的标准。②建议设定可以量化的资源使用目标和资源使用效率标准。③到2030年普及可持续发展知识，人人具有可持续发展的意识和能力，并且参与可持续发展，这一目标需要量化。

（13）采取紧急行动来应对气候变化及其影响：①对于渐进性气候变化带来的影响需要详细的评估指标和衡量标准。②在这一目标中需要确切的地理尺度，而不仅是以国家作为范围。

（14）保护海洋和海洋资源的可持续发展：①到2025年，减少30%来自陆地的塑料、海洋碎片和营养污染等，防止出现新的海洋污染。要实现这一目标，需要细分污染类型，确定理想状态下的最小化影响。②到2025年要建立一个完整的应对海洋酸化的海洋生态保护系统，促进国际合作，全面实施新的UNFCC气候框架，减少碳排放。需要制定明确的减排方案和实施方案。③到2020年实现海洋生物的繁殖和可持续增长，打击过度捕捞和非法捕捞，需要对海洋产品和资源进行评估。

（15）保护陆地生态系统，防止沙漠化，遏制土壤退化和保护生物多样性：①缺乏对农业生态系统和河流系统的关注。②进一步明确对陆地生态系统的保护举措。

（16）构建包容、和谐、可持续的社会环境：①对于降低犯罪率和死亡率应有明确的目标。②在减少暴力和儿童虐待方面，应该有详细的计划和目标。③促进法制建设，确保社会平等正义，需要完善的评价体系。

（17）加强全球合作，实现可持续发展：发达国家应该向发展中国家免费开放有关科研产出，要实现这一目标，需要建立一个组织以便协调相关国家的技术协议和事项。

第二节　可持续发展的概念和内容

一、可持续发展的概念

进入 21 世纪，可持续发展已成为一个与时俱进的术语，尤其是在当前面临的经济、社会和环境危机的背景下，可持续发展的概念有了新的内涵。

早在 1987 年 4 月，世界环境与发展委员会（WCED）在《我们共同的未来》中，对可持续发展做了较为清晰的定义，"可持续发展是既满足当代人的需要，又不对后代人满足其需要构成危害的发展"。[①] 从而引起国际社会关于可持续发展的持续关注和讨论。1987 年发布的《我们共同的未来》则是基于综合视角，提出可持续发展是在满足当代人需要的同时，不应对后代人的基本生存需要构成威胁。

2005 年，联合国世界峰会将可持续发展框架确定为经济发展、社会发展和环境保护，三者互为依赖、共同推动全球范围内的可持续发展。图 8-1 为可持续发展三维度模型。

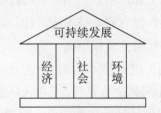

图 8-1　可持续发展三维度模型

资料来源：Department P I. The 2005 World Summit Outcome Document[J]. 2005.

只有当经济、社会和环境共同协调发展时，我们才能实现真正的可持续发展，如果只是关注经济和社会发展，缺少对环境的管理，就实现不了可持续发展，甚至有可能阻碍经济发展。经济、社会和环境三个维度相互作用，缺一不可。因此，衡量企业的经济绩效、社会绩效和环境绩效，即三重绩效，已成为可持续发展管理的三重要素。

目前，对可持续发展概念的研究形成了诸多流派，生态学、社会学、经济学、科学技术等领域研究者都分别从各自领域对可持续发展的概念进行了深入研究，以下是比较有影响力的一些观点。

1991 年，国际生态学联合会（International Congress of Ecology，INTECOL）和国际生物科学联合会（International Federation of Biological Science，IUBS）从生态学视角认为，

①　United Nations.(1987).Our common future.United Nations, World Commission on the Environment and Development. New York:United Nations.

可持续发展是"保护和加强环境系统的生产和更新能力"。这是从自然属性方面提出的定义，认为可持续发展寻求最佳的生态系统，以保证生态的平衡和实现人类的美好愿望，使人类的生存环境能够实现可持续的发展。

世界自然保护同盟（The World Conservation Union，INCN）、联合国环境规划署（The United Nations Environment Programme，UN-EP）和世界自然基金会（The World Wildlife Fund，WWF）于1991年共同发表的《保护地球——可持续生存战略》（*Caring for the Earth: A Strategy for Sustainable Living*）从社会学视角提出，可持续发展是在生态系统的承受能力范围内，改善人类的生活品质。这就需要保持人类生产水平和地球承受能力的平衡，保持生态系统的生命力和物种的多样性。该书论述了各国应根据自己不同的国情，制订不同的发展目标，但一定都要以提高人类健康水平、改善人类生活质量为前提。

经济学者皮尔斯（D. Pearce）认为，今天的使用，不应对未来的实际收入造成任何影响。另一种说法是，在增加当代人福利的同时，不应减少后代人的福利。经济学认为可持续发展的核心思想是经济发展。但是经济的发展不是以牺牲资源和破坏环境为代价的，而是力争保护全球的环境质量和自然资源。

斯帕思（Jamm Gustare Spath）从科学技术视角，提出可持续发展就是最大限度地减少能源和自然资源的使用，寻求更加清洁、更加高效的技术，力求做到零排放、零污染或者密封式加工。学者们一致认为，没有科学技术的支持，人类可持续发展就是一纸空文，科学技术在可持续发展的实施中起着重大作用。

1999年，《联合国全球契约》将可持续发展的概念进行了延伸，即"企业为了维持可持续发展，必须在社会认可的限制范围之内经营，其中包括企业如何利用和对待环境与人"。

结合诸多不同组织和学者对可持续发展的定义，目前最被国际普遍认同的是1987年由世界环境和发展委员会（WCED）主席布伦特兰提出的，"可持续发展是在社会、经济、人口、资源、环境相互协调和共同发展的基础上，既满足当代人需求、又不对后代人满足其需要的能力构成危害的发展"。

二、可持续发展观的内容

可持续发展观框架的经济、社会和环境三维度要求人类在发展中将经济效益、社会公平正义、环境保护三者融合，最终实现全面发展。可持续发展观内容由诸多方面构成。

第一，可持续发展需要经济、社会、环境的融合。世界可持续发展商业委员会（WBCSD）在《愿景2050》中指出，2020年到2050年将是转型期，社会各领域都会发生频繁的变化，可持续发展将会实现，从而实现经济、社会、环境的多赢。①

---

① WBCSD.Vision 2050:The new agenda for business in brief. Geneva: World Business Council for Sustainable Development, 2010.

第二，强调发展的重要性。发展才是硬道理。要尽量消除发展中国家的贫困对环境造成的危害，特别是发展中国家人们生活基本需要的满足，为解决环境问题奠定了基础。发展是解决生态危机必要的物质基础，发展给摆脱贫穷带来希望和实质性的改变，发展是改善生活水平的必由之路。

第三，强调环境保护的重要性。经济的发展，需要环境和资源的大力支持。环境的保护，需要经济发展的资金和技术的帮助。衡量经济发展水平的指标之一是环境保护的程度。发展是为了满足人类的需求和欲望。但是，必须限定在生态系统可以承受的范围之内。要合理的利用和开发自然资源，要保证生物有赖以生存的环境，注意对可再生资源和非可再生资源的开发和利用。对于可再生资源的使用，要限制在其可再生速度之内。对于非可再生资源，要努力寻找新的可以替代的资源。

第四，强调人类之间的和谐与公正。正如世界环境与发展委员会所指出的："虽然狭义的自然可持续性意味着对各代人之间社会公正的关注，但必须合理地将其延伸到对每一代人内部公正的关注。"可持续发展要求的和谐包括代内发展和代际发展。

代内发展，指的是同一时代人的发展。包括个人之间，国内区域之间，国际区域之间和民族区域之间的发展，代内发展秉承着公正的原则。要真正做到代内发展，就需要国家之间的协作，需要人们有一种同住地球村的人类整体意识。这样才不会被国家利益或者区域利益所束缚。在政治方面，各国需要相互尊重，共同协商。在经济方面，各国需要相互促进，共同发展。在安全问题上，各国需要相互信任，共同维护。同住一个地球村，人们需要建立一种普世大爱的价值观和可持续发展的科学观。代内发展是代际发展的基础，强调代内公正，实现全球范围内的可持续发展，这需要全人类的共同努力。在修复受损环境这一点上，发达国家具有不可推卸的责任和义务。因为在发展过程中，它们已经消耗掉了地球上大量的能源和自然资源。

代际发展通常是指代与代之间的纵向承接关系。通常有两种理解方式，即相邻几代人之间的发展关系，如爷孙、父子等；另一种是当代人和后代人之间的发展关系。人类是世世代代繁衍生息的。每一代人都享有平等的生存和发展的权利。当代人对后代人的生存和发展负有一定的责任和义务。因此，当代人要确保留给后代人足够的资本，使他们能够世世代代生存下去。

拓展案例 8-1
壳牌公司道德行为的践行
扫描此码 深度学习

三、可持续发展的原则

（一）持续原则

发展如果想要实现可持续性，就需要加以限制。反之，没有限制，就无法实现可持续发展。《我们共同的未来》中提到"人类对自然资源的耗竭速率应考虑资源的临界性"，"可持续发展不应损害支持地球生命的自然系统：大气、水、土壤、生物等"。可持续发展的实现，还可以通过经济措施、技术手段和政府干预。尽量减少对人类赖以生存的这片土地的损害，使人类的发展速度和大地的承载能力相协调。持续原则包括生态的持续性、经济的持续性和社会的持续性。生态的持续性是指环境的持续性，如果缺少对环境的管理，只关注经济和社会发展，就难以实现可持续发展。经济的持续性是指既要保证经济的稳定发展，又要提高经济发展的质量。社会的持续性是指既要保证社会的稳定发展，又要满足代内和代际之间的公平。

（二）公平原则

公平原则主要包括三层含义：代内公平、代际公平和分配公平。代内公平，是从空间维度的角度来看的。无论在发达国家，还是发展中国家；经济发达的地区，还是经济落后的地区；富人，还是穷人。发展的权利，对每一个国家、地区或者个人都是公平的。任何一个国家或者地区的发展，都不能以牺牲其他国家或地区的环境为代价。代际公平，是从时间维度的角度来看的。当代人和后代人的发展权利是公平的。这就要求当代人不能自私的随意损害有限的自然资源和其他资源，要尽量为后代人的发展提供必要的资源，要保证后代人享有与当代人同样的生存发展权利。分配公平是一种理想状态，而现实情况是发达国家的发展，利用了发展中国家的资源，这从某种程度上，损害或者剥夺了发展中国家享有同发达国家同样的发展权利和机会。《里约宣言》已经把分配公平原则上升为国家间的主权原则。

（三）共同原则

当今世界上有很多问题已经超过了国家的界限，例如，大气污染、水污染、温室效应、生物的多样性锐减等。因此，在全世界的各个国家建立共同的认识和责任是刻不容缓的。既然不是某一个国家可以解决的问题，就需要建立国家之间的合作关系和国际秩序。《里约宣言》是致力于既尊重所有各方利益，又保护全球环境与发展的国际协定，以促进人类之间以及人类与自然之间的和谐发展。

（四）需求原则

可持续发展在满足当代人需求的同时，也要满足后代人的需求；既要满足富人的需求，还要满足穷人的需求。例如，富人不应为了满足一己私欲而剥夺了穷人的生态资源。这并不是说要求富人和穷人的生活方式相同，而是说希望富人能够对自己的需求有一定的约束。人类的需求是无限的，但是地球上的资源是有限的。所以人类的需求要限定在地球的可承载能力范围之内。

（五）人本原则

可持续发展是为满足人类的需求，包括物质、精神和生态的需求等。以人为本在可持续发展中有四个含义：一是可持续发展是为了满足人类的需求；二是追求可持续发展的实现，符合全人类的共同目标，是世界各国人民的愿望和理想；三是可持续发展的实现，需要全人类的共同努力，不是某个人、某个地区或者某个国家可以独立完成的；四是在可持续发展的过程中，不断追求个人素质的提升和个人能力的提升。

（六）适度原则

地球上的资源是有限的，人类的需求是无限的。因此，想要实现可持续发展，就需要遵守适度原则，即适度的发展生产、适度的消费、适度的开发利用和适度控制人口的增长等。

第三节 可持续发展伦理观的阐释

可持续发展是为了满足人们对不断提高的生活水平的需要，我们必须考虑到整个生态系统的承载力，保护好所有生物赖以生存的这片土地。发展的基础是合理利用和开发自然资源。可持续发展提倡代内和代际之间的公正，考虑近期目标和远期目标、近期利益和远期利益的和谐发展。可持续发展和企业伦理的核心理念具有一致性。

一、可持续发展的全球伦理

1989 年，瑞士著名哲学家、德国杜宾根大学教授孔汉思（Hans Küng）提出了可持续发展的全球伦理。全球伦理的主要思想是倡导建立一种"新的伦理上的共识"。孔汉思于1990 年发表的"全球责任"中，正式提出全球伦理的思想，并对其进行了全面的论述。1993 年，在美国芝加哥举办的世界宗教议会第二届大会上，由他提出的《走向全球伦理宣言》被作为全球伦理的正式文本获得通过。孔汉思认为，全球伦理的基础是在各宗教之间已经形成的一种共识，比如，一些具有约束性的价值观，必不可少的标准和一些道德底线。有了这种共识，才有可能建立起新的社会秩序，才会有更好的伦理。

在孔汉思提出的全球伦理思想中，主要有两项基本原则：第一条是人道原则，第二条是"己所不欲，勿施于人"。此外，还有四项不可取消的规则：第一条是"不可杀人"，是反对暴力和尊重生命的体现；第二条是"不可偷盗"，是团结和公正的体现；第三条是"不可撒谎"，是宽容和诚信的体现；第四条是"不可奸淫"，是平等与伙伴的体现；总而言之，全球伦理是非暴力、公正、诚信和平等的规则，是源自于古老的行为准则。

孔汉思本身是哲学家，他也关注宗教。孔汉思认为，如果想要实现全球的和平与稳定发展，就需要依靠宗教的力量建立一种全球伦理标准的国际关系新范式。孔汉思对中国古文化的评价很高。他认为中国古代文化是一种高级文化，也是世界伦理的基石。早在两千五百年前，孔子提出了"仁"和"恕"。孔汉思认为，"恕"可以称之为世界伦理的黄金法则。

孔汉思说："世界伦理项目的顺利推广能够给未来的全球和平提供希望，而中国伟大人文传统的精髓——人道、互信、和谐，也给世界伦理提供了强大的精神力量。"

在中国，学者们更关注伦理方面的问题。北京大学哲学系教授何怀宏认为，全球伦理是一种全球化的、多元化的、共享的伦理价值观念。何教授的这种多元化并存的观点，不同于孔汉思的在不同的宗教间寻求共识的思想。这里的全球化是指人类共有的，或者可能达成一致的某种共同体的全球性的道德观念。虽然全球的多元文化之间存在差异，但是，可以求同存异。这需要人们摒弃各自文化的成见，从人类最基本的道德底线入手，去改变内在取向，改变心态，以及从错误的观念向一种全新道德观的转变。共享的前提是，两种或多种文化之间的基本价值观念相同或者接近。

二、可持续发展的公正伦理

公正问题在当今社会备受关注，它也是政治学、法理学、经济学中跨学科研究的问题。空想社会主义的公正程度，主要根据人们对伦理的思索，根据马克思的《资本论》。社会主义的公正，指的是在社会成员内部，由于生产资料的分配不均导致的财富分配不均的问题。简言之，公正是权利和义务相等。

公正（Justice）是伦理学的基本范式，可解释为公平正直，即没有偏私。这是一种相对概念，并不是绝对的，也并不一定是同样平等。公正在英文中，含有法律的意思，依法就是依据一定的价值标准。

人生而平等，但是这种平等的自由是相对的，前提是不能侵害国家、民族和社会的利益。

公平是用来权衡人们的生活水平，效率是用来提高人们的生活水平。因此，公平和效率是密不可分的。

"效率"在《辞海》中有两种解释：①"效率指消耗的劳动量与所获得的劳动效果的比例"；②"一种机械在工作时，能量输出和输入的比值"。也有学者认为，效率是有用功率和驱动功率的比值。还有学者认为，效率是有效地分配资源和合理地利用资源。我们都知道资源是有限的，但是人们的追求是无限的。既然资源是有限的，那我们就需要合理地利用资源，使有限的资源尽量发挥其最大的用途，否则就会造成对资源的浪费，甚至有可能会给人类社会带来负面的影响。因此，我们需要追求更高的效率。

"效率"不仅具有经济学意义，还具有伦理学的意义。北京大学厉以宁教授认为："尽管这些分析都还未涉及效率与个人收入分配之间的关系，也未涉及效率与地区收入分配之间的关系，但它们已经表明，效率的伦理学含义值得我们进行认真探讨。"例如，产品的生产过程是否对人类和社会的发展有益？

经济学家孙冶方在《社会主义经济的若干理论问题》中指出："一切经济问题的秘密都在于如何以最少的劳动获得更多的产品，或者说在于如何使用同样的劳动时间生产出更多的产品，也就是如何减少每一单位产品所需要的劳动量。"众所周知，效率与活动产出成正比，并且与活动投入成反比。如果想要提高效率，就要增加活动产出或者降低活动投入。影响效率提高的因素有很多，如活动能力的强化、活动工具的改善、活动方式的完善和活动积极性的调动等。

意大利经济学家维弗雷多·帕累托（Vil-Fredo Pareto）在帕累托改进（Pareto Improvement）的基础之上提出了帕累托最优，又称为帕累托效率（Pareto Efficiency）。帕累托最优是指分配资源时，从一种分配方案到另一种分配方案，在确保某些人的利益不发生变化的情况下，无法再使其他人的利益有所增加。帕累托改进（Pareto Improvement）是指一种变化过程，在没有让任何人变坏的情况下，使得至少有一个人的情况变好。帕累托最优是公平与效率的"理想王国"。帕累托最优是假设基于完全竞争的市场经济条件。但是，在现实社会中，这种完全竞争的市场并不存在。

帕累托最优是有效率的，而且也是公平的。因为一部分人在获得资源的同时，并没有损害另一部分人的利益。因此，帕累托最优被认为是效率意义上的公平观。

三、可持续发展的利益伦理

功利主义肯定了利益的重要性，它是在完全竞争的市场条件下，实现一种最大的福利主义。这种最大的福利主义，着重在个人福利总和的数量，而不是每一个人福利的平均。功利主义的经济公平目标和道德判断的基本标准是为大多数人争取最大的幸福（以经济利益为尺度）。功利主义是以人的本性是趋利避害，趋乐避苦为出发点的，认为人应该追求快乐和幸福。我们假设每一位成年人都可以用其脑力和体力，通过努力生产，获得相应的财富，每个人都在同一起跑线上。

罗尔斯认为："问题是要在公平与效率之间进行选择，找到一种正义观来选出一种有效率的同时也是正义的分配形式。"从合乎每一个人的利益出发，"最终得出实际中的公平正义应当偏向最少受惠者的结论。公平与正义应偏向于最少受惠者的最大利益，在不侵犯个人自由、平等的基本权利的条件下，力求照顾补偿社会贫富的悬殊差别，缓和贫富者之间的冲突，使社会趋于安定团结"。

诺齐克认为不能为了照顾社会中的少数人，而损害了个人权利。他认为："分配正义的整个原则只是表明：如果所有人对分配在其份下的持有都是有权利的，那么这个分配就是公正的。"因此，诺齐克认为在经济分配领域中，公平的正义是保证个人应有的权利，谁拥有即归谁所有，这是人权的基本原则。因此，效率也得以保证。

阿瑟·奥肯提出，"在一个有效率的经济体中增进平等"。他认为在不同的领域，对平等和效率的侧重是不同的。在社会和政治领域，平等是在经济效率之上的。而在经济领域，则是效率在首位。奥肯希望能够实现平等和效率的统一。奥肯认为可以在有效率的市场中增进平等，从而统一平等和效率。简言之，奥肯更看重效率，他认为没有效率就谈不上平等。

在现实生活中，道德和利益是不能完全分开来看的。人类终其一生都是在为了追求利益而奋斗。利益是人类生存和发展的原动力。人们在追求利益的同时，也绝对不能忽略道德。以牺牲道德为代价，不顾一切地追求利益是不可取的。长久以来，道德和利益的关系一直是伦理和实践的难题。

四、可持续发展的消费伦理

可持续发展中的消费伦理也是一个重要问题。人类生活中，尤其是高消费行为对自然环境会造成巨大的污染和浪费，诸如温室效应等环境代价。消费主义通常是指毫无节制地消耗自然资源，并将消费视为人生目标的消费观和价值观，通过对物质的消费和占有从而体现其生活方式、身份地位和优越感，这种无节制的消费带来了极大的负外部性，会加速自然资源的消耗，影响地球生态平衡，破坏人类赖以生存的环境，从而背离消费的基本目的。

1992年，巴西环境发展大会提出"可持续消费"。会议中通过的《21世纪议程》强调："人类环境不断恶化的主要原因是存在不可持续的生产和消费方式，要达到环境质量的改善和可持续发展的目标，就需要提高生产效率和改变消费模式，以便最妥善地利用资源并尽量减少浪费。"市场营销和广告传媒等手段，推动了消费主义的发展，使人们的消费需求趋于无限的可能。

1994年，内罗毕的《可持续消费的政策因素》对可持续消费进行了界定，指出："企业提供服务以及相关产品以满足人类的基本需求，提高生活质量，同时使自身对有毒材料的使用量最少，使服务和产品的生命周期中所产生的废物和污染量最少，从而不影响后代的需求。"可持续消费并不是介于消费不足和消费过度之间的补充，而是一种全新的消费方式。

在中国，当代消费伦理主要包括节俭消费、理性消费和可持续消费。节俭消费是反对消费主义和享乐主义的消费观，也反对超前消费和炫耀性消费。可持续消费既是合理性消费，又是绿色消费和环保消费。合理消费提倡淳朴的生活方式。无论处在哪个社会阶层的成员，都应该按需消费，尤其是富人，其消费方式应远远低于其所能承受的经济标准，这是一种从长远利益出发的消费方式。绿色消费意味着尽量减少消费过程中产生的废物和妥善处理那些不可避免的废弃物。绿色消费作为理性生活方式的一部分已经受到一部分人群的关注，但是还应引起相关部门和社会各界人士的普遍关注。如果每个消费者都树立了绿色消费理念，明确自己的环境伦理责任，就会主动选择绿色产品，最终使绿色消费得以在全社会中普及。

五、可持续发展的生态伦理

近些年，全球性的环境问题主要包括海洋污染和淡水资源短缺、大气污染、能源浪费和缺少、森林滥砍滥伐和草原退化、土壤荒漠化和粮食危机、矿产资源紧缺和重金属污染、生物的多样性减少、海洋的过度开发和沿海地带污染等。企业在利用社会系统诸多资源（包括环境资源）创造物质财富的同时，也带来了气候变化、温室效应、资源枯竭等环境问题。环境污染造成的损害是显而易见的，其中最受影响的就是民众的健康。环境污染对于健康的损害是多方面的，诸如雾霾对呼吸道的损害，使得肺癌患者数量急剧增加。

生态伦理为可持续发展的实施奠定了基础。人类的发展是无限的，但是，这个星球上的资源是有限的，因此，必须强调发展的可持续性。可持续的科学发展观既重视人类特有的能动作用和人类的主体价值，也强调了人类在自然界所处的环境管理者的地位。可持续发展观超越了人类中心论和生态中心论的局限性，提倡既要保护人类的主体价值，又要尊重自然的客体价值，要摒弃只顾眼前利益的传统发展模式，兼顾代内发展和代际发展。生态伦理学中还有一种人类整体主义的原则，强调追求的是人类的共同利益。

生态伦理学的代表人物有 19 世纪美国著名的思想家亨利·大卫·梭罗，他是现代生态学的先驱。梭罗主张保护我们赖以生存的地球和大自然。20 世纪 40 年代，德国哲学家马丁·海德格尔提出了"拯救地球"的主张。海德格尔认为随着科技的进步，人类的发展，这些将对环境造成严重的恶果，因此，他主张保护环境、拯救地球和走出人类中心论的思想误区。美国生态学家奥尔多·利奥波德于 1949 在《沙乡年鉴》中的《大地伦理》一文中阐述了他的环境伦理思想。以奥尔多·利奥波德为代表的"大地伦理学"的主要观点是："一是整体主义的伦理思想；二是扩展了伦理'共同体'概念的范围；三是大地伦理的价值标准。"他认为，共同体不仅是人类，还应该包括水、土壤、动物和植物，即大地的整个生态系统。利奥波德提出了一条伦理原则："凡是有利于生命共同体的和谐、稳定和美丽的行为都是对的，反之都是错的。"大地伦理的规范行为是保护生态系统的和谐稳定，保护生物存在的多样性，保持土地的完整无损。利奥波德认为，土地是同人类一样享有权利和值得尊重的。《沙乡年鉴》的问世，标志着生态伦理学作为一门独立学科的诞生。

20 世纪法国思想家施韦泽（A.Schweitzer）提出了"敬畏生命的伦理学"。施韦泽所说的敬畏生命，指的不仅是人的生命，还包括植物和动物的生命。他提出了一条善恶划分的标准，即"善就是保持生命，促进生命，使可发展的生命实现其最高价值；恶则是毁灭生命，伤害生命，阻碍生命的发展"。敬畏生命就是关爱生命，就是给予所有生命以善意和帮助，保持和促进其生存。施韦泽敬畏生命的伦理学拓展了伦理学研究的视野和范围。

意大利经济学家奥莱利奥·佩西在 1968 年发起创办了"罗马俱乐部"。该俱乐部于 1972 年发表了震惊世界的一份报告《增长的极限》。该报告中指出，"如果在世界人口、工业化、污染、粮食生产和资源消耗方面按现在的趋势继续下去，这个行星上增长的极限将在今后 100 年中发生"，这引起了社会各界的广泛关注。有些人害怕没有未来，于是提出了限制增长，即"零增长"。自工业革命以来，人类进步的速度突飞猛进，对环境的破坏也是空前的严重，因此，要谋求与自然和谐相处的发展战略。美国著名的环境伦理学家霍尔姆斯·罗尔斯顿继承了利奥波德的思想，主张"自然价值论生态伦理学"。他认为人类对自然具有道德、责任和义务，道德能够调节人类和整个自然界。他主张人类要对自然进行道德关怀，即尊重自然，保护生态系统的稳定和完整。马克思虽然没有针对环境伦理学的专门著作，但是其许多著作中都蕴含着深厚的环境伦理思想，强调要善待自然、依从物道、保护资源、循环生产、节制消费和联合利用。

生态伦理学的基本原则主要有生态和谐原则、可持续发展原则和生态公正原则。生态和谐原则指的是人类是与这个地球上的自然环境及其他生物共同生存的。因此，彼此之间必须建立一种和谐的关系。可持续发展原则指的是长远发展、全面发展和共同发展。长远发展要求人们为后代人的顺利发展，文明的世代传递创造条件。生态公正原则指的是代内公正和代际公正。

1987 年，《我们共同的未来》中指出："我们从我们的子孙那里租借自然资源，而他们则向他们的子孙租借。我们所有人都必须明智地行事。"《1996—1997 年度世界资源》报告中指出，"全球都市化正在改变人类的物质和社会生活坏境，加剧了全球的资源危机和环境恶化。如在过去的 20 年中，世界的能源消耗增加了 50%，而到 2020 年还将增加 50%。"

环境伦理学是在生态伦理学的基础上发展起来的。环境伦理学的基本原则是要超越人类的中心主义，尊重和合理利用自然环境。环境伦理符合和促进可持续发展原则。环境伦理学的规范主要包括尊重、维护自然的权利；实施环境正义；理性消费，养成良好的消费习惯；清洁生产，节用能源；绿色产品的推广。

企业的生产和发展，离不开对环境的依赖。企业生产经营活动，也会带来对环境的破坏，产生大量的环境问题。因此，企业需要加强环境伦理，在生产过程中，积极合理地处理生产经营活动和环境生态平衡的关系。现代企业的生产经营活动要对环境保护负责，因此生产绿色产品不失为一种减少环境污染的有效方式。然而，由于我国公众环保意识缺失，经济发展水平相对滞后，公众会更关注产品的价格以及适用性，而不会根据产品的设计理念来购买产品。许多污染和破坏并不会直接反映在产品上，也许产品本身不侵犯消费者的利益，但只要企业在生产过程中造成了环境污染，危害了社区，影响了居民的生活，同样也会受到社会广大公众的抵制，而产生环境污染相关企业的产品，也会由于公众的阻力，而逐步失去市场。

在企业产品生产中，清洁生产对于提高质量水平的影响很大，这就需要在企业生产运营的各个阶段保持清洁，这种清洁的根本目的是减少产品生产对环境的影响，从根本上消除产品对消费者带来的危害。"减少或重用资源"的原则是将闭环的材料和降低能源作为特征，按照自然生态系统物质循环和能量流动方式运行的经济模式。它需要人类自觉遵守并应用生态规律，实现经济发展和环境保护的"双赢"，通过提高资源效率和资源循环利用，实现污染的低排放。循环经济结合清洁生产和废弃物的综合利用，需要材料多次在经济体系中被重用，所有进入系统的物质和能量需要能够被合理、持续地利用。所有系统的物质和能量都应该合理地出现在每一个正在进行的循环过程中，并不断利用此种指导思想来实现生产和消费的"非物质化"，特别是改善整个生产过程的能源使用比率，从而实现生产环节中各个部分的有效整合。清洁生产体现了企业对待环境的基本态度，尤其是企业对待可持续发展的伦理态度。

阅读材料8-2 ISO14001 环境管理体系 [①]

为了实现可持续发展，支持并保护环境，改善生态环境质量，减少环境污染，达到经济、社会、环境发展的平衡。ISO（国际标准化组织）适时地制定并推出了ISO14000系列标准，即环境管理体系认证制度，对环境行为进行约束和规范。ISO14001是一个框架性的标准，不是强制性标准，企业可以根据自身发展的特点采用标准，且该标准可以作为第三方审核认证的依据。

产生背景

伴随着20世纪中期，一些发达国家爆发了一些公害事件，人类开始认识到环境问题的出现及其严重性。环境污染与公害事件的产生使人们在治理污染的过程中逐步认识到，要有效地保护环境，人类社会必须对自身的经济发展行为加强管理。因此，世界各国纷纷制定各类法律法规和环境标准，并试图通过诸如许可证等手段强制企业执行这些法律法规和标准来改善环境。

正是在这种环境管理大趋势下，考虑到各国、各地区、各组织采用的环境管理手段工具及相应的标准要求不一致，可能会为一些国家制造新的"保护主义"和技术壁垒提供条件，从而对国际贸易产生影响，ISO认识到自己的责任，为响应联合国实施可持续发展的号召，

---

① 摘自：国家标准化组织官网，https://www.iso.org.

于1993年6月成立了ISO/TC207环境管理技术委员会，正式开展环境管理标准的制定工作，期望通过环境管理工具的标准化，规范企业和社会团体等组织的自愿环境管理活动，促进组织环境绩效的改进，支持全球的可持续发展和环境保护工作。

实施动态

1. ISO14001标准实施的国际动态

ISO14001系列标准自制订之初便受到世界各国和地区的普遍关注。ISO14001标准是ISO14000系列标准的龙头标准，1996年9月1日ISO14001标准正式颁布。至今，全球已有22 000多家组织获得了ISO14001标准认证。

2. 中国实施ISO14001标准动态

随着ISO14001标准在中国的试点和全面推广，截至2001年5月，全国共约有700多家各类企业获得认证注册。

实施意义

ISO 14000系列标准归根结底是一套管理性质的标准。它是工业发达国家环境管理经验的结晶，在制定国家标准时又考虑了不同国家的情况，以尽量使标准能普遍适用。

ISO 14001标准对企业的积极影响主要体现如下：

（1）树立企业形象，提高企业的知名度；

（2）促使企业自觉遵守环境法律法规；

（3）促使企业在其生产、经营、服务及其他活动中考虑对环境的影响，减少环境负荷；

（4）企业获得进入国际市场的"绿色通行证"；

（5）增强企业员工的环境意识；

（6）促使企业节约能源，再生利用废弃物，降低经营成本；

（7）促使企业加强环境管理。

标准原则

经充分协商，ISO/TC207对制定ISO14000系列标准规定了七条关键的原则：

（1）ISO14000系列标准应具有真实性和非欺骗性；

（2）产品、服务和环境影响的评价方法和信息应当准确，并且是可检验的；

（3）评价、试验方法不能采用非标准方法，必须采用ISO标准、地区标准、国家标准或其他技术上能保证再现性的标准试验方法；

（4）应具有公开性和透明度，但不应损害商业的机密信息；

（5）非歧视性；

（6）能进行特殊的有效的信息传递和教育培训；

（7）应不产生贸易壁垒，保证国内、国外的一致性。

范围

本标准规定了对环境管理体系的要求，使组织能够根据法律法规和它应遵守的其他要求，以及关于重要环境因素的信息，制定和实施环境方针与目标。它适用于那些组织确定能够控制，或有可能施加影响的环境因素，但标准本身并未提出具体的环境绩效准则。

本标准适用于任何有下列愿望的组织：

（1）建立、实施、保持并改进环境管理体系；

（2）使自己确信能符合所声明的环境方针；

（3）做到符合标准可通过以下方式：

第一，进行自我评价和自我声明；

第二，寻求组织的相关方（如顾客）对其符合性予以确认；

第三，寻求外部对其自我声明予以确认；

第四，寻求外部组织对其环境管理进行认证或注册。

本标准规定的所有要求都能被纳入任何一个环境管理体系中，其应用程度取决于诸如组织的环境方针、活动、产品和服务的性质、以及运行场所及条件等因素。

本章小结

（1）可持续发展是在社会、经济、人口、资源、环境相互协调和共同发展的基础上，既满足当代人需求，又不对后代人满足其需要的能力构成危害的发展。

（2）可持续发展观框架下的经济、社会和环境三维度要求人类在发展中将经济效益、社会公平正义、环境保护三者融合，最终实现全面发展。其内容包含：可持续发展需要经济、社会、环境的融合；强调发展的重要性；强调环境保护的重要性；强调人类之间的和谐与公正。

（3）代内发展指的是同一时代人的发展，包括个人之间、国内区域之间、国际区域之间和民族区域之间的发展。代内发展秉承着公正的原则。代际发展通常是指代与代之间的纵向承接关系。当代人对后代人的生存和发展负有一定的责任和义务。

（4）可持续发展的原则包括持续原则、公平原则、共同原则、需求原则、人本原则和适度原则。

（5）可持续发展的伦理观可从以下多视角进行阐释：可持续发展的全球伦理；可持续发展的公正伦理；可持续发展的利益伦理；可持续发展的消费伦理；可持续发展的生态伦理。

思考题

1. 什么是可持续发展？

2. 可持续发展的内容有哪些？

3. 可持续发展的原则是什么？

4. 如何理解可持续发展伦理观？

案例讨论 是否应该出口有毒废料

每天，大量产品和服务的生产和处理过程会产生成千上万有毒废料。企业和政府必须决定如何处理这些残余物，比如核电站的放射性废物、工业和城市焚化炉的粉尘、工业生产过程中消费品的化学残留物以及电脑和其他电子消费品的重金属。消费者面临的挑战则是找到处理家用清洁剂、草坪和花园的杀虫剂、家用电器以及电子消费品中有害化学物质的办法。

一般性废物的处理对各级政府的公共政策而言已经是一个严峻的挑战。新的垃圾填埋场很快就被填满，许多破败不堪已关闭的填埋场污染了地下水，还有焚化炉喷出有毒污染物。然而，当剧毒和危险的废物进入处理系统时，废物处理的挑战将变得更为严峻。

从历史上看，处理工业废物所采用的方法都是最简单、最不可取的办法。几十年来，工厂只是将废物排到空气和水中，或者掩埋到地下。填埋场、堆放场、焚化炉和其他不好的处理方式要么位置偏远，垃圾难以得到处理，要么离人们的生活区域太近，垃圾得不到立即处理。这些方法看上去都很积极节约，如果土地价值会因接近有毒废物场而降低的话，那选择一个价值已经最低的位置就是最经济的办法。

倾倒垃圾的一种后果就是，国内的垃圾处理创造了一个降低土地价值的循环，土地的贬值明显会损害到最贫困、最底层公民的利益。一些地方因为土地价值低，自然就变成了废物处理场所，这些地方就倾向于成为这个社会最贫穷人民的生活之地。由于受到废物处理以及工业的影响，这些区域不再适宜居住，这使得居住在此地的居民变得更加贫困，最后那些身无分文而无法离开的人只好选择留在这里。当一个社会的最贫穷公民要为工业社会的社会福利支付高额成本时，这种做法就会引发基本的社会公平问题。

在近几十年中，同样的经济逻辑导致最穷的国家正成为一个有毒废物市场。由于废物处理的成本不断增加，将有毒废物送往境外处理的需求也不断增加。欠发达国家需要经济收入，而且，正因为发展落后，它们很少受到工业污染问题的困扰，因此形成了发达国家向欠发达国家出口废物的市场。

废物处理是否是仅仅通过市场交换就能得到解决的简单经济问题？还是说，政府应该规定生产商为产品的整个生命周期承担更多的责任？

20 世纪 90 年代早期，一份世界银行有关有毒废物出口的内部讨论备忘录被泄漏给了公众。这份备忘录是由当时的世界银行首席经济学家劳伦斯·萨默斯所写的。萨默斯后来担任了克林顿总统的财政部长，此后又成为哈佛大学的校长。在这份备忘录中，萨默斯对一些出口废物的经济案件做了记录。

日期：1991 年 12 月 12 日

致：相关人员

来自：劳伦斯·萨默斯

主题：全球经济展望

关于世界银行是否应该支持将更多的污染工业转移到经济欠发达国家的问题，本人认为：

（1）计算污染对健康造成损害的成本，取决于因发病率和死亡率的增加而放弃的收益。从这一点来看，应该把对健康有害的一些污染放在成本最低的国家中处理，即那些最低工资收入的国家。

（2）由于污染的初始增量可能只有非常低的成本，所以污染成本可能是非线性的。我一直认为，非洲那些人口稀少的国家大部分都是污染不足的。与洛杉矶或墨西哥城相比，那些国家对空气质量的使用可能很大程度上是低效率的。非流通行业（交通运输、发电）产生的污染是如此之多，以及固体废物的单位运输成本是如此之高。这两个可悲的事实阻碍了提高空气污染与废物的贸易给世界带来的福利。

（3）出于审美和健康的原因，人们对清洁环境的需求可能有很高的收入弹性。一种药剂可能会导致百万分之一的前列腺癌患者发生改变。那些使患者能从前列腺癌症中治愈的国家对这种药剂的关注度远远高于 5 岁以下儿童死亡率高达 20% 的国家。此外，人们对工业气体排放的关注主要集中在对大气中颗粒物的影响上。这些排放可能很少对健康有直接影响。很显然，体现审美污染问题的货物贸易可以提高人们福利。尽管生产是可流通的，但清新空气的消耗却不可交易。

反对向欠发达国家转移更多污染工业的理由中存在的一些问题能够得到扭转，并或多或少会有效地反驳世界银行对出口自由化的建议。

在此备忘录发布后的争议中，萨默斯和世界银行的支持者声称，这本备忘录的目的在于"讽刺"。无论真假，这本备忘录的确可以清晰描述一个相当普遍的经济思维模式对道德和环境带来的影响。如果将自由市场的经济思想运用于企业决策与企业社会责任之中，那么一切事物都将被认为是交易，被贴上价格标签，包括"增加的发病率和死亡率"。这种经济思维方式告诉我们，应该用功利的计算来进行决策：按照任何能使整体幸福最大化的方式去做。在出口有毒废物的例子中，"向拥有最低工资的国家倾倒有毒废物，这背后的经济逻辑无懈可击，我们应该正视这一点"。

此外，公平道义原则似乎认为，应当合理、公平分配经济利益和负担。那些从工业经济获利的发达国家应该自己承受其发展经济所带来的负担。出于公平正义，我们不应该让世界上贫困的人们来承受工业废物带来的伤害。

当然，理想情况就是首先建立没有有毒废物产出的工业生产过程。许多欧洲国家正在推动的"获取、返还"的法规,将促进企业确保它们工业生产过程中的副产品是无害的。

资料来源:[美]劳拉·哈特曼,约瑟夫·德斯贾丁斯,等.企业伦理学[M].北京:机械工业出版社,2015.

问题:

1. 运用可持续发展伦理观阐述你对有毒废物的看法。

2. 你认为导致废物出口的经济推理中,隐含了哪些伦理原则?

3. 仅仅把成本当作决策依据会产生怎样的后果?

第九章　企业伦理建设

学习目标

● 了解企业伦理建设的意义
● 掌握企业伦理建设的管理机制
● 了解企业伦理建设规范

导入案例　彼得·罗旭德：企业伦理是西门子振兴的起点

2007 年夏，彼得·罗旭德（Peter Loscher）出任德国工程业、医疗保健业巨头西门子公司首席执行官。作为西门子历史上首位非德籍且来自西门子外部的 CEO，承担这样一家有着长达 160 余年历史的巨型企业的领导工作，罗旭德通过以下方式来胜任这份艰难的工作。

改造企业伦理

自出任 CEO 以来，罗旭德接手的第一项，也是最棘手的一项工作就是处理关于西门子公司向外国政府及联盟领导行贿的丑闻。罗旭德表示自己一直致力于改造整个企业的组织文化及伦理行为标准，并提出"行贿是整个商业世界通用的一种营销手段，但西门子公司例外，因为这不是一种可持续的商业模式，我们对它毫无兴趣"。罗旭德描述他担任西门子 CEO 的重大使命在于"通过深入贯彻'杜绝行贿'的铁面政策，确保整个组织达成'最优绩效、最高伦理'的文化共识，形成'严格管理体系'的过程意识，传播'决不妥协'的坚定信念"。

尊重员工多样性同样是罗旭德在生活和工作中始终坚持的一个重要原则。在西门子这样一家年收益超过 1 100 亿美元、全球员工接近 40 万名的国际型企业中，"'多样性'可以说是企业最重要的构成基础之一"，罗旭德谈道，"这是因为，在当代世界，国家与国家、企业与企业以及人与人之间的联系都变得前所未有的紧密起来"。

精简管理机构

企业伦理是西门子振兴之路的起点。同时，罗旭德还对组织管理体系进行了大刀阔斧的改革。他精简了管理机构层级，并制定了新的行政管理规则，在整个任期内安排了 100 天的考察时间，到世界各地的西门子工厂视察员工、接见客户。

在 2007 年夏季任职之前，罗旭德是德国默克制药全球人类保健部的总裁。加入西门子公司后，他对整个西门子的商业模式及组织架构进行了重组，将其划分为工业、能源及医疗保健三个主要部门，其目的在于集中力量以促进这些领域的充分发展。

全球化发展与支持

"在全球所有的组织中，全球化程度高于西门子的可以说是少之又少，数得上来的大概只有可口可乐、天主教会及国际足联了。这一点我们很自豪，"罗旭德谈道，"可口可乐也是我们的客户之一。总之，在西门子的发展历程中，全球化是一个相当关键的要素"。同时他也指出，西门子全球化的成功离不开企业卓越产品的支持。在160年的发展历程中，西门子制造了一系列全球领先的产品，如1875年生产的首条从爱尔兰到纽约横跨大西洋的电缆，以及1904年制造的首辆电动车原型。

技术和管理的创新

"我们承认自己低估了很多问题，包括物资存储、动力设备寿命等。但在长期创新方面，我们做到了心中有数。"罗旭德的这句名言早已广为流传。

当今环境下，西门子正努力将创新精神与企业在信息技术方面的优势结合在一起，举例来说，在20世纪90年代，几乎所有的投资专家都断言西门子的内部结构过于复杂，必须将与企业其他部门关联性不大的医疗保健部门出售，才能得到更好地发展。但在随后的20年里，信息技术会在医疗产品中发挥越来越关键的作用，尤其是医疗诊断类器材，在这一领域西门子现在已成为行业领头羊。回顾这一经历，罗旭德总结道："企业在制定长期战略时，一定要高瞻远瞩，目光远大。只有坚持，才能取得最后的胜利。"这项十年前差点被西门子分离出去的业务如今已成为了西门子的主要业务之一，并且正发挥着越来越重要的作用。

罗旭德透露，西门子在医疗诊断器材方面能够取得巨大成功，关键就在于"为临床诊断医师提供最可靠的信息"这一制造理念。无论是电子扫描仪、还是体外试管试剂盒，所有的诊断器材，都必须能为医生提供关于病人身体的最准确、最真实的信息。"在生产过程中，企业应该跳脱产品实物的限制，积极思考整个产品所具有的功能和意义。对西门子来说，信息要素就是诊断器材最重要的功用了。"

罗旭德还指出，在当代，科技创新越来越离不开企业内外部的共同交流与协作。"理论与技术方面的突破每时每刻都在发生。这些突破分散发生在世界的各个角落。而对于任何单个组织而言，至少有90%的创新来自企业外部。因此，促进企业内外之间的联系与交流是至关重要的。"

谈到目前所面临的主要挑战，即怎样对西门子这样的巨型企业进行伦理整顿时，罗旭德鼓励所有的西门子员工"重新审核、思考整个企业的价值观，并认真观察领导团队在弘扬、实践企业价值观方面的身体力行"，同时他也表示"在当今世界，商业运行离不开规则的约束。有多少个组织，就有多少套规则。但要知道，只有充分符合组织架构和组织文化的规则才能发挥出应有的作用"。

资料来源：彼得·罗旭德：企业伦理是西门子振兴的起点 [N]. 经理日报，2008-05-23.

问题：

1. 西门子公司的伦理整顿内容有哪些？
2. 企业伦理在西门子振兴的过程中起到了什么样的作用？

第一节 企业伦理建设的意义

企业伦理建设是企业必然的选择。在美国,由纳斯达克前主席伯纳德·麦道夫一手操纵的庞氏骗局致使贝尔斯登、雷曼兄弟和国际财团纷纷倒闭。针对这一事件,《纽约时报》记者托马斯·佛利德曼一语中的:"我们需要的不单是金融救援,我们更需要的是道德救援。"1993 年,托马斯·M. 莫里根(Thomas M. Mulligan)认为,"企业的道德使命就是运用所能获得的想象力和创造性,为人类世界的更加美好而创造产品、服务和机会。这一使命比企业可行使的其他任何职责都重要"。企业应该为社区做有用的工作,而不仅是创造利润。所有职业都应该有一个明确的、专业的伦理标准,从业人员必须遵守这个伦理标准。因此,企业需要加强伦理建设。

2009 年,时任中国总理温家宝在剑桥大学演讲时指出:道德的缺乏是此次金融危机的深层原因,有效地处理这个危机的深层原因是很重要的,必须高度重视道德的作用。任何商业行为不应该与最高道德标准相冲突,我们应该大力倡导,企业社会责任是企业家应该具备的基本道德素养。2010 年 2 月 27 日,温家宝总理与网民在线交流时,指出:"一些国家和一些公司肆无忌惮地为他们自己的利益而损害整体利益。企业家应该有更高的道德标准,就整个业务而言,道德问题是非常重要的。诚信和道德是现代社会应该迫切解决的问题。"

中国特色伦理的特征包括社会性、国际性、责任性和自律性。企业的社会性体现在企业作为一个社会公民,应担负起众多的社会责任。企业的国际性体现在跨国企业应具有一种"世界各国的共同责任"的意识。企业的责任性体现在家庭责任伦理,包括父慈子孝、兄爱弟悌;企业的自律性体现在企业应该在经济、社会、政治、文化、资源、环境、慈善事业等方面担负起社会责任。企业的经营理念应和企业的社会责任具有一致性,将科学发展观转化为经营理念,实际上就是把企业的社会责任、伦理理念融入社会活动中。企业社会责任必须是合乎伦理的行为,企业社会责任应体现伦理价值和行为准则,企业社会责任和企业伦理道德是相互融合的。

企业伦理和企业社会责任建设对企业和社会的发展有着重要的意义。企业伦理能够为企业发展指明方向,从而帮助管理者制定正确的决策。企业伦理有利于提高员工的伦理素质和道德水准,企业伦理建设有助于企业学习型组织的建立和完善,有利于培育企业文化;企业伦理有助于企业树立良好的企业形象,提升企业的诚信度,从而实现企业的战略目标;企业伦理规范有助于企业核心价值观和企业文化的培育,提高企业整体绩效;企业伦理建设有助于建立和完善企业的沟通与合作机制,只有企业员工的伦理水平提升,才能促进企业伦理目标的实现,从而树立好企业的伦理理念,企业员工之间的工作沟通和合作也会顺利开展和高效完成；企业伦理有助于企业和利益相关者关系的和谐共赢，实现企业与社会的可持续发展。

第二节　企业伦理建设的管理机制

在企业伦理建设过程中，企业将伦理融入经营活动中，逐渐演化出了一系列有效的管理机制，包括内化机制和外部保障机制。

一、内化机制

20世纪70年代，西方企业开始关注利益相关者和企业伦理道德文化管理，出现了孔茨的企业伦理化决策经验和索能伯格的"凭良心管理"模式。

20世纪90年代，美国《财富》杂志500强企业中90%以上的公司有详细的、成文的伦理准则或者行为规范（Corporate Codes）。例如，1993年，通用电气（GE）发布了《诚信政策指南》，并在2000年进行了修订。GE在《诚信政策指南》中提出："第一，公司对待诚信的态度。无论交易额有多大，无论业务发展压力有多大，GE仍然通过合法和符合道德标准的方式来开展业务。在我们与客户和供应商进行各项业务交往的过程中，我们绝不在对诚信的承诺上做出任何妥协。第二，对什么是可接受的行为，什么是不可接受行为的具体规定。GE的诚信政策包括：反不正当支付、国际贸易管制、防范洗钱、隐私权、与供应商的关系、与政府部门的交往、遵守竞争法律、环保、健康和安全、公平雇佣机会、避免利益冲突、财务控制、内幕交易与泄露股票内幕信息、知识产权等方面。每个方面都包含政策概要、基本要求和需要特别注意的方面等内容。第三，强调了'畅所欲言，提出问题，找到答案，公开疑虑，寻求解答'的途径。第四，阐明了领导者和员工的责任即违背《诚信政策指南》可能受到的处罚。GE规定,各级领导者除了承担自身作为员工的责任外，还有四个方面的责任：建立和维护人人遵纪守法的文化责任；切实预防违纪问题的责任；及时发现违纪问题的责任；一旦出现违纪问题，及时作出反应的责任。GE诚信政策规定,如有以下行为，可能会受到纪律处分：违反GE政策；要求别人违反GE政策；未及时举报所发现或怀疑发生的违纪情况；未能配合对可能违反某项政策的行为而进行的调查；对举报违纪情况的员工进行报复；未能在确保遵守GE政策及使用法律方面起领导带头作用或尽心尽力。"

许多企业为提高管理人员的伦理建设能力，会进行年度伦理培训。伦理培训的主要目标和内容可以分为四个不同的阶段："道德意识、道德推理、道德行为和道德领导。道德意识是提高员工的企业伦理道德意识，使员工能够对各种行为进行正确的道德评价。道德推理是提高员工运用价值观和道德原则的能力，使员工能够在面临道德难题时根据价值观和道德原则做出行为选择。道德行为是提高员工将道德决策付诸实施的行为能力。道德领导是要让员工真正懂得，一个以价值观为基础的组织的发展、壮大、持续繁荣在于每个人的努力，而不仅仅是董事会成员、首席执行官或是负责道德事务的主管的责任。"例如，在培训中，运用灵活多样的活动，如参观访问、案例教学、典型事例分析、讲透道理、对话、演讲比赛、参与讨论和辩论赛、领导演讲等，向管理人员说明讲究企业伦理是世界管理发展的趋势或者如何处理法律和公司的道德关系等内容。GE 的《诚信政策指南》涵盖了企业伦理建设的基本要素，即制定并执行企业伦理守则，明确企业和利益相关者的责任关系；建立企业伦理目标，符合公司经营理念，使企业在实现经济目标的同时，以伦理准则约束自己兼顾社会效益；开展各种形式的员工伦理教育培训，提升个人品质，激发员工的敬业精神，培育健康向上的企业文化；培养优秀的伦理领导者，影响企业文化，帮助员工遵循伦理准则，实现企业伦理价值观，承担企业社会责任。

一些大企业专门成立了伦理委员会，来主要负责企业伦理事务，从而保证公司的各项决策能够符合社会伦理道德的规范。伦理委员会在企业中所扮演的角色各不相同，具体包括委托人角色、专家角色、法官角色、督促者角色。一些跨国公司，为了能够更好地适应当地的道德风俗，特地聘请当地专家担任公司的道德顾问。在公司履行环境责任、市场责任和遵循国际商务原则时，伦理委员会、伦理副总裁和伦理顾问起到了决定性的作用。

除了以上举措，西方国家的企业将企业伦理守则贯彻到了企业经营行为中，尽量避免形式主义，并通过一系列的具体规范加以强化。一些西方国家企业还制定了道德伦理工程并将其融入企业的战略愿景中。

还有诸如以下各种宣传的方法：编写和散发《员工行为守则》和有关各种主题的宣传小册子；设立伦理热线；建立伦理宣传网站；进行伦理培训；提供各种提示伦理资源的纪念品或者广告宣传品等。

二、外部保障机制

在企业伦理的建设过程中，除了需要内化模式的相关举措，来自外部的法律、国际规范、政府政策、行业协会等相关支持保障也是至关重要的。现有企业在外部保障措施方面已经取得了很多成功的经验。

1. 加大对违法行为和不道德行为的打击力度

加大打击力度要触及违背道德者的根本利益和长远利益、加大打击力度要排除地方保护主义的干扰。在依法追究企业违法行为时，应把是否有预防、查处、惩罚不法行为的机制，作为加重或者减轻处罚的一个重要依据。例如，1991 年开始生效的美国《量刑指南》规定："如果企业能向法院证明自己有建立这种机制，则可以减轻处罚。"

1991年，美国审判准则委员会颁布了《联邦审判指导原则》。该审判原则明确指出，"对那些开设了伦理培训课程或者具有企业伦理守则的公司的错误行为减免处罚"。美国1997年颁布并于1998年修改的《海外腐化行为法案》，对跨国公司的投资和经营行为的道德规范起到了一定的约束作用。还有一些美国的跨国公司联合起来制定共同的道德准则。例如，考克斯圆桌会议机构和退休基金计划组织。

2. 获得政府支持

西方发达国家的企业社会责任和伦理建设经验告诉我们，在企业社会责任和伦理建设过程中，政府的引导和推动作用不可忽视。目前，中国企业伦理建设尚处在初级阶段，相当多的企业伦理意识淡漠，这就更需要政府对市场秩序的维护和监管，在法律法规制定、产业政策制定、宏观调控等方面起到积极的引导和激励作用，从而为企业的经营提供健康有序的外部条件。

在监督体制建设方面，为了使企业社会责任的履行具有可靠的测量标准，政府需要制定科学的、可量化的企业伦理评估模式。政府需要建立企业伦理的监控体制，这就需要政府能够尽可能多地了解企业伦理状况，对于企业不道德行为有相关的惩罚举措。在评估的过程中，有些企业可能会不达标准。在这种情况下，就需要根据其违规的程度，进行相对应的惩罚，并追究相关人员的责任等。

3. 大众传媒的支持

大众传媒是企业社会责任的利益相关者之一，传媒是连接政府、企业和大众的桥梁。在当今社会，大部分的企业都会积极致力于发展对外宣传的工作。例如，建立专门的媒体沟通部门、官方网站、企业微博、企业论坛、微信公众号等。

传媒最大的作用之一就是可以第一时间把大众的目标聚焦在某些问题上面。例如，通过大众传媒，人们越来越关注低碳的生活方式、农民工问题等。传媒具有判断功能，"用事实说话"。许多违背道德伦理的企业行为，最初都是通过传媒传播的，这种方式可以用来约束企业行为，规范社会道德。因此，推动企业社会责任建设，离不开传媒的力量。传媒将有失伦理道德的企业曝光，能够使广大消费者尽早看清那些违反道德企业的真实面目。

4. 大力发展行业协会，加大舆论监督力度

除此之外，还要靠全民的觉醒和参与。西方发达国家的企业伦理建设经验告诉我们，除政府之外的能够推动企业伦理发展的外部力量之一就是行业协会。行业协会通过制订各行业的企业社会责任章程来引导和促进企业承担社会责任。

我国的行业协会也在不断发展壮大，在各行业的企业责任建设过程中起着举足轻重的作用。例如，2003年中国的纺织工业协会制定了一套行业标准，并将该标准作为全国纺织行业统一遵循的规范。但是，和西方发达国家的行业协会相比，我国的行业协会发展还存在很多的客观问题，例如权威影响问题。目前大部分权威的行业协会都有相当的政治后盾，它们并不是单纯的第三方组织，在方方面面都可能涉及政治利益或者其他社会关系的

影响。因此，可能很多行业组织的出发点，并不是出于经济利益的考虑，有可能是政府意志的体现，从而产生形式主义倾向。同时，某些行业协会存在着管理混乱，组织不当等现象。这些以赢利为目的的机构，不仅没有在企业伦理建设中做出积极的贡献，反而阻碍或者损害了企业伦理建设的健康有序发展。

因此，推动企业伦理建设需要大力发展行业协会。通过行业协会制定的标准，辅助政府引导、激励、约束、监督企业履行社会责任的义务。

阅读材料9-1 新闻伦理道德建设日趋迫切

2015年岁末，中国记协新闻道德委员会宣告成立，全国和省一级新闻道德委员会工作架构初步形成。据了解，新闻道德委员会的主要职能包括受理社会各界对新闻机构以及新闻从业人员职业失范行为的举报和投诉，对违反新闻职业道德行为的典型案例进行评议并提出处理意见，对建立健全新闻法律法规和行业管理制度、推动新闻行业职业道德建设提出建设性意见等。

有学者指出，复杂的世界经济局势与传播技术革新的迅猛发展给新闻伦理道德的维系带来了新挑战，新闻道德委员会的制度建设及工作推进可谓恰逢其时。当前新闻伦理道德面临哪些挑战？如何规范新闻道德失范行为？围绕新闻道德建设这一话题，记者采访了相关学者。

新媒体时代新闻道德失范存在多重表现

南京大学新闻传播学院教授丁柏铨认为，新闻职业道德是新闻工作者所应当遵循的与其专业特点相关联的职业道德，体现了行业的特殊性，如坚持正确的舆论导向，采用正当的手段获取消息源，真实地报道事实和提供信息，为提供重要新闻线索者保密等。

在新闻实践中，作为普通个体的伦理要求与作为新闻工作者的职业要求经常发生冲突。中国社会科学院新闻与传播研究所研究员、中国记协新闻道德委员会委员宋小卫表示，新闻伦理和其他职业伦理及更普遍的社会伦理之间的冲突，是客观并且持续地存在的。因此，需要关注的不仅是如何避免两者的冲突，更要研究产生冲突时如何做出正当、正向的最佳选择。

复旦大学新闻学院副教授胡春阳在接受记者采访时表示，在新媒体时代，消息来源和真实性"无从可知"，这严重损害了新闻事业的严肃性与专业性。胡春阳坦言，新媒体时代的新闻报道为寻租打开方便之门，新闻敲诈、有偿新闻、有偿不闻、有偿上帖、有偿删帖等既违法又违背新闻伦理的情况时有发生。这些现象严重损害了新闻媒体的公信力，也极大地破坏了社会秩序。在新媒体时代，有些传媒人对琐事趣闻、花边小道等轻话题趋之若鹜，而对社会变迁等紧要问题视而不见，对社会问题的追问显得淡而无味。

健全组织化的治理长效机制

据悉，先后成立的全国和省区市新闻道德委员会将把各级各类新闻媒体和从业人员纳入监督范围，通过新闻评议、媒体道歉、通报曝光等方式，在加强职业道德建设、治理新闻界突出问题方面发挥更大作用。

"加强新闻道德建设需要健全组织化的治理长效机制，不能仅仅通过新闻从业者的个人自觉来提升职业道德和伦理的整体水准，还需要新闻公共管理部门和行业组织提供必要、有效的他律约束、专业指导以及新闻界内外的舆论监督与支撑。"宋小卫介绍说，在我国现行的新闻体制中，党委（宣传部）、政府部门（广播电视、新闻出版行政管理部门）、新闻工作者协会（中国记协、地方记协和专业记协）等责任主体分别承担着政治领导、行政管理和行业自律的职责；而新闻道德委员会是吸纳社会各界参与的"自律评议机构"，其职责之一是对新闻失范的典型案例进行评议并提出处理意见，这就进一步增添了社会协同、公众参与的组织建制，这一体制创新将使中国新闻公共管理的总体格局更趋完善。

解决新闻道德失范更需自律

在受访学者看来，加强新闻道德建设不仅需要健全组织化的新闻伦理长效机制，更需要新闻从业者的"自律"。

在胡春阳看来，人们应该清醒意识到，伦理道德既是他律，更是自律。新闻伦理道德本身既是一个理论问题，更是一个实践问题。新闻道德建设是一个非常艰难的自我约束过程。胡春阳说，道德力量是来自实践主体强烈实施道德原则的意志与愿望。如果没有新闻从业者强烈的自律，他律可能成为一纸空文。因此，除了建立新闻道德委员会等业内监督机构，建立、完善以民间组织为主体的新闻道德督查机构也是必要的。

宋小卫表示，对新闻从业者个人而言，置身于这一行业，就需要不断锤炼和培养自己对新闻伦理问题的敏感性，作为一名记者，不仅要修炼自己的政治思维能力、法律思维能力，同时也要提升自己的伦理思维能力。在面对伦理冲突的时候，需要掌握一些最基本的从业者个人的伦理决策"行动方案"。

此外，宋小卫还提示说，在积极推进新闻道德委员会工作的同时，我国从2013年开始试点媒体的社会责任报告制度，而新闻道德委员会的职能也包括通过委员会的评议平台，加强对媒体履行社会责任情况的监督把关；新闻媒体在提交其社会责任报告时，也将对新闻道德委员会评议中涉及本单位的相关事项予以回应。这种互为关联的制度建构，体现了新闻领域改革、改进的联动和集成取向，更有利于在新闻职业道德建设和治理能力现代化上形成总体效应、取得总体效果。

资料来源：张杰.新闻伦理道德建设日趋迫切[N].中国社会科学报，2016-01-06.

第三节　企业伦理建设规范

经济的快速发展在创造物质财富的同时，也带来了诸多伦理问题，如贫富差距加大、生态环境恶化、资源浪费等。企业伦理问题日益引起了全世界的关注。企业道德规范能够使企业伦理行为具体化，因此成为推动企业伦理建设的重要因素。迄今为止，全世界与企业伦理和企业社会责任相关的公约、原则、标准、协议等已经有 400 多个。

特别是 20 世纪 90 年代以来，国际社会对企业社会责任和企业伦理制定了一系列的标准。例如，1997 年由"SAI"（国际社会责任）制定的 SA8000（Social Accountability 8000，SA 8000），建立了 SA8000 社会责任管理体系认证制度。SA8000 从劳工权益、工作环境和条件等方面，提出了企业承担社会责任的准则，将企业社会责任定量化和指标化，是可用于第三方认证的社会责任标准。SA8000 通过社会责任标准认证机制为企业获得了一个国际合作的机会，使利益相关者对该企业产生信任感。

1994 年，由美国、欧洲和日本等商界精英组成的考克斯圆桌正式出版了《考克斯圆桌商业原则》（*Caux Round Table Principles for Business*）。该书从七项原则和六个利益相关群体等方面制定了相应的道德准则。

1995 年，联合国前秘书长安南在世界社会发展首脑会议上首次提出了"全球契约"的构想。该构想于 2000 年 7 月正式启动。全球契约主要有 10 项原则，诸如关于人权的指导原则、关于歧视的指导原则、以及有关反腐败、环境污染等方面的内容。

上述标准规范都是由西方发达国家为主制定的。中国作为一个经济发展不均衡的发展中国家，根据自身的实际情况，想要完全达到这些标准还有一定的差距。中国需要在学习和摸索中，尽快建立起一套完善的、适合中国国情的社会责任标准。但是近些年，由于中国企业对这些国际标准不甚了解，而造成了种种不公平的对待并遭受了严重的经济损失。

虽然中国也有参与某些标准的制定，但是还远远不够。每年由于技术壁垒给中国企业造成的直接经济损失高达数千亿美元。"据不完全统计，ISO（国际标准化组织）和 IEC（国际电工委员会）发布的国际标准已近 20 000 项，但中国企业参与制定的仅 20 余项。另外，负责制定这些标准的机构全世界有 900 多个，但中国参与其中的不足 10 个。"中国政府及其企事业单位应更加关注、更积极地争取参与到国际商业标准的制定过程中。虽然改革开放近四十年来，中国的经济迅速崛起，备受世界瞩目。但是，中国经济实力仍然无法和根基深厚的西方发达国家相比。中国的经济发展是不均衡的，不同地区间差异很大。如果像西方发达国家一样执行统一的标准，可能会阻碍中国企业的全球化经济发展进程。因此，需要制定适应中国国情的企业伦理和企业社会责任规范。

在实践中，企业伦理建设规范包括企业社会责任的国际公约、标准、原则、行业生产守则、多利益相关方守则、企业内部生产守则几方面的内容。

除了前面介绍的全球契约、国际劳工公约、ISO26000、SA8000、ETI 原则、ISO14001 环境管理标准等企业社会责任方面的公约、标准、规范外，企业伦理实践中还有一些伦理规范对企业具有重要的指导意义，比如考克斯圆桌商业原则和企业内部行为守则。

一、考克斯圆桌商业原则[①]

1994 年，欧美、日本等国的跨国公司领导者自主自愿制定了考克斯圆桌商业原则。其原则主要是希望组织成员在商业活动中加强合作，在尊重自身利益的同时，也要兼顾利益相关者的利益。考克斯圆桌商业原则对国际企业跨国经营行为有较大的指导意义，可以较好地促进企业内外部经济关系和全球可持续发展。

考克斯圆桌商业原则内容由序言、总则和利益相关者三部分构成。[②]

第一部分 序言

就业与资本的流动使经济活动及其影响具有全球化的特点。在这种背景下，法律和市场的制约很有必要，但是还不能充分指导商业行为。公司的基本职责是对公司行为和政策负责，并尊重利益相关者的尊严与利益。而共同的准则（包括对共同繁荣的承诺）对小规模人群和全球人群同样重要。由于上述原因，以及商业可以有力地带动积极的社会变化的观点，我们提出以下原则作为商业领导者的讨论基础和承担公司责任中的行为基础。我们也肯定道德准则在经济决策中的合法性与中立性。没有道德准则，就没有稳定的经济关系和全球的可持续发展。

第二部分 总则

原则 1 公司责任：从股东变为利益相关者

公司的作用是创造财富和提供就业，并以合理的价格及与价格相应的质量向消费者提供适合销售的产品和服务。为发挥该作用，公司必须保持经济健康和活力。但是公司生存并不是公司的唯一目标，公司的另一个作用是与公司顾客、雇员和利益相关者分享创造的财富，提高他们的生活水平。供应商和竞争者应该本着诚实公正的精神履行义务，这样才会带来更多的商机。公司是地方性、全国性、地区性和全球性社区（人群）中勇于负责任的成员，影响着所在社区的未来。

原则 2 公司对经济和社会的影响：面向革新、公正与全球性社区

建立在海外的发展、生产或销售公司应通过创造就业机会、提高当地人们的购买力为所在国家的社会进步做出贡献，同时应关注所在国家的人权、教育、福利，激发社区生命

---

① 摘自：http://wiki.mbalib.com/wiki/，考克斯圆桌商业原则.

② 摘自：考克斯圆桌组织官网，http://www.cauxroundtable.org.

力等。此外，公司应通过革新，有效地使用自然资源，进行自由公平的竞争，为所在国家和全球的经济、社会进步做出贡献。这种贡献是广义的，包括新技术、生产、产品、经销和通信等。

原则 3 公司行为：从遵守法律条文发展为信任精神

除了合法的商业秘密外，公司也应认识到，真诚、公正、真实、守信与透明不仅有利于经济活动的信誉和稳定，而且有利于提高商业交易（尤其是国际商务）的效率和顺利性。

原则 4 遵守规则：从贸易摩擦发展为贸易合作

为避免贸易摩擦，促进更为自由的贸易，保证商业机会均等、各方得到公平的待遇，公司应遵守国际、国内规则。此外，公司还应认识到，尽管有些行为合法，但仍可能带来不利后果。

原则 5 支持多边贸易：从孤立走向世界

公司应支持关贸总协定、世界贸易组织的多边贸易系统和其他类似的国际合约。公司应积极配合，提高贸易的合理自由度，放宽国内政策，减少这些政策对全球经济的不合理障碍。

原则 6 关注环境：从保护环境发展到改善环境

公司应保护并在可能的情况下改善环境，促进可持续发展，防止自然资源的浪费。

原则 7 防止非法运行：从利润发展到和平

公司不可参与或包庇贿赂、洗钱等腐败活动，也不可从事武器交易用于恐怖活动、贩毒或其他有犯罪组织的物品交易。

第三部分　利益相关者

顾客

我们应充分尊重顾客的尊严。顾客不仅指那些直接购买产品或服务的人群，也包括从正当渠道获得产品与服务的人群。对于那些不直接从我们公司购买但使用我们产品与服务的顾客，我们将尽最大努力选择那些接受并遵循本文件规定的商业经营标准的销售、安装、生产渠道。我们有以下义务：

向顾客提供质量最好的、符合他们要求的产品与服务；

在商业的各方面公正地对待顾客，其中包括高水平的服务和顾客不满意时的补救措施；

尽一切努力保证顾客的健康与安全（包括环境质量）在消费了我们提供的产品与服务后得到保持或改善；

在提供的产品、销售和广告中避免侵犯人的尊严；

尊重顾客的文化完整性。

雇员

我们相信每位员工的天赋尊严，因此我们有以下责任：

提供工作机会和薪水，改善并提高他们的生活状况；

所提供的工作条件应尊重雇员的健康与尊严；

与雇员坦诚沟通，了解他们的思想、不满和要求；

与雇员有冲突时应相互信任，协商解决；

避免歧视行为，确保公平对待、机会均等，不受性别、年龄、种族和宗教的影响；

在公司内部鼓励雇佣残疾人，将他们安排到能发挥作用的岗位；

保护雇员在工作场所的安全和健康；

对由商业决策引起的严重失业问题保持关注，并与政府和其他机构共同解决相关事宜。

物主与投资者

我们应尊重投资者对我们的信任，因此我们有以下责任：

专业、勤勉地管理公司，以确保投资者得到他们应得的、具有竞争力的回报；

向物主与投资者披露相关信息（只受法律与竞争情况限制）；

保存并保护物主与投资者的资产；

尊重物主与投资者的要求、建议和他们的正式决定。

供应商

我们相信公司与供应商、分包商的合作关系以相互尊重为基础，因此我们有以下责任：

在定价、报价、许可、售卖等所有业务中追求公正性；

确保我们的商业行为不带任何强制性、不涉及任何不必要的诉讼，并以此促进公平竞争；

与高价值、高质量、可靠性高的供应商建立长期、稳定的关系；

与供应商分享信息，并将供应商纳入公司的计划过程，达成稳定的关系；

按时、按照贸易条款支付供应商；

寻找、鼓励并优先选择在实际工作中尊重雇员尊严的供应商和分包商。

竞争商

我们相信公平的经济竞争是增加国家财富的基本要求之一，它能使公平分配物品与服务成为可能。因此，我们有以下责任：

培养开放的贸易与投资市场；

改良竞争行为，使其有利于社会和环境；与竞争者之间相互尊重；

戒除公司为保证竞争优势而意图或切实给予他方的可疑支付与好处；

尊重物产所有权和知识产权；

拒绝采用不诚实或不遵守职业道德的手段获取商业情报（如工业间谍）。

社区与共同体

我们相信，公司作为一名集体成员，即使力量不大，也能够为所在社区投入改革力量，改善当地的人权状况。因此，公司对所在地的社区负有以下责任：

尊重人权与民主制度、并尽可能改善人权与民主状况；

承认国家对整个社会的合法义务，支持、执行通过商业与社会的其他行业部分之间的和谐关系促进人类发展的公共政策；

在经济发展困难的国家和地区，公司应该与致力于改善人们健康、教育、工作场所安全的组织合作；

促进可持续发展；

在物理环境保持和地球环境保持中起领导作用；

支持地方社区的社会秩序、治安防卫和多样性；

尊重地方文化的完整性；

支持所在社区，做优秀的社区成员，具体的方式有慈善捐款、捐助文教、雇员参与民事与社区事务等活动。

二、企业内部行为守则 [①]

企业自己制定的行为守则，主要在企业内部或者供应链上进行执行，如《耐克公司行为守则》《国家电网的企业社会责任》等。企业内部行为守则是对企业及员工进行规范约束的原则，它对企业及员工的行为有很大的适用性，如果能够定期强化宣传，可以使企业及员工以企业自身的行为准则来约束自己，就能树立企业的良好形象。

企业内部行为守则应包含的内容有：

（1）信任原则。作为企业组织的一员，员工应当尽职、尽力维护公司的形象并争取为公司获得利益而努力。

（2）可靠原则。这意味着企业组织或员工个人在做出承诺的时候要谨慎，不承诺超出自己能力之外的事情，同时要履行所承诺的事情并尽力做到最好，担当起自身的义务。

（3）透明原则。其核心理念是诚实和尊重，这被视为最基本的道德操守。

（4）尊严原则。尊重员工及其行为，使组织处于一个融洽和谐的工作氛围中，创造积极合作的环境，并保护员工的安全、感情和隐私，禁止羞辱、强迫他人等侵犯基本人权的行为。

（5）公平原则。公平能促进合作、保障合法性和群体的工作积极性，对待努力的员工，应该视绩效、成果而提拔员工，禁止团体内部出现任人唯亲、近亲繁殖的现象。

（6）遵守规定原则。企业中的员工应该遵守公司所规定的相关准则、规范，从而形成融洽的企业氛围。

（7）响应原则。积极响应公司上层领导所传达的有关文件，执行上级的指示，高效地完成组织任务。

---

① 引自：田虹．企业社会责任教程 [M]．北京：机械工业出版社，2012．

本章小结

（1）企业伦理建设的意义：企业伦理能够为企业发展指明方向，从而制定正确的企业决策；企业伦理有利于提高员工的伦理素质和增强企业凝聚力，培育企业文化；企业伦理有助于企业和利益相关者关系的和谐共赢；企业伦理有助于企业树立良好的企业形象，兼顾经济效益与社会效益的平衡，从而实现企业的可持续发展；企业伦理建设有助于企业学习型组织的建立和完善。

（2）企业伦理建设的管理机制由内化机制和外部保障机制构成。

（3）企业内部行为守则是对企业及员工进行规范约束的原则。企业内部行为守则应包含的内容有信任原则、可靠原则、透明原则、尊严原则、公平原则、遵守规定原则以及响应原则。

思考题

1. 彼得·德鲁克说："在任命高层管理人员时，再怎么强调人的品德也不会过分。"你对彼得·德鲁克这一观点有何评价？

2. 企业伦理建设管理机制的内容有哪些？

3. 企业伦理建设规范主要有哪些？这些规范对我国企业有什么作用？

案例讨论　星巴克公司的企业社会责任伦理道德建设

星巴克公司总裁奥林·史密斯（Orin Smith）曾说："星巴克公司追求'以人为本，利润为末'和'提供完美的工作环境，尊重每个个体的人格'，作为我们企业文化的一部分，每天我们都将按照这些原则工作。"

为确保使命或者指导性原则能贯彻始终，公司采取了三项主要措施："第一，星巴克公司在员工入职培训时，将使命声明和征求反馈意见的评论卡片分发给每个新人。第二，星巴克管理层坚持将所要做出的各种决定与指导原则以及他们所支持的原则相对照。第三，公司建立了一个'使命审查机制'，任何一名员工都可以评论公司的相关决定和行动是否与星巴克六大经营准则相一致。"星巴克的员工也为此深感光荣。

星巴克公司的创建者霍华德·舒尔茨（Howard Schultz）一直积极倡导提高企业的伦理觉悟。2007年，舒尔茨在圣母大学（Notre Dame）的演讲中提到："从长远看，重视企业伦理的公司能够取得更好的业绩。"这一理念已得到研究证实。

舒尔茨认为他对企业社会责任伦理的意识和他的童年经历息息相关。舒尔茨童年时和家人居住在纽约市布鲁克林区的政府安居工程房。父亲因公受伤，使本就不富裕的家庭陷入了困境。虽然是因公受伤，但是父亲并没有得到公司的任何赔偿和医疗保障。舒尔茨说："我亲眼目睹过，如果社会和公司背叛工人，这对一个身处困境的工薪阶层家庭意味着什么。"因此，他深知员工的医疗保障是多么的重要。舒尔茨常说："虽然公司很难一直做正确的事，但一个企业损失一些短期收益总比长远来说丧失自身核心价值观要好得多！"这也是为什么在企业的经营管理中，他一直强调企业社会责任和伦理的重要性。

舒尔茨说："我一直以来都想建立一种父亲从未效力过的企业。"舒尔茨希望："创造一种环境，让其中的每个人都认为自己不仅是该环境的一员，而且拥有话语权。"他主张要重视员工的人际互动。"我们不是在咖啡行业中为人民服务，而是在人这一行业中提供咖啡。"

2009年，星巴克公司在《财富》杂志评选的"最佳雇主100强"中名列第24位。企业对员工福利的关注是星巴克入选的重要原因之一。例如，星巴克为每周工作20小时以上的员工提供了一个综合性的福利包，包括"咖啡豆股票"（Bean Stock）计划，此类员工可以获得公司的股票期权、医疗卫生、牙齿保健等各种福利待遇。

为推动企业伦理和可持续发展的管理，公司创建了"共爱星球"（Shared Planet）网站。该网站有三个主要目标：伦理采购、环保和加强社区参与。消费者可以通过该网站了解到公司内部的最新举措，社会责任目标的进度和产品的营养配比等。

星巴克公司还和一些非营利组织合作。例如，在咖啡豆的采购中，所选用的供应商，有百分之五拥有公平贸易认证。与"波诺红色产品"（Bono's Product RED）合作，推动名为"荫种咖啡"的可持续农业发展模式。此举降低了墨西哥恰帕斯的森林砍伐量，并使咖啡豆产量增加。同时，阻止了全球高危地区的森林砍伐。星巴克还与非洲野生动物基金会（The African Wildlife Foundation）等非营利组织合作。

为了更好地履行社会责任，1999年，星巴克公司专门成立了"企业社会责任部"（Corporate Social Responsibility Department），现称"全球责任部"（Global Responsibility Department）。全球责任部会发布年报，使股东可以了解到企业的业绩。消费者也可以通过共爱星球网站，了解到年报的内容。

为了更好地促进环保工作，星巴克公司专门成立了环境事务团队（Environmental Starbucks Coffee Company Affairs Team）。该团队有两个主要的任务：一是制定环保政策；二是最大限度减少公司的"足迹"。同时，公司积极采用环保采购原则，循环利用废弃物，还采取了很多种节能的措施，希望通过"绿色团队"来带动大家环保。

1991年，星巴克公司开始捐赠一家全球性的救援和发展基金会（CARE）。该基金会将募集到的善款，用来返还咖啡豆原产国。例如，发展洁净水系统、健康和卫生培训以及扫盲行动等。星巴克奉行"星巴克咖啡与农民平等实践"。例如，星巴克以合理的价格向最佳实践的咖啡种植商采购，帮助他们获得收益。星巴克还注资建设学校、诊所和其他能够使咖啡种植地区获益的项目。

董事长兼CEO霍华德·舒尔茨认为，识字可以带给孩子以希望。在他的带领下，美国西雅图的一间星巴克店捐助50多万美元给冉恩预备学校（Zion Preparatory Academy）。这所学校为贫民区的非洲裔儿童提供了学习的机会。另外，霍华德将自己的作品《将心注入》（*Pour Your Heart Into It*）的全部版税用来成立了"星巴克基金"（Starbucks Foundation）。该基金为非营利文学组织提供了"机会基金"，用来资助年轻作家和幼童的学前教育等。

星巴克作为最具影响力的咖啡品牌之一，一直积极致力于企业社会责任的伦理建设。心理学家乔伊斯·布拉泽（Joyce Brother）曾这样评价星巴克："去了那里，你会有一种安全感。"

思考题：

1. 星巴克公司为什么会在公司全局战略中如此关注企业的伦理问题？

2. 向员工提供高福利是不是星巴克公司的特有做法？

3. 星巴克公司的迅速发展，是因为它的企业责任感，还是因为它所提供的产品和环境符合顾客的需求？

[1] Bowen H R. Social Responsibilities of the Businessman[M]. Harper , New York, NY, 1953.

[2] Colle S D, Werhane P H. Moral Motivation Across Ethical Theories: What Can We Learn for Designing Corporate Ethics Programs?[J]. Journal of Business Ethics, 2008.

[3] Küng H. Global responsibility: [J]. Eos Transactions American Geophysical Union, 1991.

[4] Kohlberg L. The philosophy of moral development: Moral stages and the idea of justice[M].Harper & Row, 1981.

[5] Beauchamp T L, Bowie N E. Ethical theory and business [M]. Prentice-Hall, 1983.

[6] Hunt S D, Vitell S. A general theory of marketing ethics[J]. Journal of Macromarketing, 1986, 6（1）.

[7] Rest J R, Barnett R. Moral development: Advances in research and theory[M]. New York: Praeger, 1986.

[8] Fritzsche D J, Becker H. Linking management behavior to ethical philosophy—An empirical investigation[J]. Academy of Management Journal, 1984, 27（1）.

[9] Husser J, Gautier L, André J M, et al. Linking Purchasing to Ethical Decision-Making: An Empirical Investigation[J]. Journal of Business Ethics, 2013.

[10] Jones T M. Ethical decision making by individuals in organizations: An issue-contingent model[J]. Academy of Management Review, 1991.

[11] Akaah I P, Lund D. The influence of personal and organizational values on marketing professionals' ethical behavior[J]. Journal of Business Ethics, 1994.

[12] Burnaz S, Atakan M G S, Topcu Y I, et al. An exploratory cross-cultural analysis of marketing ethics: The case of Turkish, Thai, and American businesspeople[J]. Journal of Business Ethics, 2009.

[13] Sims R L. The development of six ethical business dilemmas[J]. Leadership & Organization Development Journal, 1999.

[14] Singhapakdi A, Vitell S J, Kraft K L. Moral intensity and ethical decision-making of marketing professionals[J]. Journal of Business Research, 1996.

[15] Street M D, Douglas S C, Geiger S W, et al. The impact of cognitive expenditure on the ethical decision-making process: The cognitive elaboration model[J]. Organizational Behavior and Human Decision Processes, 2001.

[16] Thiel C E, Bagdasarov Z, Harkrider L, et al. Leader ethical decision-making in organizations: Strategies for sensemaking[J]. Journal of Business Ethics, 2012.

[17] Donaldson T, Werhane P H, Cording M. Ethical issues in business[M]. New Jersey, 1983.

[18] Robertson C J, Crittenden W F. Mapping moral philosophies: Strategic implications for multinational firms[J]. Strategic Management Journal, 2003.

[19] Trevino L K. Ethical decision making in organizations: A person-situation interactionist model[J]. Academy of Management Review, 1986, 11（3）.

[20] Vitell S J, Festervand T A. Business ethics: conflicts, practices and beliefs of industrial executives[J]. Journal of Business Ethics, 1987, 6（2）.

[21] 周祖城. 企业伦理学 [M]. 北京：清华大学出版社，2005.

[22] 阿奇 B. 卡罗尔，安 K. 巴克霍尔茨. 企业与社会：伦理与利益相关者管理 [M]. 黄煜平等，译. 北京：机械工业出版社，2004.

[23] O.C. 费雷尔，约翰·弗雷德里克，琳达·费雷尔. 企业伦理学 [M]. 李文浩，卢超群等，译. 北京：中国人民大学出版社，2016.

[24] 赵斌. 企业伦理与社会责任 [M]. 北京：机械工业出版社，2016.

[25] 东方朔. 经济伦理思想初探 [J]. 华东师范大学学报，1987，06.

[26] 彼得·德鲁克（Peter F. Drucker）. 创新与企业家精神 [M]. 蔡文燕，译. 北京：机械工业出版社，2009.

[27] 罗尔斯. 道德哲学讲义 [M]. 张国清，译. 上海：上海三联书店，2003.

[28] 亚里士多德. 尼各马可伦理学 [M]. 廖申白，译，北京：商务印书馆，2006.

[29] 欧阳润平. 企业核心竞争力与企业伦理品质 [J]. 伦理学研究，2003，10.

[30] 沈洪涛，沈艺峰. 公司社会责任思想起源与演变 [M]. 上海：上海人民出版社，2007.

[31] 田虹. 企业社会责任教程 [M]. 北京：机械工业出版社，2012.

[32] 叶陈刚. 企业伦理与社会责任 [M]. 北京：中国人民大学出版社，2012.

[33] 田虹，王汉瑛. 营销伦理决策测量研究述评与展望 [J]. 华东经济管理，2015.

[34] 欧阳润平. 企业伦理学：培育企业道德实力的理论与方法 [M]. 长沙：湖南人民出版社，2003.

[35] 欧阳润平. 企业伦理：实现义利统一的理论与方法 [M]. 长沙：湖南大学出版社，2008.

[36] 叶陈刚. 企业伦理与会计道德 [M]. 大连：东北财经大学出版社，2008.

[37] 寇小萱. 企业营销中的伦理问题研究 [M]. 天津：天津人民出版社，2001.

[38] 理查德·T. 德·乔治. 企业伦理学 [M]. 王漫天，唐爱军，译. 北京：机械工业出版社，2012.

[39] 奥利弗·拉什，罗杰·N. 康纳威. 责任管理原理 [M]. 秦一琼，曹毅然，译. 北京：北京大学出版社，2017.

[40] 甘碧群，符国群. 西方学者对市场营销道德界限的判定 [J]. 外国经济与管理，1996.

[41] 黄云明. 经济伦理问题研究 [M]. 北京：中国社会科学出版社，2009.

[42] 罗国志，宋希仁. 西方伦理思想史 [M]. 北京：中国人民大学出版社，1985.

[43] 温宏建. 中国企业伦理：理论与现实 [M]. 北京：首都经济贸易大学出版社，2011.

[44] 龚天平. 企业公民、企业社会责任与企业伦理 [J]. 河南社会科学，2010.

[45] 欧阳润平. 义利共生论——中国企业伦理研究 [M]. 长沙：湖南教育出版社，2000.

教学支持说明

▶▶ 课件申请

尊敬的老师：

　　您好！感谢您选用清华大学出版社的教材！为更好地服务教学，我们为采用本书作为教材的老师提供教学辅助资源。鉴于部分资源仅提供给授课教师使用，请您直接手机扫描下方二维码实时申请教学资源。

任课教师扫描二维码
可获取教学辅助资源

▶▶ 样书申请

　　为方便教师选用教材，我们为您提供免费赠送样书服务。授课教师扫描下方二维码即可获取清华大学出版社教材电子书目。在线填写个人信息，经审核认证后即可获取所选教材。我们会第一时间为您寄送样书。

任课教师扫描二维码
可获取教材电子书目

 清华大学出版社

E-mail: tupfuwu@163.com　　　　　　　　　网址：http://www.tup.com.cn/
电话：8610-62770175-4506/4340　　　　　　传真：8610-62775511
地址：北京市海淀区双清路学研大厦B座509室　　邮编：100084

高级管理学（第三版）

本书特色

大师之作，畅销教材，实践性强，内容丰富，案例新颖，篇幅适中，结构合理，课件完备，便于教学。

教辅材料

教学大纲、课件

获奖信息

同济大学精品课程、考研指定教材

书号：9787302522980
作者：尤建新
定价：49.80 元
出版日期：2019.8

任课教师免费申请

现代企业管理（第五版）

本书特色

"十二五"国家规划教材，课件完备，便于教学。

教辅材料

教学大纲、课件

获奖信息

"十二五"普通高等教育本科国家级规划教材

书号：9787302516965
作者：王关义 刘益 刘彤 李治堂
定价：49.00 元
出版日期：2019.6

任课教师免费申请

管理理论与实务（第 3 版）

本书特色

中财考研指定教材，畅销十余万册，最新改版，课件齐全。

教辅材料

教学大纲、课件

获奖信息

北京市普通高等教育精品教材

书号：9787302481225
作者：赵丽芬 刘小元
定价：45.00 元
出版日期：2017.8

任课教师免费申请

管理学（第 14 版）（英文版）

本书特色

管理学大师罗宾斯最为经典的一本管理学教材，全球广泛采用，课件齐备，原汁原味。

教辅材料

课件

书号：9787302569732
作者：[美] 斯蒂芬 • P. 罗宾斯 玛丽 • 库尔特
定价：99.00 元
出版日期：2021.1

任课教师免费申请

管理学

本书特色

实践性强，内容丰富，案例新颖，篇幅适中，结构合理，课件完备，便于教学。

教辅材料

课件

书号：9787302560821
作者：王国顺 主编 邓春平 王长斌 副主编
定价：59.00 元
出版日期：2020.9

任课教师免费申请

战略管理——新思维、新架构、新方法

本书特色

中国人民大学 MBA 教材，七个问题一张图，帮助管理者突破认知束缚，课件齐全。

教辅材料

课件

书号：9787302523871
作者：姚建明
定价：49.00 元
出版日期：2019.3

任课教师免费申请

企业战略管理（第2版）

本书特色

内容详实，案例丰富，结合实践，配套课件。

教辅材料

课件

书号：9787302524342
作者：徐大勇
定价：54.00 元
出版日期：2019.6

任课教师免费申请

战略管理与商业策略：全球化、创新与可持续性（第14版）

本书特色

英文原版，经典战略管理教材，配套教辅资源。

教辅材料

课件、题库

书号：9787302523086
作者：[美]托马斯·L.惠伦等
定价：59.00 元
出版日期：2020.3

任课教师免费申请

企业伦理学（第四版）

本书特色

"十二五"国家级规划教材，新形态教材，课程思政特色教材，畅销多年，屡次重印，课件完备，应用性强。

教辅材料

教学大纲、课件、案例解析

获奖信息

"十二五"普通高等教育本科国家级规划教材

书号：9787302560326
作者：周祖城
定价：59.00 元
出版日期：2020.6

任课教师免费申请

领导学（第六版）

本书特色

名师佳作，畅销多年，内容新颖，结构合理，广泛好评、课件完备。

教辅材料

教学大纲、课件

书号：9787302496748
作者：理查德·达夫特著　苏保忠 译
定价：69.00 元
出版日期：2018.9

任课教师免费申请

领导学

本书特色

内容精炼，视角独特，侧重实用，配套课件。

教辅材料

课件

书号：9787302532613
作者：吕峰
定价：35.00 元
出版日期：2019.8

任课教师免费申请

商务沟通（第2版）

本书特色

简明实用，注重务实和操作性，案例丰富，教辅资源配套齐全。

教辅材料

课件

书号：9787302535256
作者：黄漫宇 彭虎锋
定价：42.00 元
出版日期：2019.8

任课教师免费申请

组织行为学（第 15 版）（英文版）

本书特色

管理学大师罗宾斯最为经典的一本组织行为学教材，全球广泛采用，课件齐备，原汁原味。

教辅材料

课件

任课教师免费申请

书号：9787302465560
作者：[美]斯蒂芬•罗宾斯 蒂莫西•贾奇
定价：98.00 元
出版日期：2017.3

管理技能开发（第 10 版）

本书特色

理论与实践的完美结合，畅销经典，备有中文课件。

教辅材料

课件、教师手册、习题库

任课教师免费申请

书号：9787302553045
作者：[美]大卫•惠顿 金•卡梅伦 著，
张晓云译
定价：79.00 元
出版日期：2020.7

商务学导论（第 11 版•完整版）（英文版）

本书特色

原汁原味的英文经典教材，全文影印无删节，课件完备。

教辅材料

课件、教师手册

任课教师免费申请

书号：9787302498766
作者：[美]威廉•尼克尔斯 詹姆斯•麦克休 苏珊•麦克休
定价：85.00 元
出版日期：2018.4

战略管理：概念与案例（第 16 版）（英文版）

本书特色

经典战略管理教材，畅销数十年，英文原版，教辅资源丰富。

教辅材料

课件、习题答案、试题库

任课教师免费申请

书号：9787302500872
作者：弗雷德•R.戴维 福里斯特•R.戴维
定价：79.00 元
出版日期：2018.6

知识产权管理

本书特色

"互联网＋"教材，全面介绍专利、商标、著作权、商业秘密、知识产权资本、知识产权战略等知识产权管理概念与应用，以及知识产权管理体系的构建，理论与丰富的案例实践相结合，教辅资源丰富，配备MOOC。

教辅材料

教学大纲、课件

任课教师免费申请

书号：9787302521525
作者：王黎萤 刘云 肖延高 等
定价：49.00 元
出版日期：2020.5

知识管理

本书特色

"互联网＋"教材，全面介绍知识管理相关理论和应用，内容新颖、实用，提供课件、习题等丰富的教学辅助资源。

教辅材料

教学大纲、课件

任课教师免费申请

书号：9787302546849
作者：姚伟 主编
定价：49.00 元
出版日期：2020.4

企业管理咨询——理论、方法与演练

本书特色

"互联网+"教材，全面介绍企业管理咨询知识和应用，结合实战演练，应用性强。

教辅材料

教学大纲、课件

书号：9787302526759
作者：宋丹霞 冉佳森
定价：49.00 元
出版日期：2019.3

任课教师免费申请

商务学导论（第12版）（英文版）

本书特色

经典的商务学入门教材，具有很强的实践指导意义，英文影印，原汁原味，课件完备。

教辅材料

课件、教师手册

书号：9787302572473
作者：[美]威廉·尼克尔斯 詹姆斯·麦克休
苏珊·麦克休
定价：75.00 元
出版日期：2021.3

任课教师免费申请

小微企业经营与管理

本书特色

"互联网+"教材，知识性、逻辑性、条理性和趣味性相结合，理论与实践相结合，教辅丰富。

教辅材料

教学大纲、课件、习题答案、案例解析、其他素材

书号：9787302559535
作者：张国良
定价：45.00 元
出版日期：2020.9

任课教师免费申请

大农业与食品企业案例集

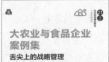

本书特色

精选近年开发的优质案例，配合详细案例分析，内容前沿，配有课堂教学计划。

教辅材料

教学大纲、其他素材

书号：9787302577447
作者：谷征
定价：49.00 元
出版日期：2021.5

任课教师免费申请

组织行为学精要（第14版）

本书特色

经典战略管理教材，畅销数十年，教辅资源丰富。

教辅材料

教学大纲、课件、习题答案、试题库、模拟试卷、案例解析

书号：9787302541332
作者：（美）斯蒂芬·P.罗宾斯 蒂莫西·A.贾奇
著，郑晓明 译
定价：69.00 元
出版日期：2021.7

任课教师免费申请

管理决策方法

本书特色

同济大学课程团队力作，"互联网+"教材，教辅资源丰富。

教辅材料

教学大纲、课件、习题答案、试题库、模拟试卷、案例解析

书号：9787302561484
作者：张建同 胡一竑 段永瑞
定价：59.80 元
出版日期：2021.5

任课教师免费申请

管理咨询

本书特色

暨南大学名师力作，多年企业管理经验总结，"互联网+"教材，教辅资源丰富。

教辅材料

教学大纲、课件、习题答案、试题库、模拟试卷、案例解析

书号：9787302566694
作者：李从东
定价：49.00 元
出版日期：2021.3

任课教师免费申请

企业经营诊断和决策理论与实训教程

本书特色

实操性非常强，案例新颖，畅销教材。

教辅材料

教学大纲、课件、习题答案、试题库、模拟试卷、案例解析

书号：9787302548423
作者：奚国泉 盛海潇
定价：55.00 元
出版日期：2021.9

任课教师免费申请

企业伦理学

本书特色

案例丰富，配套资源完备，全书兼顾思想性与实用性，能够帮助读者理论联系实际，学以致用。

教辅材料

课件、习题答案、案例解析

书号：9787302502920
作者：田虹
定价：40.00 元
出版日期：2018.6

任课教师免费申请

物业管理概论（第 4 版）

本书特色

"互联网+"教材，全新改版，北京林业大学老师编写，结构合理，便于教学。

教辅材料

教学大纲、习题答案、课件

书号：9787302587743
作者：张作祥 张青山 董岩岩 温磊
定价：45.00 元
出版日期：2021.8

任课教师免费申请